旅游驱动的山地景区人地关系演化研究

王 娟 著

吉林大学出版社

·长春·

图书在版编目（CIP）数据

旅游驱动的山地景区人地关系演化研究 / 王娟著 .

长春：吉林大学出版社，2025. 3.

ISBN 978-7-5768-4203-6

Ⅰ . F590.75；X24

中国国家版本馆 CIP 数据核字第 2024H1X198 号

旅游驱动的山地景区人地关系演化研究
LÜYOU QUDONG DE SHANDI JINGQU REN-DI GUANXI YANHUA YANJIU

作　者　王　娟
策划编辑　邵宇彤
责任编辑　李潇潇
责任校对　范　爽
装帧设计　阅平方
出版发行　吉林大学出版社
社　　址　长春市人民大街 4059 号
邮政编码　130021
发行电话　0431-89580036/58
网　　址　http://www.jlup.com.cn
电子邮箱　jldxcbs@sina.com
印　　刷　武汉鑫佳捷印务有限公司
开　　本　787mm×1092mm　1/16
印　　张　15
字　　数　293 千字
版　　次　2025 年 3 月　第 1 版
印　　次　2025 年 3 月　第 1 次
书　　号　ISBN 978-7-5768-4203-6
定　　价　90.00 元

前　言

人地关系是地理学研究的重点和核心，其内涵和外延伴随人类生产和实践活动而不断丰富。旅游活动作为人类休闲的重要方式，因社会经济的不断提升日益常态化，旅游目的地以前所未有的速度发展，促使其人地关系不断演化。山地是世界第二大旅游目的地，中国人崇山乐水，对山地"情有独钟"。旅游（活动）作为新资源利用方式、新文化经济活动、新兴产业发展路径等对山地人地关系地域系统产生较大扰动作用，使其从"自然物理空间"转换为"自然－社会经济空间"，从"生态空间、生产空间、生活空间"转化为"生态生产生活－消费空间"，使山地目的地形成了内涵更为复杂的人地关系地域系统，也加快了山地由以往自给自足的山村系统变为以旅游功能为主的新地域空间系统，重新构建了与自然环境相互镶嵌的复杂耦合关系。旅游驱动山地地域系统基础设施改善、产业发展、文化交流、资源利用、环境保护等改变，使山地目的地人地关系要素、空间联系和空间结构等发生变迁和重构，使旅游人地关系演化并有其自身的格局变化规律及机理等。

本书在前人对人地关系哲学思辨和实践研究的基础上，更多地从中微观视角出发，分析山地景区这种具有特殊自然地理特征和旅游发展驱动力的旅游目的地类型的人地关系要素、结构、功能和形成机理，并构建山地景区人地关系演化评价的概念模型，采用 3S 技术和系统动力学关系结构图等方法，对山地景区人地关系的时空演变过程及其特征、动力要素构成、旅游对山地景区人地关系演化的驱动机制等展开讨论，以期丰富地理学中人地关系地域系统的发展动力认知，具象化地理学人－地关系地域类型研究，为山地旅游其他分析提供参考依据，从而为山地因地制宜地开展旅游活动提供科学依据，以旅游业为优势产业带动山区社会经济发展，充分发挥旅游业富民、促进生态保护等作用。

本书是国家自然科学基金——山地旅游目的地人地关系地域系统变化及其机制研究（41961021）、江苏理工学院人才引进项目——山地旅游人地关系演化研究（KYY24532）的研究成果之一。感谢我的博士生导师明庆忠教授，您引导我从自己的专业背景和兴趣出发，结合旅游发展现状及其效应，关注国家政策走向，进行科学选题和论证，为该书的完成起到了关键作用。感谢同门兄弟姐妹（刘宏芳、娄思元、田瑾、韩剑磊、刘安乐、李婷、李琴，以及其他的师弟师妹）、同事（潘顺安、张九菊和刘庆老师）、朋友严妹等在我写作过程中给予生活、工作的帮助。

感谢父母的养育之恩，让我有了坚毅和乐观的性格，不屈不挠坚持往前走，在学习中遇到任何困难都不退缩。感谢儿子，给我勇敢的动力，让我们度过了母子都是学生的很长一段日子。工作、学习和生活带给我的压力有时会让我俩在你写作业的过程中表现出鸡飞狗跳的状态，我们深知那不是常态，母子情深才是生活和学习的核心动力，"妈妈日日夜夜在写论文"的高大形象才是对你最好的言传身教。感谢儿子爸爸，在我离开南宁的日子照顾孩子。

感谢一路上同行之人，让我觉得生活如此平凡；陪伴之人，让我深知生活如此幸运；那些意外的小插曲，让我更加成熟。

曾焦虑、曾彷徨、曾忧愁，但从未后悔踏上博士的道路。孟子曰："孔子登东山而小鲁，登泰山而小天下。"借岱宗之词，表达我对山地旅游的热情和对未来人生的期望，鼓励自己不断学习和攀登。

"Because it's there." 因为"山"就在那里。

王 娟

2024 年 7 月

目 录

第1章 绪 论

山区是区域和国家整体发展战略的重要构成，在生态屏障、资源储备、国防安全、民族安定等方面具有重要的地位和意义。山地作为山区主要地貌综合体，具有发展旅游业得天独厚的自然环境优势，与旅游市场需求相契合。本章通过对山地旅游人地关系发展实践和现有研究分析基础上，提出山地目的地人地关系演化分析的必要性和意义，并对全文的研究思路、技术路线、主要研究方法、案例地、主要内容等进行介绍。

1.1 问题的提出

1.1.1 研究背景

人们追求健康生活方式、纯粹视觉胜景、刺激感官探险、独特人文体验的趋势日益明显，山地凭借其独特和丰富的旅游资源，成为备受青睐的旅游目的地。2019 年全球山地过夜游客已达 12.2 亿人次，全球山地旅游收入达 1.36 万亿美元，[①] 世界山地旅游发展正当时。

1.1.1.1 山区发展是国家发展战略的重要议题

中国是典型的多山国家，山地面积大，分布广，占全国陆地总面积的 73.45%；[②] 山地主要分布在西部地区，蕴含着大量资源和能源，是国家资源储备富集区域；90%以上的国境线位于山区，使其具有重要的国防安全战略地位；山区人口分布较少、密度低，占少数民族总人口的 80% 以上，是国家稳定和民族和谐发展的关键区域；中国大部分山地远离政治、经济、人口中心，山地生态系统较为复杂，自然条件艰苦，区位条件差，发展经济困难，形成诸多经济落后片区。[③] 长期以来，山区发展处于次要、

① 国际山地旅游联盟 . 世界山地旅游发展趋势报告（2020 版）[R/OL].（2020-05-29）[2021-01-07]. http://www.imtaweb.net/xwzx/lmdt/20210107/20210107_623456.shtml.

② 钟祥浩 , 刘淑珍 . 中国山地分类研究 [J]. 山地学报 ,2014,32(2):129-140.

③ 冯佺光 , 翁天均 . 山地经济：山区开发的理论与实践 [M]. 北京 : 科学出版社 ,2013:26-31.

被救济、被带动的状态，经济落后、生态破坏等问题不仅影响自身的发展，还制约了国家整体战略的发展。[①] 因此，山地地区大多被认为是"少、边、穷"地区，深深地被贴上"落后"的标签。我国社会主要矛盾已经转化为人民群众日益增长的美好生活需要和不平衡不充分的发展之间的矛盾，落后地区的发展成为国家整体发展的重要议题，山区的发展直接决定了我国现代化是否能够全面实现，山地旅游成为满足人民美好生活需求的重要方式之一。此外，山地是我国基因多样性、物种多样性、生态系统多样性和景观多样性的天然储存区和保护区，是大江大河和无数中小河流的发源地、水资源富集区和"水塔"，直接影响着平原和城市的生态安全。山区也是我国经济作物、特产、热带作物和畜牧业的重要产区，是石油、天然气、煤炭、铀矿等不可再生能源、资源的重要基地。在我国兴国强国进程中，以山地地貌为主要特征的山区肩负着战略资源储备、生态安全屏障、经济增益配套、国防安全保障、民族和谐发展等重大战略责任。[②] 山地地域系统的发展是把"青山绿水"变成"金山银山"、山区人民致富、传承中华文化、促进民族团结与社会和谐进步，山地资源整合、开发和利用，促进山地"造血式"发展的过程，是"十四五"规划等优化国土空间布局，推进山区协调和绿色发展，促进山区人与自然和谐共生的重要手段和方式，是国家整体发展战略不可或缺的一部分。

1.1.1.2 旅游日益成为山区发展及其人地关系演化的重要推动力量之一

尽管旅游发展超过山地承载力和过度开发的情况会对山地产生一些负面影响，但相比砍伐、打猎、开山采矿、工业生产等传统的开发方式，山地旅游具有产品绿色无污染、对环境影响小、对资源利用较充分、对景观破坏少、对当地社区带动作用较明显等优势。旅游对山地资源的利用不是掠夺式的，而是参与式的，无须将山地的物质和能量易地。在保护环境的前提下，以可持续方式发展山地旅游业，尽可能不改变山地原有生态系统的要素、结构，减少了生态恶化的可能性。因此，旅游被认为是发展山地的最好方式之一，[③] 其保护了生态环境，促进生态系统的更替和演进；融合利用多种资源，减少对传统资源的依赖；增加了山区人民的就业，提高了当地的收入水平；扩大了山地的开放度，增进了山地和外界之间的相互理解；在全球化和地方化共同演

---

① 明庆忠 . 走出中国资源环境困局的新思维：山—海战略 [J]. 云南师范大学学报（哲学社会科学版），2011,43(3): 44-51.

② 明庆忠 . 走出中国资源环境困局的新思维：山—海战略 [J]. 云南师范大学学报（哲学社会科学版），2011,43(3): 44-51.

③ RICHARD H. JOHNSEN S. HULL J S. Overview of Mountain Tourism: Substantive Nature, Historical Context, Areas of Focus: Mountain Tourism: Experiences, Communities, Environments and Sustainable Futures[C]. London: CPI Group Ltd,2016:1-12.

进的历程中，不仅保留了原有的文化传统，增加了社区自信，而且促进了自身文化的成长。

山地旅游因契合人们接近自然、追求健康的愿望，正以超乎寻常的速度发展，[①][②]据联合国世界旅游组织统计，山地旅游者占全球旅游者总数的 15%~20%，山地旅游总收入及游客人次将会持续增长。[③]中国人崇山乐水，山地作为重要的旅游目的地，在中国旅游业的发展中具有重要的地位，占有度假旅游市场的半壁江山。[④]截至目前，我国世界自然遗产地和双遗产地、国家级风景名胜区、国家 5A 级旅游景区、国家级旅游度假区、国家森林公园、国家地质公园等，山地景区的数目都占到了一半以上，山地旅游是中国旅游发展的重要组成部分。《"十三五"旅游业发展规划》明确指出，培育香格里拉民族文化旅游区、太行山生态文化旅游区、雾灵山生态文化旅游区、长江三峡山水人文旅游区、大别山红色旅游区、秦巴山区生态文化旅游区、大小兴安岭森林生态旅游区等 20 个跨区域特色旅游功能区，为山区旅游提供了发展机遇。此外，近年来山地探险、温泉医疗、体育竞技、高空探险等文旅活动快速发展，出台的相关文件和政策也为山地旅游发展开拓了新的方向。旅游日益成为山地发展的重要推动力量，不仅有利于山区的可持续发展，而且是非山区人民休闲旅游的福祉，对稳定山区社会环境、加快山区经济发展、促进山区交流和沟通、保护山区自然生态和民族文化、满足人们休闲旅游需求等起到了促进作用。

山地因其与平原不同的地理条件而具有了独特吸引力和旅游资源开发的竞争力。山地旅游地发展潜力巨大，前景广阔，越来越多的山地被开发为旅游景区或休闲场地，旅游成为其人地关系变化的重要驱动力之一，甚至对人地关系的演化起到了主导作用。

1.1.1.3 人地关系协调是山地景区可持续发展的保障

自"可持续发展"概念提出以来，各个领域都积极将其融入自身发展中，成为 21 世纪重要的发展理念。山地系统的多样性、脆弱性、复杂性要求在旅游发展过程中，应在空间上综合考虑山地系统的整体要素，以此确保可持续性。因此，山区发展研究须在山地系统的基础上，较多关注包括人类活动在内的山地综合体整体发展，统筹不同海拔、不同资源、不同地理环境的人地关系各要素，对其进行全面分析。

① 田瑾，明庆忠. 国外山地旅游研究热点、进展与启示 [J]. 世界地理研究 ,2020,29(5):1071-1081.

② 国际山地旅游联盟 . 世界山地旅游发展趋势报告（2020）[R/OL]. (2020-05-29) [2021-01-07]. http://www.imtaweb.net/xwzx/lmdt/20210107/20210107_623456.shtml.

③ RICHARD H. JOHNSEN S. HULL J S. Overview of Mountain Tourism: Substantive Nature, Historical Context, Areas of Focus: Mountain Tourism: Experiences, Communities, Environments and Sustainable Futures[C]. London: CPI Group Ltd,2016:1-12.

④ 国家旅游局规划财务司 . 中国旅游度假区发展报告 2009[M]. 北京 : 旅游教育出版社 ,2010:15.

中国山地的形态类型、自然环境特点、生态系统垂直分异、环境资源潜力、坡面物质稳定性和生物多样性等千差万别，[①] 形成了各自较为复杂的人地关系。旅游发展势必会对山地原有环境、社会经济地域系统有所影响，无论是系统响应还是正负反馈，都以非线性方式加剧了原有人地关系的复杂性，对地域系统的演化起到一定的引导作用，甚至是主要驱动作用。旅游发展能否成为山地发展的主要驱动力量，旅游驱动下的山地景区能否持续发展，都取决于旅游作为一种驱动力，能否与山地人地关系的结构、功能、运行机制、目标相协调，是否能推动山地地域系统的社会、经济和环境的共同进步，这是山地旅游地可持续发展的关键所在。

目前，对于涉及山地及其可持续发展之间相互关系的研究中，对要素之间相互作用过程、机制进行系统深入的分析较少，对山地自然过程和人文过程交叉融合研究不足，山地人地关系研究异常迫切。[②] 山地旅游需按照人地关系发展的一般规律，通过运行机制，综合考虑山地系统的各个要素，形成与山地环境、经济和社会相协调的人地关系发展方式，根本保证可持续发展。[③]

现代人地系统具有复杂性、地域性和动态性特征，人—地交互作用机理、过程、格局及其综合效应正在发生深刻变化。[④] 旅游这种外来介质连接山地和外部世界，以新的要素形态打破山地原有半封闭、内循环系统状态，改变内部结构，修整系统运行机制，并通过提升原有系统内部经济结构和发展水平获得较高认可，从而促进系统演化目标和方式发生转向，由此使得原有系统的人地关系不断变化，甚至发生质变。在此过程中，山地自然地理环境、经济、社会与旅游之间通过各要素相互作用，不断调整各自的发展目标和路径，最终实现以人地关系协调为基础的山地旅游可持续发展模式。旅游作为新时期社会经济发展的驱动力量之一，如何驱动山地景区人地关系演化？其演化格局、作用机制是什么？如何在探析其规律的前提下寻找山地旅游最佳发展模式？这些现实问题的解决不仅关系到山地旅游长远发展的可持续性，也为山地地域综合体人地协调和其他产业提供发展思路。地域旅游功能的生成机理必须从人地关系地域系统理论视角才能得到完整的科学解释。[⑤] 山地旅游人地关系系统的要素、结构以及

① 钟祥浩,刘淑珍,等.山地环境理论与实践 [M]. 北京：科学出版社,2015:38.

② 钟祥浩.加强人山关系地域系统为核心的山地科学研究 [J]. 山地学报,2011,29(1):3-7.

③ 明庆忠.人地关系和谐：中国可持续发展的根本保证——一种地理学的视角 [J]. 清华大学学报（哲学社会科学版）,2007,6(22):114-121,142.

④ 陆大道,刘彦随,方创琳,等.人文与经济地理学的发展和展望 [J]. 地理学报 2020,75(12): 2570-2592.

⑤ 盛科荣,樊杰.地域功能的生成机理：基于人地关系地域系统理论的解析 [J]. 经济地理,2018,38(5):11-19.

系统内和系统内外间的作用机制、演化的主要机理就成为山地旅游发展的宏观哲学理论依据和微观现实优化对策分析的重要手段和路径。

综上，山地是最重要的旅游目的地和生存地之一，作为山地大国，中国山地旅游开发不仅关系到山区人民的生活改善和人们的休闲福祉是否最大程度得到满足，还关系到国家整体战略的实施。山地景区作为山地旅游目的地发展的重要支撑，是以旅游业为主要驱动力的人地关系地域系统，其人地关系发展直接影响到目的地整体可持续性。科学认知和有效调节人地关系，亟须深入探究具体地域系统的类型、人地关系要素结构及演化机制。① 本研究通过旅游驱动下的山地景区人地关系要素结构、演化格局、动力机制等系统分析，探究山地景区人地关系的空间分布和时间演变特征、旅游驱动人地关系演化过程中的主要作用方式，以及山地在此过程中的响应和反馈，总结山地景区人地关系演化的一般规律。

1.1.2 相关研究综述

近 30 年，山地旅游积累了大量的实践和理论知识，国内外学者就山地旅游的概念、特点和分类，山地旅游资源特点及开发和管理，游客的动机和行为，经营者、政府和社区等利益相关者，旅游开发及其对地方的影响和对策，山地旅游发展的影响，山地旅游的时空演变等作出了较为全面的解析。② 山地旅游发展需要综合山地旅游系统的各个要素，从供给、需求等多方面分析影响山地旅游的主要因素及其作用机理。③ 同时，根据山地旅游内涵和发展的特殊性，结合旅游对山地原有人地关系的影响，对山地地域系统做出全面分析。鉴于本研究需要综合分析山地人地关系地域系统的要素、结构，并着重分析旅游驱动的山地人地关系演化，相关研究从山地旅游发展要素、山地旅游效应、旅游人地关系和山地地域系统人地关系等 4 个主要方面展开。

1.1.2.1 山地旅游发展要素综合分析

国外学者多从某一具体山地入手，分析影响其旅游发展的主要因素。如 KARIEL 和 CALGA 研究认为区位、资源和历史文化等发展条件对奥地利高山旅游产生了不同的影响。④ 山地旅游发展条件不仅包括目的地本身，还包括客源市场特征，KLING 等通过瑞士山区游客的性别调查发现，山地户外娱乐与旅游活动的参与性和代表性具

---

① 刘彦随 . 现代人地关系与人地系统科学 [J]. 地理科学 , 2020,40(8):1221-1234.

② 王娟 , 明庆忠 . 山地旅游研究的主要领域及建议 [J]. 桂林理工大学学报 ,2017, 37 (4):723-730.

③ 王娟 , 明庆忠 . 山地旅游发展潜力评价研究 [J]. 资源开发与市场 , 2019, 35 (12):1537-1542.

④ KARIEL H G, CALGA A. Tourism and Society in four Austrian Alpine Communities[J]. GeoJournal,1993, 31(4): 449-456.

有明显的性别差异；[①]SERQUET 和 REBETEZ 指出，瑞士阿尔卑斯山 40 个山地旅游地的发展受到山地海拔、夏季高温，以及客源地假期、炎热天气频率等因素的影响；[②]SCHMIDT 等研究认为，德国山地旅游的发展与气候变化、人口数量、文化历史沉积、山地海拔、山体规模、人们对山地的特殊喜好等有关，利益相关群体及城市政治、经济和社会管理组织也对其有较大的影响；[③]MUSSALAM 和 TAJEDDINI 从市场角度出发，通过问卷调查发现交通效率和区位是瑞士山地游客目的地选择最关注的方面，体育设施和购物不会对这一选择产生影响。[④]山地旅游发展影响因素也可对现有发展存在的问题进行反馈，如 RIXEN 等研究表明瑞士高山旅游目的地的降雪量在低海拔地区的 11-12 月会比较严峻，在高海拔地区降雪量就很充足；[⑤]造雪所需淡水资源较多，提供高质量的山地旅游也会比较严峻，应采用一些经济和技术手段以减少资源消耗；REIMER 和 WALTER 指出柬埔寨豆蔻山脉在环境保护、文化保护、当地人的生活、生态旅游管理等方面存在较大的问题，影响其旅游业的发展；[⑥]NEWPANY 和 LEE 的研究表明基础设施建设、政治稳定程度、旅游政策、道路建设、新目的地建设是锡金山地区域旅游可持续发展的重要影响因素；[⑦]TAMPAKIS 等以 Metsovo 山区为例说明林业和畜牧业基础是山地旅游业可持续发展的主要优势。[⑧]登山、滑雪等是欧美

①　KLING K G, MARGARYAN L, FUCHS M. Equality in the outdoors: gender perspective on recreation andtourism media in the Swedish mountains[J]. Current Issues in Tourism, 2020, 23(2): 233-247.

②　SERQUET G, REBETEZ M. Relationship between tourism demand in the Swiss Alps and hot summer air temperatures associated with climate change[J]. Climatic Change, 2011, 108(1-2):291-300.

③　SCHMIDT J T, WERNER CH, RICHINS H. Mountain Tourism in Germany: Challenges and Opportunities in Addressing Seasonality at Garmisch-Partenkirchen：Mountain Tourism: Experiences, Communities, Environments and Sustainable Futures[C]. London: CPI Group Ltd,2016:255-269.

④　MUSSALAM G Q, TAJEDDINI K. Tourism in Switzerland: How perceptions of place attributes for short and long holiday can influence destination choice[J]. Journal of Hospitality and Tourism Management 2016 (26) :18-26.

⑤　RIXEN C, TEICH M, LARDELLI C, et al. Winter Tourism and Climate Change in the Alps: An Assessment of Resource Consumption, Snow Reliability, and Future Snowmaking Potential[J]. Mountain Research and Development,2011,31(3):229-236.

⑥　REIMER J K, WALTER P. How do you know it when you see it? Community-based ecotourism in the Cardamom Mountains of southwestern Cambodia[J]. Tourism Management, 2013 (34):122-132.

⑦　NEWPANEY R, Lee S K. Mountain Tourism Development and Impact of Tourism[J]. 호텔경영학연구 , 2016,25(96):329-349.

⑧　TAMPAKIS S, ANDREA V, KARANIKOLA P, et al. The Growth of Mountain Tourism in a TraditionalForest Area of Greece[J]. Forests,2019,10(11).

国家山地旅游活动的主要形式，学者对此给予了关注，对这些旅游活动影响因素的分析较多，具有代表性的有：POMFRET 通过多年对登山旅游潜心研究发现，登山探险旅游最主要的推动力量为个人情感中的冒险意识、情绪对比和人们对"外世界"的认知；①DAWSON 和 SCOTT 的研究结果表明，美国东北部 103 个滑雪地除受到气候变暖的影响之外，旅游政策、经济衰退、人口变化、旅游花销、竞争激励以及其他社会因素也会对其产生影响，纬度、海拔和气候等会对此产生叠加效应。②

国内学者对影响山地旅游发展主要因素的分析较为综合，如郭彩玲指出资金投入、交通、基础设施、管理等问题都是制约山地旅游发展的重要方面；③银元和李晓琴提出山地旅游业态主要由山地旅游资源、市场需求、生态限制、产业技术和利益主体 5 个要素构成；④祝爱民认为山地度假目的地的资源、支持条件、管理、环境和需求是影响其竞争力的重要因素。⑤除此之外也有一些对个别山地旅游发展影响因素进行的具体分析，具有一定的借鉴意义。如万绪才和汤家法从资源、区位、社会经济条件、客源条件、基础设施、人力资源等几方面综合分析了安徽省 5 个山地型国家级风景名胜区的发展状况；⑥李瑞指出，由于在资源、产品等级、类型、数量、垄断性和发展阶段等方面存在较大的差异，伏牛山要实行差异化和整体化相结合的开发方式；⑦郭渠等认为秦巴山区旅游开发与生态环境、民俗文化、气候、旅游舒适期、季节性等条件有关。⑧

部分学者从山地旅游的发展目标或某一功能入手，分析影响其发展的主要因素，并建立了相应的指标体系，研究视角较为全面。朱国兴等从资源保护、规划与设计、低碳景区运营、低碳景区管理四个方面构建山岳型低碳旅游景区评价指标体系，并通过层次分析法，确定指标体系中各项因子的权重；⑨杨荀荀构建了山地养生旅游开发条

① POMFRET G. Personal emotional journeys associated with adventure activities on packaged mountaineering holidays[J]. Tourism Management Perspectives,2012(4):145-154.
② DAWSON J, SCOTT D. Managing for climate change in the alpine ski sector[J]. Tourism Management, 2013, 35(4):244-254.
③ 郭彩玲. 我国山地旅游资源特征及可持续开发利用对策探讨 [J]. 地域研究与开发,2006,25(3):56-59.
④ 银元，李晓琴. 山地旅游业态影响因素及规划实证研究——以贡嘎山风景名胜区为例 [J]. 热带地理, 2012, 32(6):676-682.
⑤ 祝爱民. 山地度假旅游目的地竞争力评价指标及模型研究——以湖南大围山为例 [J]. 淮南师范学院学报, 2017, 19(5):18-23.
⑥ 万绪才，丁登山，汤家法. 安徽省山地旅游资源定量评价与开发 [J]. 山地研究,1998(4):291-296.
⑦ 李瑞. 伏牛山旅游发展空间差异研究 [J]. 经济地理, 2006, 26(3):538-540,544.
⑧ 郭渠，李永华,孙佳，等. 秦巴山区的生态旅游气候资源——以重庆城口县为例 [J]. 山地学报,2006, 34(1):54-62.
⑨ 朱国兴，王金莲，洪海平，等. 山岳型景区低碳旅游评价指标体系的构建——以黄山风景区为例 [J]. 地理研究, 2013, 32(12):2357-2365.

件评价的 4 级层次结构模型，并指出自然条件较社会经济条件重要，自然条件中，气候条件对养生旅游开发影响最大，社会条件中，区位条件对养生旅游开发影响最大；[①] 侯文静从食、住、行、游、购、娱、目的地形象、基础设施和管理与服务等 9 个要素中，确定了 31 个指标，构建了山地休闲度假目的地评价指标体系；[②] 李东以伊犁为例，分析指出山地休闲度假旅游适宜度取决于气候、度假环境、度假资源和区域发展条件等；[③] 王璀蓉构建山地探险旅游资源评价指标体系，包括资源条件、难度等级、安全条件以及生态敏感度等准则层，并下设 14 个评价指标；[④] 龙亚萍等通过旅游气候指数法对四川省山地旅游气候舒适度及其空间分布进行了评价。[⑤]

综上，既有研究从某一山地或某一特殊山地旅游活动类型入手，分析了资源和产品、山地地理条件、区位、基础设施、客源市场的心理和行为、社区居民、社会经济条件、政治环境、经营管理、旅游政策、环境和文化保护、技术等因素对山地旅游发展的影响。大多研究进行了一定程度的综合分析，也建立了评价模型。

山地旅游系统的构成要素是影响其发展的因子，复杂多样。目前专门分析山地旅游者行为和动机、山地旅游市场总体特征、山地旅游经营管理、山地旅游安全、山地旅游影响和可持续发展等的研究成果海量，大多是基于特殊研究视角，且较少涉及影响机理，对山地旅游影响因子全面、系统的分析较少。基于此，构建山地旅游影响因子层级体系，对影响山地旅游的要素进行系统分类、归纳和总结，确定山地旅游人地关系要素的作用机制，是山地旅游发展评估研究的当务之急。

1.1.2.2 山地旅游效应研究

旅游地演变。山地目的地具有发展的生命周期，陆林分析了黄山、九华山旅游地生命周期，判断它们所处的发展阶段，认为须采取有效措施加以引导，才能持续发展。[⑥] 杨效忠等以普陀山为例，说明旅游地生命周期是旅游产品不断演化过程的体现，旅游地演化有短周期和长周期之分，应及时进行产品重组和产品转换。[⑦]NEPAL 通过 15 年的跟踪研究，对尼泊尔山地目的地的演化进行了总结，认为当地旅游人数和收入

① 杨苟苟 . 基于 AHP 法的山地养生旅游开发条件评价研究 [D]. 重庆 : 西南大学 ,2012.

② 侯文静 . 山地旅游休闲度假目的地评价指标体系研究 [D]. 北京 : 北京交通大学 ,2012.

③ 李东 . 山地休闲度假旅游适宜度评价体系构建与实证研究——以伊犁地区为例 [J]. 干旱区地理 (汉文版), 2015,38(2):403-410.

④ 王璀蓉 . 山地探险旅游分类开发研究——以新疆为例 [D]. 北京 : 中国科学院大学 ,2016.

⑤ 龙亚萍 , 李立华 . 四川省山地旅游气候资源评价 [J]. 山地学报 , 2018,36(1):116-124.

⑥ 陆林 . 山岳型旅游地生命周期研究——安徽黄山、九华山实证分析 [J]. 地理科学 , 1997(1):63-69.

⑦ 杨效忠 , 陆林 , 张光生 , 等 . 旅游地生命周期与旅游产品结构演变关系初步研究——以普陀山为例 [J]. 地理科学 , 2004, 24(4):500-505.

大大增加，旅游基础设施也更为现代化和完善，服务更加商业化，当地社区生活得到了改善，且对环境更加重视。[①] 由于交通和区位、资源、社会经济、基础设施和开发历史等不同，山地景区会处于发展的不同阶段。地质等自然环境的变化、生产行为模式转变、人口和旅游发展带来的开发建设、政策法规和管理的导向作用等也是山地景区景观格局发生变化的主要原因。

旅游与山地环境。旅游开发势必会对山地原有生态系统造成一定的破坏，如影响动植物的生长，改变当地物种，破坏土壤结构和水资源等。[②③] 此外，基础设施建设和投资不当等人为活动也会对山地目的地产生一定的负面作用。[④] 部分学者采用生态足迹的方法对山地进行了测算，发现一些地区旅游发展并未破坏山地原有生态系统，甚至对原有生态环境产生了积极影响，保护了资源。[⑤]

山地自然环境的变化也会对旅游业产生一定的影响。李跃军和孙虎通过实验得出，水土流失改变了水体浊度，从而影响景观质量，不同流域有差异性。[⑥] 王世金 等以玉龙雪山景区冰川地质公园为例，分析了气候变暖会让冰川旅游赖以生存的冰川逐渐消融，提出应提升现有旅游项目质量，寻找替代产品，延伸冰川旅游产业链，加大绿色旅游的建设力度。[⑦]

旅游与山地经济。旅游对山区经济发展起到了一定的促进作用，使当地经济增长、就业率增长、生活质量提高，但也会引起收入分配不均。[⑧⑨] 为提高旅游对山地的经济带动作用，陆林以黄山为例的研究指出，山岳型景区需从可进入性差、知名度不高、

① NEPAL S K. Tourism and Change in Nepal's Mt. Everest Region: Mountain Tourism: Experiences, Communities, Environments and Sustainable Futures[C]. London: CPI Group Ltd,2016:270-279.

② 程占红, 牛莉芹. 芦芽山旅游开发对不同植被层物种多样性的影响 [J]. 山地学报, 2008(s1):3-10.

③ SINGH R B, MAL S, KALA C P. Community Responses to Mountain Tourism: A Case in Bhyundar Valley, Indian Himalaya[J]. Mountain Science, 2009, 6(4):394-404.

④ PENG H, ZHANG J, LU L, et al. Eco-efficiency and its determinants at a tourism destination: A case study of Huangshan National Park, China[J]. Tourism Management, 2017(60):201-211.

⑤ SENETRA A, DYNOWSKI P ,CIES´LAK I, et al. An Evaluation of the Impact of Hiking Tourism on the Ecological Status of Alpine Lakes-A Case Study of the Valley of Dolina Pieciu Stawów Polskich in the Tatra Mountains[J]. Sustainability,2020,12(7).

⑥ 李跃军, 孙虎. 水土流失对山地旅游地水体观光功能影响研究 [J]. 山地学报,2009,27(6):698-702.

⑦ 王世金, 赵井东, 何元庆. 气候变化背景下山地冰川旅游适应对策研究——以玉龙雪山冰川地质公园为例 [J]. 冰川冻土,2012, 34(1):207-213.

⑧ CHOENKWAN S, PROMKHAMBUT A, HAYAO F, et al. Does Agrotourism Benefit Mountain Farmers? A Case Study in Phu Ruea District, Northeast Thailand[J]. Mountain Research and Development, 2016, 36(2):162-172.

⑨ STEINICKE E, NEUBURGER M. The Impact of Community-based Afro-alpine Tourism on Regional Development[J]. Mountain Research and Development, 2012, 32(4):420-430.

旅游消费结构不合理、季节性明显、逗留时间短等问题着手，解决国际旅游效益偏低的问题。[①] 王雷等研究认为，旅游地生命周期阶段、旅游资源类型和地理区位是影响山地旅游经济效益的主要因素。[②]

旅游与山地社会。山地旅游业过度发展会影响旅游本身，不适当的基础设施和住房建设以及环境保护力度不足，会对山区发展产生负面影响。[③] 在某些地区，甚至需要以生态旅游为代价，满足社区的利益需求。[④] 只有将旅游发展和山地社区利益相结合，才能达到人地关系和谐统一。[⑤] 在旅游发展过程中，将社区作为山地旅游发展的主导因素和规划、管理、监督的主要力量，不仅可以促进社区发展，[⑥] 还能很好地保护资源和环境。[⑦] 因此，在山地社区居民、旅游者、地方政府、当地旅游企业等利益相关者中，社区能力建设问题弥足珍贵，韩国圣对此作了较为深入的分析。[⑧]

旅游发展会对山地经济、社会文化和环境造成不同的影响，这些影响有正面有负面，力度不同，可以通过合理的方式引导旅游发展的同时尽量减少负面影响。山地旅游可持续发展需要加深和扩展对山地及其环境特殊性的认识，结合山地地域系统内外与旅游发展相关的利益相关群体分析，明确山地系统中各个要素之间的相互作用关系，使旅游发展与山地地域系统的内部功能、外部需求相耦合，才能在释放山地发展潜能的同时，协调系统内外部的所有要素，保持其在可控范围内，减少对山地环境的破坏，谋取旅游发展对山地的最大正反馈和最小负反馈。因此，在更大范围内和更加综合全面视角下，对山地旅游人地关系要素进行综合分析是非常必要的。

---

① 陆林．山岳风景区国际旅游经济效益探析——以黄山国际旅游业为例 [J]．旅游学刊,1991,6(1):39-45.

② 王雷，田明中，孙洪艳．中国山地型世界地质公园地质旅游的主要区域效益 [J]．山地学报，2015(6):733-741.

③ HAVLíKOVá M, STUPKOVá L C, PLíšKOVá L. Evaluation of sustainable tourism potential of the principle Giant Mountains resorts in the Czech Republic[J]. Environmental & Socio-economic Studies, 2019, 7(4): 25-36.

④ GIOS G, GOIO I, NOTARO S, et al. The Value of Natural Resources for Tourism: A Case Study of the Italian Alps[J]. International Journal of Tourism Research, 2006, 8(2):77-85.

⑤ VALAORAS G. Conservation and Development in Greek Mountain Areas[C] Tourism and Development in Mountain Regions[C]. London: AMA Dataset Ltd,2000:69-83.

⑥ 梁冰瑜，彭华，翁时秀．旅游发展对乡村社区人际关系的影响研究——以丹霞山为例 [J]．人文地理，2015(1):129-134.

⑦ ANAND A, CHANDAN P, Singh R B. Homestays at Korzok: Supplementing Rural Livelihoods and Supporting Green Tourism in the Indian Himalayas[J]. Mountain Research and Development, 2012, 32(2):126-136.

⑧ 韩国圣．山地旅游发展的社区能力研究——以安徽六安天堂寨景区周边村落为例 [D]．南京：南京大学,2011.

1.1.2.3 旅游人地关系研究

我国旅游兴起于改革开放之后。近年来，随着社会主要矛盾的转变，旅游发展已经成为国民经济和社会发展的重要构成，其目标为建成"人民群众满意的幸福产业"。旅游相关研究从地理学、经济学、管理学、社会学等各个学科展开，获得大量理论和实践成果。作为旅游地理学研究的核心和重要领域，[1][2] 以旅游人地关系为最终落脚点的主题研究并不多，主要成果表现在以下几个方面：

旅游活动的人地关系分析视角。人地和谐是可持续发展的目标，人地关系是旅游可持续发展研究的基础。旅游地可持续发展必须以优化社会和生态环境关系为基础，以环境伦理教育、开发与保护相协调、可持续旅游消费和公平分配为原则。[3] 作为可持续旅游发展的重要形式，生态旅游与其具有天然耦合联系，[4] 因此，一些学者从人地关系视角对生态旅游进行了分析。如冯卫红通过生态旅游地域系统人地关系无序度和环境承载力简单的线性分析，阐明生态旅游地域的系统变化，以此给出相应发展对策；[5] 程占红等指出，新时期对人地关系的正确认识决定了生态旅游产生的必然性，也提供了对应的理论基础。生态旅游是人地关系和谐的现实选择，也会进一步赋予人地关系理论以新的内容。[6] 基于特定旅游资源对旅游人地关系的研究，例如集中于森林旅游以及海岛旅游的研究方向，罗金华分析了森林旅游的生态伦理关系，指出目前森林旅游开发中存在的问题本质上是人地关系矛盾；[7] 徐福英和刘涛阐述了旅游对海岛人地关系的影响作用及其演变，构建了海岛旅游可持续发展系统，并由此给出其可持续发展的动力与监控手段；[8] 陈金华以鼓浪屿、湄洲岛为例，通过居民环境感知调查，深入分析了旅游型海岛的人地关系状况、存在的问题及解决途径。[9] 旅游活动的人地关系分析视角，是研究旅游现象的地理学范式之一，也体现出人地关系在分析旅游现象时所具有

---

[1]　明庆忠, 陈英. 旅游产业地理: 旅游地理学研究的核心与主题 [J]. 云南师范大学学报 (哲学社会科学版),2009,41(2):51-56.

[2]　黄震方, 黄睿. 基于人地关系的旅游地理学理论透视与学术创新 [J]. 地理研究 ,2015,34(1):15-26.

[3]　何小芊. 旅游地人地关系协调与可持续发展 [J]. 社会科学家 , 2011(6):74-77.

[4]　LACITIGNOLA D, PETROSILLO I, CATALDI M, et al. Modelling socio-ecological tourism-based systems for sustainability[J]. Ecological Modelling, 2007, 206(1/2):191-204.

[5]　冯卫红. 基于人地关系的生态旅游地域系统演变定量分析 [J]. 人文地理 ,2006, 21(4): 74-78.

[6]　程占红, 牛莉芹. 芦芽山旅游开发对不同植被层物种多样性的影响 [J]. 山地学报 , 2008(s1):3-10.

[7]　罗金华. 人地关系协调视角的森林旅游产品绿色开发 [J]. 林业经济问题 ,2009,29(5):464-470.

[8]　徐福英, 刘涛. 旅游型海岛人地关系系统的演进、构建与协调 [J]. 资源开发与市场 ,2014,30(6):664-666.

[9]　陈金华. 基于环境感知的旅游型海岛和谐人地关系研究——以台湾海峡西岸鼓浪屿、湄洲岛为例 [J]. 广东海洋大学学报 , 2010, 30(2):22-26.

的地理学学科优势。旅游行为具有资源和产品的空间指向性，所形成的旅游活动随着目的地区域环境的差异性而产生较大的不同，人与地之间的关系也会在多样的人类活动选择之下加剧分异。针对旅游现象的复杂性和旅游活动的多样性，对更多的以不同区域或旅游形式为研究对象的旅游人地关系的构成、机制、演化等分析还有待开展。

区域旅游人地关系分析。区域是地理空间划分的重要尺度，其内部的旅游资源或地理环境以及所形成的相应的人地关系具有较强的一致性。王维艳指出，云南各民族传统的人地观是人与自然融为一体的互利互助典范，对生态旅游的开展具有推动作用；[①] 秦俊丽和孙玉梅分析了山西旅游资源开发中出现的人地关系不协调因素。在同一地域范围内，还可根据人地关系发展的主导力量进行类型层级划分，以便更具体和细化地进行旅游人地关系特点描述，以此给出具有针对性的和较为详细的发展对策。[②] 如骆华松和杨世瑜定性分析了丽江市人地关系发育水平及其历史演变、人地关系要素等与地质旅游资源系统的相互交叉、相互渗透、相互影响的关系，并由此推断出丽江市地质旅游资源开发中的主要人地关系矛盾，对旅游地质资源与人地关系复合系统进行了三级区划；[③] 陈慧琳将南方岩溶区人地关系地域系统分为三种类型，其中一种为岩溶风光旅游区，认为其人地关系主要表现为旅游资源的开发与利用；[④] 黄松在人地关系评价指标体系构建的基础上，采用聚类分析方法，将桂西人地关系分为六种类型，其中旅游业发展较快的贫困地区和旅游业发展较好的少数民族聚居区是典型的以旅游人地关系为主的两种类型。[⑤] 熊康宁和殷红梅对景区内部的人地关系进行空间划分，这一研究是从更为微观的角度对旅游人地关系一般规律认识的一次尝试。[⑥] 他认为，喀斯特地区的旅游开发对当地民族心理意识产生了较大的影响，并且在不同开发程度的区域有较大差异，旅游中心区以积极主动的人地观为主，旅游外围区以消极被动型为主，不同开发程度的民族心理意识产生了不同的人地关系观。区域范围有大有小，其划分有不同的参照标准。从促使形成不同旅游资源和产品类型的地理要素，特别是基于自然

① 王维艳．云南民族的传统人地观与生态旅游 [J]. 云南师范大学学报（哲学社会科学版），2003, 35(4): 129-132.

② 秦俊丽，孙玉梅．基于人地关系论的山西旅游资源开发研究 [J]. 中北大学学报（社会科学版），2011, 27(1):27-31.

③ 骆华松，杨世瑜．丽江市旅游地质资源系统与人地关系系统的相互作用 [J]. 云南地理环境研究,2005,17(5):40-46.

④ 陈慧琳．南方岩溶区人地系统的基本地域分异探讨 [J]. 地理研究,2000,19(1):73-79.

⑤ 黄松．桂西地区人地关系类型划分及其特征研究——民族地区地质公园建设与旅游开发系列论文之二 [J]. 广西师范大学学报（自然科学版),2008,26(3):75-79.

⑥ 熊康宁，殷红梅．喀斯特旅游资源开发的民族心理意识与人地关系效应——以贵州龙宫地区为例 [R]. 青岛：全国区域旅游开发学术研讨会暨青岛崂山旅游文化研讨会,1999.

地理要素之上的人类活动驱动力出发来划分区域类型，更便于对旅游人地关系的归类和规律总结，但目前的相关研究尚且不多。

旅游人地关系运行机制。在人地关系中，人的因素，无论是旅游者还是社区居民都对旅游人地关系和谐发展起到重要作用。倪欣欣等基于人地关系视角将旅游道德主体分为个人、社会、职业、生态四个维度，并指出个人道德是核心，生态道德最复杂；[①] 李秋成等基于结构方程模型对黔东南两个民族旅游村寨进行分析，指出和谐的社区关系和人地关系能够强化居民对旅游发展正面影响感知，弱化负面感知，进而提出旅游的社区关系管理策略。[②]

有关旅游人地关系的研究绝非仅此而已，相关研究还有很多，如地理环境对旅游发展的影响分析、旅游发展对环境和社会经济文化的影响分析等。除数量众多之外，内容也很广泛，宏观和微观都取得了不错的成绩，在旅游可持续发展方面发挥了重要的理论支撑和实践指导作用。这些研究较少对旅游人地关系的要素、运行机理进行综合分析，对相关理论的分析也较少涉及人地关系宏观层面，但为旅游人地关系的综合分析提供了大量的实证经验和理论依据。需要说明的是，国外研究多为此类，在此不作综述。

1.1.2.4 山地地域系统及其人地关系相关研究

山地地域系统是山地学研究的核心，[③] 山地人地关系综合体是其重要研究对象，地域综合体的结构、特点、功能、演化等规律是重要的研究内容。[④]

山地地域系统。山地是基于三维立体的地貌类型，山地地域系统内部可进一步划分层次。土地利用是系统分化的主要表征，刘彦随指出随海拔升高，山地土地类型的结构格局呈现层带性，其实质是土地生态系统的垂直分异。[⑤] 因此，山地应实施立体开发，建立多层次、多种生产模式。[⑥] 周政旭等认为山地河谷区域人居环境生态系统分为山林涵养带、聚落—山林过渡区、村落聚居带、村落—稻田过渡区、河谷稻作带。[⑦] 王娜等认为随着山地系统的不断发展，以市场为主要方式的人类活动对原初封闭山地经

---

① 倪欣欣，马仁锋，胡传东. 人地关系视角旅游道德研究架构 [J]. 云南地理环境研究 ,2014,26(1):67-73.

② 李秋成，周玲强，范莉娜. 社区人际关系、人地关系对居民旅游支持度的影响——基于两个民族旅游村寨样本的实证研究 [J]. 商业经济与管理 ,2015,281(3):75-83.

③ 钟祥浩. 加强人山关系地域系统为核心的山地科学研究 [J]. 山地学报 ,2011,29(1):1-5.

④ IVES J D, MESSERLI B. Progress in Theoretical and Applied Mountain Research, 1973-1989, and Major Future Needs[J]. Mountain Research and Development, 1990, 10(2):101-127.

⑤ 刘彦随. 土地类型结构格局与山地生态设计 [J]. 山地学报 , 1999, 17(2):104-109.

⑥ 唐淑云. 论山地经济的发展前景及途径 [J]. 山地学报 , 2002, 20(1):80-84.

⑦ 周政旭，刘加维，钱云. 喀斯特山地河谷人居生态系统研究：以贵州安顺扁担山布依聚落为例 [J]. 贵州民族研究 ,2017(8):106-111.

济系统造成了冲击，进而形成了山地准半开放经济体系。[①] 此外，学者们对山地地域系统的演化过程、机制和综合调控进行了定性分析，特别针对喀斯特山区开展了个案研究。[②③] 面临山地环境变化和发展挑战这两个重要问题，相关研究应以梯度差异、系统关联和区域分异等为研究切入点，在山地环境系统的格局、干扰、过程、响应和适应研究等方面有所突破，并分析从局部到区域尺度开发山地资源及其管理的可持续利用策略。[④]

山地人地关系。人地关系是山地地域系统的主要构型和研究内容。余大富概括了我国山区人地系统基本结构类型，通过对人地系统结构变化的动力及作用机制分析，预测我国山区人地系统的主要变化趋势，并提出了我国山区人地系统结构优化的特殊性及要点。[⑤] 钟祥浩指出人山关系动力系统具有复杂性和不稳定性、物流和能流循环系统不完整性、利益公平分配困难性等特征。[⑥] 高梯度效应是山地人地关系优化、综合性研究的基础，[⑦] 重视研究山地垂直带谱的结构功能，整体关注山地河流的"下游效应"，以分类分析法和区域系统分析法来进行具体分析，是建立生态、经济和社会效益相协调山地人地关系发展模式的重要方式。[⑧] 部分学者对部分区域山地人地关系进行研究，如刘彦随等认为自然生态环境脆弱、人口素质低和外部基础条件差是广西山区石漠化治理的难点所在；[⑨] 吴映梅等通过对金沙江中下游山地人地关系研究，认为人地关系的演进状态是影响山区经济持续发展的根本因素，关系着国家主体功能区划的实施效果，具有重要的区域实践意义。[⑩]

1.1.2.5 研究述评

山地旅游影响要素、山地旅游效应、旅游人地关系、山地人地关系等研究硕果累累，但以旅游为主要驱动力的山地目的地人地关系演变和优化调控等方面的综合研究

① 王娜，盛剑，张磊. 山地经济系统的变迁 [J]. 山西科技，2006(2):70-72.

② 王世杰，李阳兵. 喀斯特石漠化研究存在的问题与发展趋势 [J]. 地球科学进展,2007,22(6):573-582.

③ 周劲松. 山地生态系统的脆弱性与荒漠化 [J]. 自然资源学报，1997, 12(1):10-16.

④ 钟祥浩，熊尚发. 山地环境系统研究新框架 [J]. 山地学报，2010,28(4):385-391.

⑤ 余大富. 我国山区人地系统结构及其变化趋势 [J]. 山地研究，1996, 14(2):122-128.

⑥ 钟祥浩. 加强人山关系地域系统为核心的山地科学研究 [J]. 山地学报,2011,29(1):3-7.

⑦ 明庆忠. 山地人地关系协调优化的系统性基础研究——山地高梯度效应研究 [J]. 云南师范大学学报 (哲学社会科学版), 2008, 40(2):4-10.

⑧ 丁锡祉，郑远昌. 初论山地学 [J]. 山地研究，1986, 4(3):179-186.

⑨ 刘彦随，邓旭升，胡业翠. 广西喀斯特山区土地石漠化与扶贫开发探析 [J]. 山地学报，2006,24 (2):228-233.

⑩ 吴映梅，陈贻娟，牛静静. 金沙江中上游山地限制开发区人地关系演进状态研究 [J]. 云南师范大学学报 (哲学社会科学版), 2008, 40(6):34-37.

力度尚且不足。

从国内外研究现状来看，从资源、市场等方面较为全面地分析了山地旅游发展的影响要素，并对具体山地的旅游发展进行了深入探讨。山地旅游系统的各个要素都有所涉及，研究具有一定的广度，为山地旅游发展理论奠定了基础，也从侧面反映了部分山地人地关系的构成以及相互作用机理。山地是一个地域综合体，将山地按照人地关系类型细化，分别阐述旅游活动运行机理及其相关分析并不多见。部分学者以资源类型为依据，通过山地旅游发展模式对山地整体进行了划分，但旅游资源仅仅是山地目的地人地关系结构的一个部分，对此系统其他要素及其作用机理的分析较少，势必会造成山地系统整体发展的片面认知。作为地理学的主要研究对象之一，具有综合性、系统性、动态性和科学性等特征的人地关系研究正是应对这一问题的良好解决方式。有必要对此作出科学分析，全面、综合地对山地旅游系统内外的要素进行整体分析，并较好地梳理各要素之间的关系，作为分析山地目的地人地关系演化内容、动力的基础。

现有旅游人地关系研究散落于个案分析中，以人地关系和谐的哲学思想为统领，分析了旅游发展存在的问题和对策，也研究了其他要素对旅游发展的影响，旅游对目的地影响效应研究更是丰富。对山地旅游、森林旅游等特定旅游人地关系的要素、结构、功能、运行机理等方面的综合研究以及一般理论的实证演绎都较为缺乏，这不仅不利于旅游地理学人地关系基本理论的"形而上"构建和"形而下"转化，也不利于进一步发现理论所隐含的深层次内涵，更难以体现人地关系理论的现实意义。从山地景区人地关系结构分析到空间格局演化、运行机理和规律剖析，到人地关系优化调控模式和对策分析，山地旅游人地关系研究应逐步深入，层层分析，总结发展规律，探索发展对策，为山地旅游科学发展提供理论支持，也为山区可持续发展路径提供参考。这是目前山地旅游研究所面临的重要议题，也是作为旅游地理学研究核心的人地关系理论发展的必需。

山地三维立体特点是其资源形成的基础，也是其发展的出发点。不仅是山顶、山坡和山麓简单分区，不同基带、不同海拔、不同地理条件的山地展现出较大差异的生态环境，其开发方式必然有所不同。特别是旅游资源利用途径的多样化，使基于不同纬度、地理环境和相应垂直带谱的山地具有各自环境演化的机理。现有研究分析了山地人地关系的特点，并进行了实证研究，但针对同一山地不同人地关系类型划分的微观研究并不多见，特别是对某种人类活动与山地不同人地关系之间的关联机制研究较少。为此，基于不同地理条件阐明山地景区人地关系地域系统的空间分异及特征，并结合人类旅游活动总结其发展规律，是山地旅游人地关系演化分析的要点。

山地系统是一个不断变化的耗散结构，人类文明使人地关系产生，并逐渐发展，使山地偏离其自然演化状态，人—地之间的作用方式和影响力度不断变化，走向复杂。旅游发展和山地环境、社会、经济之间的关系与旅游活动同时产生，作为一个复杂系统，这些要素之间还存在着错综复杂的线性和非线性关系，其关联机制较为复杂。新时代下，旅游作为以往以"少、边、穷"为特征的山区发展重要途径，已改变了部分区域发展状况，也越来越被地方政府所重视。作为山地旅游目的地发展的核心要素，山地景区是以旅游为主要发展驱动力的特殊地域系统，其人地关系结构变化方向和幅度如何，演变的机制主要体现在哪些方面，利用这些规律优化整体空间结构和旅游发展的依据和措施又是什么？现有研究尚未对此作出综合分析。旅游作为山地人地关系地域系统演变和发展新的动力要素，是贯穿这一系列问题的关键所在。因此，以旅游为驱动力，围绕山地景区地域综合体的人地关系时间演化和空间格局变化特征，分析其时空变化的规律，是山地学和旅游学综合研究的最佳结合点。

人地关系是人地相互作用机理、动力机制基本关系的表达方式，[1] 是以人类旅游活动为主要动因的山地地域系统研究的基础，也是山地景区旅游可持续发展目标的重要量度。区域各种地理现象的空间格局、成因机理、演变过程，都与其驱动力有关，[2] 构成了不稳定的、非线性的、远离平衡状态的耗散结构。[3][4] 作为最传统的旅游地，面对新时期山地旅游大发展的外部机遇，山地景区人地关系演化相关研究明显落后于时代实践需求，涉及旅游地演化机制与规律性问题的研究成果较少。不同尺度、不同地理条件的山地综合体在发展旅游过程中不仅有时空自然变换的差异，还有多种外来因素的人为影响。如何客观地对山地人地关系进行全面评估，以旅游系统和山地人地关系要素作为分析的基础，以山地景区的人地关系演化和格局变化为主要路径，以山地可持续发展的人地关系优化作为最终目标，总结旅游驱动下的山地景区人地关系地域系统发展演化的规律是本研究所要解决的主要问题，同时通过探讨旅游驱动下的玉龙雪山景区人地关系的特殊性及其运行机制和规律，为我国特别是西部地区现有大量山地旅游开发和发展作出理论推导，提供发展的思路。

① 樊杰."人地关系地域系统"学术思想与经济地理学 [J].经济地理,2008,28(2):177-183.
② 史培军,宋长青,程昌秀.地理协同论——从理解"人—地关系"到设计"人—地协同"[J].地理学报,2019,74(1):3-15.
③ 吴传钧.论地理学的研究核心——人地关系地域系统 [J].经济地理,1991(3):1-6.
④ 毛汉英.人地系统优化调控的理论方法研究 [J].地理学报,2018,73(4):608-619.

1.2 研究意义

1.2.1 理论意义

①通过对以旅游为主要驱动力的人地关系研究，丰富地理学中人地关系地域系统分析的动力认知

人地关系由人类活动引起，在不同时代会随着人类生产和生活方式发生改变。随着人们生活水平提高、闲暇时间增多、休闲娱乐需求不断增强，旅游市场持续扩大，旅游行为也有所改变。作为新时期人类活动的重要构成，旅游对目的地的社会、经济、环境产生系列影响，促使人地关系的构成、形成机制和演化发生不同程度的改变，成为旅游目的地人地关系变化的重要驱动力。在分析山地人地关系地域系统自然演化基础上，总结旅游和山地景区地域环境特殊人—地活动形式的一般规律和模式，将旅游作为人地关系地域系统的主要驱动力，以丰富地理学中人地关系地域系统分析的动力认知。

②将山地作为人地关系地域系统研究对象，丰富人地关系地域类型研究

地理条件是人类生存的基础环境，也是人类生产活动的前提，为人们提供了生产生活空间、自然资源和潜在发展的机会。决定一般地域系统地理环境的要素主要包括海陆位置、纬度分布和地质地貌条件等。山地因地貌垂直高差而具有了与一般地域相比明显的环境差异性，人地关系变化的基础条件和演变规律较为独特和复杂，也成就了其发展旅游的先天优势。将人地关系演化较为复杂且具有垂直分异特征的山地景区作为人地关系地域系统研究对象，具象化地理学人—地关系分析，丰富了人地关系地域类型研究。

③通过山地景区人地关系演化分析，进一步丰富山区旅游发展研究的理论和方法

作为世界上最早开发的旅游目的地之一，山地广泛分布，也形成了诸多知名旅游地，不仅改善了山区居民的社会经济状况，也为日益壮大的旅游市场提供了消费场地。山地旅游占有全球旅游较大的市场份额，客观认知山地旅游发展规律，有利于全球旅游业的顺利推进。全面深入了解山地旅游供需双方，明确山地景区内旅游资源、基础设施、社会经济、地理环境以及直接扰动人地关系发生变化的旅游活动等因素特征，并梳理相互间的关系，对山地景区内的人地要素及发展规律进行总结，是有效调整和促进山地旅游可持续发展的理论基础。从地理学视角和方法出发，分析山地景区人地

关系演化的进程、格局、作用机制、反馈和优化,进一步丰富山区旅游发展研究的理论和方法,不仅全面解析了山地旅游发展的人地关系地域系统各要素及其作用机理,而且为山地旅游其他分析提供了理论依据。

1.2.2 实践意义

①认知旅游动力,利于评估山地景区人地关系的发展状况,为因地制宜地开展旅游活动提供科学依据。

旅游目的地地域系统内部的要素之间协调、社会经济和生态环境可持续,是旅游发展坚实基础和长期动力的保障。旅游作为人地关系演化的重要动力之一,促使景区内部要素及其相互间的关系发生改变,进而影响其整体演化的进程或方向。这种驱动作用具有一定的规律,有其自身的作用机制。无论是旅游发展的本底条件,还是发展潜力,山地都具有与其自身地理环境密切相关的独特性。山地旅游特殊性及其对山地本身人地关系演化的驱动作用和影响效应,是判断山地景区人地关系发展状态、演化趋势等的客观基础。认知旅游动力对山地原有人地关系地域系统的作用机制和效果,利于评估山地景区人地关系的发展状况和趋势,为因地制宜地开展旅游活动提供科学依据。

②认知旅游驱动下的山地景区人地关系,利于有针对性地进行有效调控和可持续发展管理。

旅游目的地人地关系要素、动力因子和作用机制等随时间变化的过程具有阶段性,也具有空间差异性。旅游发展本身就是一个基础设施不断完善、旅游产品不断优化、管理水平不断提高的过程,受到旅游资源及其适宜性开发水平、旅游政策与管理、社区居民、经济和社会发展状态等的影响,也受到客源地社会经济发展及人口时代特征等一定程度的引导,并在旅游要素非均匀分布状态下呈现空间差异性,人地关系在微观格局下呈现分化。分析旅游驱动下的山地景区人地关系演化过程、格局变化及其驱动机制,有针对性地对此地域系统进行有效调控和管理,以利于旅游目的地的可持续发展。

③山地景区的人地关系演化分析,利于选择合理的山地旅游发展形势,发挥旅游的综合带动作用。

区域发展不仅是内部要素的成长,更是系统整体的提升,表现在人—地关系协调共生。通过山地景区人地关系演化分析,甄别不同要素在旅游驱动力下的变化机制,结合山地自然地理环境的垂直地带性及其引发的高梯度效应,挖掘旅游驱动山地景区人地关系的作用规律,为不同地理条件的山地地域综合体和山地不同区域范围的旅游发展提供思路，促进形成合理的山地旅游发展形势，以旅游业为优势产业带动山区社会经济发展，充分发挥旅游业富民、促进生态保护等作用。

1.3 研究方案

1.3.1 研究思路与研究内容

按照"提出问题—理论分析—解决问题"的问题导向思路，立足于山地人地关系系统构成和要素间的相互作用关系，以旅游为主要驱动力，对山地景区人地关系空间格局演化进行分析，进而探讨旅游驱动山地人地关系发展的主要动力和作用机理。内容上，按照地理学区域综合研究的传统"山地景区人地关系地域系统剖析—山地景区人地关系演化—山地景区人地关系演化的旅游动力机制探讨—山地景区人地关系的优化调控"，逐步形成山地旅游人地关系演化评价的一般路径。

山地旅游以旅游活动的发生地命名，其特殊性体现在山地环境和以其为本底的旅游资源。对山地景区人地关系的分析，需要以此为出发点，基于山地综合体的自然条件、社会和经济基础，系统剖析"山"和"人"的构成要素及相互间的关系，进而判断其人、地以及人—地关系演化的历程，明确人地关系演化的直接动力和间接动力，辨析动力要素的作用机制。

本研究的主要内容如下：

①通过山地旅游发展现状，说明人地关系演化分析对其发展的重要作用，回顾和综合评述现有文献，确定研究基础和主要内容，并对研究意义、思路和方案、研究方法以及案例地的选择作出说明。

②界定山地地域系统、山地旅游地域系统、山地景区人地关系、山地旅游等基本概念，并阐述本研究主要应用的人地关系理论、地域分异规律、系统动力学原理、旅游空间演化等理论基础，分别从地理学、系统学、旅游学等视角阐明本研究的理论基础，进而构建山地景区人地关系时空演化分析的理论框架。

③以人地关系基本理论为基础，结合山地自然环境和社会经济特征，剖析山地景区人地关系的要素、要素间相互作用、功能体系，并通过旅游运行的供求关系解释山地景区人地关系形成机理及特殊性。

④在系统梳理山地景区人地关系要素的基础上，构建评价山地景区人地关系演化的概念模型，以此为依据，从时间和空间两方面分析山地景区人地关系演化进程。时

间序列上，通过对旅游业在山地的发展和项目建设、山地产业结构、环境变化、发展目的等社会经济和环境的变化，将山地景区人地关系演化进行阶段划分；空间分布上，通过山地景区人地关系要素在不同自然地理条件下的分布及其空间拓展过程的分析，说明山地旅游人地关系空间分异特征。

⑤通过全面梳理山地景区人地关系演化的驱动力，阐明直接动力和间接动力的构成，并从组合、时空变化等方面分析动力系统的特征。

⑥以山地地域系统自然运行机理为基础，深入探索各旅游动力要素耦合的前提条件、耦合的形式及内容等，并进一步说明山地地域系统对旅游的响应机制和耦合的必然性，从而提出山地景区人地关系系统优化的要点。

⑦综合分析玉龙雪山景区旅游发展条件，对旅游及其所驱动的人地关系演化进行阶段划分，细述每一阶段的主要特征；依据土地利用类型和社会经济发展状况，讨论山地景区人地关系空间分异和演化的区域差异，进而对其人地关系演化机制作出分析。

1.3.2 研究的主要方法

①文献分析和实地调研相结合。

通过现有文献综述和山地旅游发展现状分析，提出研究存在的不足和本研究的意义所在。并在现有相关文献基础上，对所需理论进行总结和进一步凝练，奠定研究的理论基础和整体框架。

构建山地景区人地关系演化评价的概念模型，据此对山地景区人地关系发展阶段进行划分，分析其人地关系中"地"和"人"的特殊性、相互间关系及作用机制，作为山地景区人地关系演化旅游驱动力及机制的分析要点，从而对山地景区人地关系演化的一般理论进行推导和验证。采用实地调研法，对本书研究区域——玉龙雪山景区进行考察，收集人口、GDP 和社会经济发展状况等相关数据，并采访旅游管理和工作人员、村委会干部和当地村民等，获取他们对本地旅游发展的认知、经验和态度，弥补部分数据缺失的漏洞，结合 3S 技术研判玉龙雪山景区旅游地域土地利用类型和社会经济发展变化特征，并收集旅游发展的相关资料。

② 3S 技术。

RS 和 GPS。根据山地景区人地关系划分的三个演化阶段，获取玉龙雪山景区1992 年、2005 年和 2019 年三个时间节点卫星影像数据，通过实地调研和现有图纸对卫星图像进行校对，并对相应的数据进行加载、解译，然后形成玉龙雪山景区三个时间节点的卫星影像图。

GIS 和 GPS。综合旅游地域空间及其土地利用的主要方式，将玉龙雪山景区土地利用类型划分为草地、林地、耕地、水域及水利设施用地、裸地、住宅用地、特殊用地等 7 种类型，利用地理信息软件，对卫星影像图进行二次处理，区分玉龙雪山景区地域空间内不同土地利用类型的主要内容。同时通过三个时间节点空间数据对比，直观显现变化的内容，分析玉龙雪山景区旅游地域系统内土地利用类型变化的方向，以此对人地关系演化的空间特征和主要原因作出分析。

③系统动力法。

按照系统科学非线性思维、整体思维、关系思维及过程思维方法观，系统梳理山地旅游系统内外的各动力要素，探索山地景区内外各动力要素之间相互作用的基本关系，从而构建山地景区人地关系发展动力要素耦合关系结构图。

具体来说，就是按照要素相互联系和作用的机理，分析山地景区人地关系地域系统内部的旅游资源、交通、利益相关者、生态环境、山地政策、旅游营销等以及山地地域系统之外的旅游市场、国家和区域发展战略、旅游业发展和推广、社会、经济和环境等山地景区人地关系演化主要动力要素相互间的关系和耦合作用机制，并构建相应的山地景区人地关系地域系统动力要素耦合结构图，进而明确山地景区地理环境的自我演化机制、旅游活动对山地环境的影响效应、山地环境与旅游活动反馈机理等。

1.3.3 研究的技术路线

山地具有发展旅游业较为优越的资源条件，旅游是新时期山区开发及其致富的重要手段之一。山地旅游逐渐兴起形成了众多山地景区，改变了山地原有的人地关系要素、结构和演化机制。在此现实背景下，通过实地调研和现有文献梳理，探究现有理论对解释和解决实践问题存在的可创新之处，进而构建本研究的理论框架，通过理论分析和玉龙雪山景区实证研究，探索山地景区人地关系地域系统及其时空演化的过程和动力机制等规律。(图 1.1)

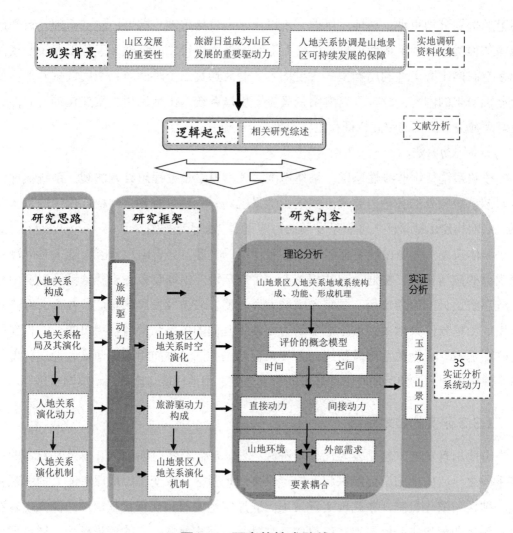

图 1.1　研究的技术路线

1.3.4 研究案例点选择

玉龙雪山景区坐落于云南省丽江市玉龙县，是伴随着我国改革开放和旅游业逐步兴起而发展起来的、较早开发的一批山地景区之一。目前，景区完成了甘海子、冰川公园、蓝月谷、云杉坪、牦牛坪以及雪山高尔夫球场、印象丽江等一批精品景点和旅游文化演艺项目开发，趋于功能齐全、市场较为稳定、旅游要素不断完善、社会经济和环境逐渐和谐的持续发展态势。

典型性。近三十年的发展历程中，玉龙雪山景区道路、水电、通信、交通工具、环境卫生等问题基本得到解决，旅游基础设施不断完善，旅游服务设施不断提升，景区管理日益成熟，形成了从"观光"到"集观光、度假、娱乐、运动休闲、科普研学等功能于一体的综合性山地景区"。作为人地关系的要素和主要发展动力，旅游在玉龙雪山景区经历了从无到有、从单一到综合的过程。

旅游发展促进玉湖村和甲子村两个社区经济结构发生变化，经历了从以农业为主要生产方式，到以旅游为主体和以特色农业为辅的综合产业发展体系。旅游业对区域经济发展起到了最为主要的带动作用，两村不仅温饱问题得到解决，彻底脱贫，而且迈向致富道路，年人均收入逐年提高。此外，社区人居环境得到改善，受教育水平提高，卫生医疗水平完善，成为建设社会主义新农村的典范。雪山冰川及周边景点、设施、居民点等的环境都发生了较为明显的变化，综合表现于土地利用类型。区域范围内以环境、经济、社会文化等为主的人地关系演变内容和过程有所不同，有明显的阶段性和空间分异特征，旅游驱动效应明显，具有山地景区旅游人地关系结构和演化的典型性。

代表性。山地地理特征会因所处基带和自身地质地貌条件的不同而产生差异。由于玉龙雪山相对高差大，山地高梯度效应[①]较为明显。但其位于中纬度地区，其所在的丽江市海拔约 2 400m，属亚热带高原季风气候，因此无法完全体现高纬度和低纬度山地以及中纬度地区中低海拔山地和其他气候类型下（如温带荒漠气候、地中海气候等）山地综合体在资源、产品、生产活动和旅游活动等所表现的特征，山地景区旅游人地关系演化代表性具有一定的局限。但玉龙雪山景区从山脚下 1 600 余 m 的金沙江河谷到 5 596m 的主峰扇子陡，垂直高差近 4 000m，涵盖寒带、亚寒带、寒温带、温带、亚热带等垂直气候带，较大程度上减少基带海拔和气候带的影响，增加了案例点研究结果的适用范围；旅游资源包括山体、含冰川在内的水体、植被和动物、气候和环境、历史、民族文化等多种类型，广泛分布于山体山顶、山坡和山谷地区，能较充分体现出山地景区旅游资源的多样性、独特性、广域性和垂直分异性等特征；玉龙雪山景区旅游发展过程中，对不同区域采取有针对性的差异化开发策略，旅游及其相关活动对地理环境的影响效应差别较大，人地关系演化的时空差异较为明显和突出，反映出山地在旅游驱动作用下人地之间相互作用的多种类型。

我国山地分布广泛，早期知名山地景区主要集中于东部经济发达地区和西部民族地区。近年来，随着旅游市场需求力度的不断加大，国内众多新兴山地旅游地诞生，并以特色取胜。这些山地景区不仅在自然地理环境上有较大差别，且当地所在的区位、

---

① 明庆忠等将具有一定高差的山地因其垂直高差产生随山地海拔变化自然和人文的梯变现象（主要表现在山地能量、降水、气候、地貌、植被、资源利用、人类活动等）称为山地梯度效应。

明庆忠，史正涛，邓亚静，等.试论山地高梯度效应——以横断山地的自然—人文景观效应为例 [J]. 冰川冻土 , 2006, 28(6):925-930.

社会经济发展状况有别，因旅游资源和内外部发展条件的不同而采取各自的发展策略，形成了多种类型的山地景区，对山地人地关系的影响力度和作用方式也不尽相同，有各自的运行机制。玉龙雪山景区涵盖休闲、娱乐、度假、观光、研学、文艺展演、民俗体验、体育运动、探险等多种形式的旅游项目，游客旅游活动类型多样。因此，本研究以玉龙雪山景区为案例地，对其旅游人地关系的演化历程、空间格局、旅游动力及其作用机制进行实证分析，旨在通过此案例对山地景区人地关系演化的过程和动力机制等理论作一探索和验证。对多个位于不同地理环境和社会人文环境下的山地目的地综合比较，是未来研究的重要方向和内容。

第 2 章　理论基础与研究框架

山地旅游人地关系演化涉及地理学、旅游学、系统学等多学科领域知识和理论，是山地地域系统、旅游系统及驱动力共同作用的结果。本章对相关基本概念和基础理论进行梳理，首先明确山地地域系统、山地旅游地域系统、山地旅游、山地景区人地关系等概念内涵，辨析人地关系、地域分异规律、系统动力学原理、旅游地空间演化等理论，据此说明基本概念和理论在山地景区人地关系时空演化中的应用和重要分析路径，从而构建以旅游为驱动力的山地景区人地关系演化研究的理论框架。

2.1 相关概念

2.1.1 山地地域系统相关概念

2.1.1.1 山地涵义

山地、高原、丘陵、盆地和平原是陆地表面地貌形态的几种基本类型，但山地具有更为重要的地理意义，它是地球表层演化过程的主体，控制和影响地理格局和环境变化。[1] 山地是地理学的基本概念，海拔、相对高度、形态、规模等是山地范畴的主要构成要件。尽管如此，学界内对其范围界定和类型划分仍没有统一标准，对于具体海拔、相对高度以及对山地类型划分都存在一定差别。

程根伟等指出山地是具有一定高度、相对高度和坡度的陆地单元，在地貌上呈现独立突出的高大地形特点。[2] 程鸿认为山地是由一定绝对高度和相对高度组合的地域。[3] 王明业和朱国金定义山地为具有一定高度和坡度的地面。[4] 江晓波粗略地界定了山地的两个特征，即陡坡和高度的组合。[5] 钟祥浩等提出山地是陆地上具有一定海拔、起伏度

---

① 邓伟,程根伟,文安邦.中国山地科学发展构想 [J]. 中国科学院院刊,2008,23(2):156-161.

② 程根伟,钟祥浩,郭梅菊.山地科学的重点问题与学科框架 [J]. 山地学报,2012,30(06):747-753.

③ 程鸿.我国山地资源的开发 [J]. 山地研究,1983,1(2):1-7.

④ 王明业,朱国金.中国的山地 [M].成都:四川科学技术出版社,1988:1-2.

⑤ 江晓波.中国山地范围界定的初步意见 [J]. 山地学报,2008,26(2):129-136.

和坡度有机组合的高地及谷地复合类型地域。[①] 这些定义属定性描述，将山地主要区别于其他地貌类型的特点进行了总结，主要表现为绝对高度、相对高度和坡度三方面。相对高度（垂直高差）和坡度的测量较为复杂，要立足一定的基准面，并限定山地范围。但有相对高度的地貌一定基于特定坡度，坡度和相对高度是相互依存的两个内容，具有贯通性，是定义山地不可或缺的方面。因此，山地定义应进行简化，以免出现繁缀和类型划分的重叠。以上对于山地的界定，都属于狭义概念，明显区别于盆地、平原、高原、丘陵等地貌。

温度和气压会随着海拔升高而降低，相对高度和坡度的不同会直接造成同一山地的环境和生态在不同海拔、不同地带性条件下具有较大差异性，形成了多个小气候和"山地次区域"，增加了山地综合分析的难度。因此，定量化对山地概念界定可以将复杂山地划分为不同类型，增加山地研究的科学性，并为解决山地实践问题提供依据，利于研究的实际操作。

对山地定义的相对高差和坡度没有硬性规定，根据研究对象和内容的不同：相对高差有以大于200米为界限的，也有以大于500米为界限的；坡度界限有5°、10°、15°、25°等等。赵松乔通过海拔高度或相对高度来确定山地范畴，认为海拔在500m以上具有一定坡度的、海拔超过3 000m的或相对高度超过500m都称为山地或"山原"[②]。联合国环境署—世界自然保护监测中心（UNEP-WCMC）提出，海拔大于2 500m的区域被认为是山地；海拔介于300~2 500m之间的区域，如果坡度较大，或在小范围内相对高度很大，也被认为是山地。江晓波通过海拔和起伏度（绝对高度和相对高差），将中国山地划分为六类。[③] 这些定量化山地概念的分析主要从垂直地带性规律出发，区分由于不同海拔山地自然环境和人类生存条件，特别是生物群落的不同而形成的具有内部相对一致性和外部相对差异性的山地类型。这种划分依据也主要由海拔和相对高度（或坡度）构成，与山地概念定性分析的出发点一致。但与定性概念界定不同点在于，定性分析中相对高差和坡度是山地必须同时具备的两个方面，而定量分析中判断某一地貌是否属于山地的条件之一是相对高差或坡度。基于高原边缘地区坡度陡、相对高差大，以及丘陵具有一定起伏度和坡度等，有人认为高原和丘陵也不同程度地具有山地地域类型的特性，由此出现了山地广义概念。对山地概念的定量分析，实质隐含了此层含义。钟祥浩等将山地分为相对高差小于200m的丘陵和大于200m

① 钟祥浩,刘淑珍.中国山地分类研究[J].山地学报,2014,32(2):129-140.
② 赵松乔.我国山地环境的自然特点及其开发利用[J].山地研究,1983,1(3):1-9.
③ 江晓波.中国山地范围界定的初步意见[J].山地学报,2008,26(2):129-136.

的山地，并按照海拔高度和相对高差将中国山地进行了分类。[①]这一研究是目前最为全面和详细的针对中国山地的定义和类型划分，不仅涉及广义的山地概念，同时强调了垂直高差和绝对高度作为山地区分于其他地貌类型的重要意义。

对山地进行更为宽泛定义较有代表性的有：肖克非认为起伏高度大于 200m 的地段均归入山地，其中起伏高度是指山地脊部或顶部与其顺坡向到最近的大河（流域面积大于 500km²）或最近的较宽的平原或台地（宽度大于 5km）交接点的高差；徐樵利和谭传凤认为广义的山地为相对高度大于 200m 的区域，并将山地划分丘陵、低山、中山、高山、极高山和盆地。这些广义划分方法都是将垂直高差大于 200m 的区域全部划分为山地，未对丘陵、高原和山地做区分，甚至将盆地也纳入山地范畴。[②]根源在于：①对地貌划分的目的和标准不同；②地貌之间是相互连接的，彼此区域范围很难像行政区划般一刀切；③盆地、高原边缘区域具有典型的山地特征。而现实中，把丘陵和高原列入山地范畴的这种"广义山地"概念已得到社会广泛认同，这也是目前人们使用最多的有关山地的认定范畴。如大家普遍使用的"中国 2/3 以上国土都是山地"就属于广义的山地范畴，包括了丘陵和高原地区。

高原和山地具有本质区别。山地以较小的峰顶面积和较大的垂直高差区别于高原，高原上也可有山地。由此，山地和高原的区别在于相对高度，山地比高原高差要大，这也是山地形成独特自然景观、生物分布、气象气候、人文环境垂直变化和多样化的主要原因，是山地旅游资源形成的基础，绝对高度不再是定义山地的必要因素。将高原和山地混为一谈，不利于具体分析山地所具有的独特旅游资源，更不利于山地资源的评价、开发和使用。同时，从旅游的角度来看，高差难以测定，丘陵也具备一定高度和垂直高差，旅游者大都将丘陵也作为山地。

为此，根据研究目的，结合山地概念的相关分析以及目前国内对山地的统计，确定本研究的山地是具有一定相对高差（起伏度，也可用坡度表示）的独立正地貌地域形态。

目前，相关术语还有：山区、山脉、山系、山岳等等。山岳指高大的山，按照海拔高度，是我们一般意义上理解的一座高山。山脉是山地中主要山体的集合，由沿一定方向延伸的若干山岭和山谷组成，独立山体是其主要构成。山系由按一定方向延伸，规模巨大的一组山脉组成的综合体。人们习惯上把山地、丘陵、高原连片区一起称为山区，独立山体是山区的重要组成之一。由此可以看出，山区、山脉、山系及山岳都是基于山地所衍生的概念。

① 钟祥浩, 刘淑珍. 中国山地分类研究 [J]. 山地学报,2014,32(2):129-140.
② 徐樵利, 谭传凤. 山地地理系统综论 [M]. 武汉：华中师范大学出版社,1994:2-3.

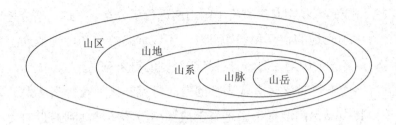

图 2.1 山地相关术语所代表事物之间的关系

2.1.1.2 山地地域系统

山地的地域属性决定了其本身就属于一个区域概念,在空间上具有一定的范围。区域划分有多种指标,山地是以地貌为标准的自然区域划分的一种类型。山地不仅包括山岭,还包括山谷,是由山顶、山坡、山麓、山谷等多种地貌要素有机组合和斜坡环境及其相对应的生态系统相耦合的,具有独特自然属性和地域特征的特殊地域类型。[①] 山地不仅在地貌上有别于他者,更在生态系统、地理环境和要素等方面表现出独特性。它是一个基于地貌的,涵盖山地本身所具有的生物、土壤、水体、气候等多种自然生态要素和经济、社会文化等人文要素的综合体,拥有一定海拔、相对高度和坡度以及相应的山体间谷地与盆地,是由这些不同形态要素相互联系、相互作用构成的山地综合体。[②] 在山地地域综合体系统内部,各要素之间相互联系,并通过彼此作用形成具有一定功能的有序系统。因此,**山地地域系统是对山地概念的进一步阐释,是指以山地为载体的山地地域范围内所有自然要素和人文要素的功能系统,是山地地域各要素之间相互联系、相互作用,形成彼此相耦合的、较为稳定的状态系统,也可称为山地地域综合体。以人地关系为研究视角的山地地域系统则可称为山地人地关系地域系统。**

作为一个交错复杂的开放巨系统,山地地域系统具有一定的结构和功能机制,不仅从地貌方面对山地进行了诠释,而且从山地的空间结构和要素方面进行了较为全面的概括,体现了地理学综合、地域的研究传统,[③] 也为山地综合分析提供了研究框架。针对山地旅游发展分析,从山地地域综合体的角度进行剖析,将地理学学科综合思维优势完美展现,充分利用山地自然地域作为旅游资源载体的特殊性,全面、系统地对山地景区内旅游发展所导致的人地关系变化作出推理,保证了研究的客观性和科学性。

---

① 钟祥浩,刘淑珍.中国山地分类研究 [J]. 山地学报 ,2014,32(2):129-140.

② 钟祥浩,刘淑珍,等 . 山地环境理论与实践 [M]. 北京 :科学出版社 ,2015:46.

③ 薛兴华 . 从地域综合体解读人地关系地域系统 [J]. 云南地理环境研究 ,2012,24(1):37-42

2.1.2 山地旅游地域系统及山地景区人地关系

2.1.2.1 山地旅游地域系统

地域系统内具有生产、生活、生态等各种人类活动，由此而形成"人"与"地"之间不同的作用方式。人类主要活动及其对地域系统整体发展所造成的影响不一，会产生人地关系的多视角分析路径，如工矿业、农业、服务业等对山地人地关系的作用机制有较大不同，需要根据这些产业运行的过程、主要功能、发展条件及效应等逐一分析对人地关系的影响。但地域系统并非均匀存在，有其各自的功能定位和发展重点，促使形成由主要驱动力构成的复合系统。特别是资源较为丰富的地区，一般会有多种产业齐头并进、发挥各自优势的状态。**山地旅游地域系统是旅游业直接或间接作用于山地而形成的，以旅游为主要驱动力和作用机理的人地关系地域系统，山地景区是其典型代表。**

2.1.2.2 山地景区人地关系

对人地关系地域系统的分析可以从驱动力主导的视角展开，也可以将地域范围内所有的"人""地"要素拆分，进而通过相互作用关系厘清地域范围内整体的人地关系运行。除山地景区可以发展旅游业之外，一般山地也可以通过各种途径直接或间接参与到旅游中。无论山地是否以旅游业作为主导产业或支柱产业，山地景区都具有明确的旅游驱动力和相对一致的运行机制。

旅游目的地既可以是一个具体的景区，也可以是一个城镇，或者一个国家，甚至更大的区域，是旅游者的一个主观知觉概念。[1]一个区域能成为旅游目的地主要取决于该地区具有一定的旅游资源和产品，具有比较完整的游程结构及旅游要素之间的配套衔接。[2]旅游目的地是以旅游为主要发展驱动力之一、具有特定人地关系及其发展规律的综合地域系统。山地景区作为山地旅游目的地的重要和核心要素，是以旅游为主要功能的较小地域系统，具有较为独立的要素体系和运行机制，是山地地域综合体的特殊形式，有其自身的人地关系驱动力和运行机制。本研究所讲的**山地景区是以山地为主要载体的旅游地域系统，不仅包括旅游核心项目区，还包括区内旅游发展相关利益群体的生产生活区和生态用地等。山地景区人地关系是以旅游作为纽带所产生的人—地之间特殊的关系**，同时包括人类生产、生活、生态空间下其他人—地作用方式。各

---

①　钟行明，喻学才.国外旅游目的地研究综述——基于 Tourism Management 近 10 年文章 [J].旅游科学,2005,19(3):1-9.

②　张培，喇明清.民族地区旅游目的地营销绩效评估研究 [J].西南民族大学学报（人文社会科学版),2015,36(3):135-139.

要素和因子相互作用，形成关系紧密的、具有影响乃至牵制关联的地域系统，使山地原有人地关系系统运行机制更为复杂和多样。地域系统内部的发展规律并未消失，但发生改变，从自然和其他产业主导转变为具有明显的旅游驱动特征，多重作用相互叠加，形成山地景区人地关系。

2.1.3 山地旅游

西方文明发展的大部分时期，人们都认为山地是荒野之地，不祥之地。直到 18 世纪中后期，这种态度才逐渐发生改变，山地的美学观赏价值被发掘。为此，人们寻找景观优美的山地进行探险，欧洲的阿尔卑斯山和美洲的落基山、安第斯山先后成为世界重要的山地旅游目的地。20 世纪 50 年代，随着旅游需求的进一步扩大，人们开始寻求一些新的目的地，喜马拉雅山随即成为世界山地旅游新的热点。我国古代对山地的认识与西方有较大的不同。古人对名山大川情有独钟，不乏敬畏和崇拜之情。从秦始皇动辄拜山祭祖，到名人志士游览山川、避暑休闲，山地一直是人们追求向往的最佳游览场所，并留下了大量的名言绝句。清末之后，政治动荡、社会不稳，旅游发展受到抑制。直到改革开放，我国的山地旅游才逐渐回暖。[①] 现阶段，世界山地旅游目的地遍布，特别是作为山地占全国国土面积超 70% 的中国，更是具有众多全国乃至世界闻名的山地景区。

山地旅游以山地环境为主要物理环境载体，具有山体、水体、动植物景观、山地立体气候、区域小气候等自然旅游资源和山地社会生活等为特色的人文旅游资源，是以登山、野营、滑雪、攀岩、徒步旅行、山地自行车、休闲度假、观光、摄影、健身、娱乐、教育为主要旅游活动的现代旅游形式，[②] 这是国内目前为止引用最多的说法，从山地旅游资源和山地旅游活动类型的角度定义了山地旅游。此外，陈兴通过总结旅游资源、活动类型及其特点来定义山地旅游，指出山地旅游是旅游活动类型的一个重要分支，以山地独特的地貌类型为基础，综合气候、生态、文化、原住居民等要素，以观光、体验、度假、休闲、宗教、修学等为目的，是"小众型、低密度"旅游活动。[③]概念是对事物内在、本质属性的界定，绝非现象罗列。这两个概念都列举了山地旅游资源和旅游活动的类型，但对资源和活动的本质特性并无解释，还需对旅游活动特点进行精确表述。

---

① 王娟，明庆忠．山地旅游研究的主要领域及建议 [J]．桂林理工大学学报，2017, 37 (4):723-730.

② 王瑞花．云南山地旅游资源特征及开发保护策略——以滇中桥子雪山为例 [D]．昆明：昆明理工大学，2005.

③ 陈兴．中国西部山地旅游可持续发展战略思考 [J]．西南民族大学学报（人文社会科学版),2013,34(02):153-155.

　　针对山地旅游概念的研究并不多，大多研究直接引用前人成果，或将山地旅游默认为"在山地进行的旅游活动"，或与自己的研究目的相结合，采用"登山旅游""山地度假""山地可持续旅游"等说法。[①②] 其他有代表性的相关概念为"山岳型景区"，它是早期我国学者对山地目的地的惯用说辞，意为山地景区。国外学者在文献和资料中，大多使用 Mountain Tourism 和 Tourism in Mountain Regions /Areas / Districts /Environments 等作为研究对象。Mountain Tourism 可直译为山地旅游，Tourism in Mountain Regions 直译为山地地区旅游。发生在山地地区的旅游活动即为山地旅游，这可以作为广义的对山地旅游的定义，包括山区旅游、山岳旅游等。但这一定义并未说明山地旅游的特点、本质和内涵，还是较为泛化。

　　山地作为一种综合的地域类型，其不仅是地理位置的象征，更代表了一种包含有多种要素和特点的地域体系，正是这种地域综合体造就了山地吸引力。山地旅游活动依赖于山地地质地貌、山地气象、山地水文、山地生物景观和山地人文环境等，与平原、盆地、高原具有较大的差异性。山地旅游资源的特点是决定山地旅游活动类型的主要因素，在不同山地地区，山地旅游资源会因地质条件、所处的海拔和经纬度、坡度坡向等不同而表现出较大差异，可进行的山地旅游活动类型也随之变化。

　　山地旅游和其他旅游活动根本的区别在于"山地"这一地域系统旅游活动类型，既包括仅限于山地可支撑的攀岩、登山等活动，也包括在平原及其他有条件的地域可以进行的康养、观光、文化体验等活动。无论是哪一种类型，贯穿于旅游活动始终的是登山（包括徒步和使用交通工具）和山地环境（包括以审美、康养、休闲、娱乐、度假等为主要功能的山地景观以及自然和人文环境）体验，体现了手段和目的。即山地旅游活动与其他类型旅游活动的区别不仅在发生地的不同，还在于登山和山地环境体验在所有旅游活动的一致性。这充分体现了山地自然地理特征对旅游资源形成和旅游动机产生的重要意义。而山地垂直高差是形成旅游资源和支撑旅游活动的最根本要义，是山地旅游资源产生的最直接原因，与山地概念本质相一致，因此，**山地旅游可定义为：以登山或山地环境体验为基础，在山地地域系统内进行的基于山地特殊自然条件和人文环境的多样化的旅游活动类型。**[③]

　　①　POMFRET G. Mountaineering adventure tourists: A conceptual framework for research[J]. Tourism Management, 2006, 27(1):113-123.

　　②　NEPAL SK. Mountain ecotourism and sustainable development: Ecology, economics, and ethics[J]. Mountain Research and Development,2002,22(2):104-109.

　　③　王娟 , 明庆忠 . 山地旅游研究的主要领域及建议 [J]. 桂林理工大学学报 ,2017, 37 (4):723-730.

2.2 研究的相关理论基础及应用

2.2.1 人地关系理论

人地关系理论是地理学研究的核心和重要主题，[1][2][3][4] 是地理学开展综合性、系统性和差异性研究的重要基石。[5] 人类发展的历史长河中，人地关系以不同的主要形态展示着世界进步的主要矛盾，由此而产生了具有经验论意义的天命论、地理环境决定论、或然论、适应论、协调论等诸多古典人地关系理论。现实演变推动了人地协调关系的思想逐渐完善和成熟，使其成为人地关系地域系统研究的核心目标，[6] 这与可持续发展目标完全契合。[7][8][9][10][11][12][13]

几乎所有科学都或多或少包含有人地关系的理念或内容，但都不把人地关系作为研究的主旨。[14] 而地理学综合分析和区域研究的传统为人地关系研究开展提供了便利，人地关系反之为其提供了素材，使地理研究和人地关系结为"伉俪"。人地关系构成了地理格局和过程的最基本的关系，[15] 是一个内容不断更新、研究范围和层次不断扩大和

① 杨吾扬，江美球．地理学与人地关系 [J]．地理学报,1982,37(2):206-215．

② 吴传钧．论地理学的研究核心——人地关系地域系统 [J]．经济地理,1991(3):7-12．

③ 陆大道，刘彦随，方创琳，等．人文与经济地理学的发展和展望 [J]．地理学报 2020,75(12): 2570-2592．

④ 刘彦随．现代人地关系与人地系统科学 [J]．地理科学,2020,40(8):1221-1234．

⑤ 樊杰．"人地关系地域系统"是综合研究地理格局形成与演变规律的理论基石 [J]．地理学报,2018,73(4):597-607．

⑥ 黄秉维．论地球系统科学与可持续发展战略科学基础（Ⅰ）[J]．地理学报,1996(4):350-354．

⑦ 蔡运龙．持续发展—人地系统优化的新思路 [J]．应用生态学报,1995,6(3):329-333．

⑧ 明庆忠．人地关系和谐：中国可持续发展的根本保证——一种地理学的视角 [J]．清华大学学报（哲学社会科学版),2007,6(22):114-121,142．

⑨ 王铮.1979 年以来中国的人地关系研究 [J]．人文地理,1996(s1):104-111．

⑩ 潘玉君．人地关系地域系统协调共生应用理论初步研究 [J]．人文地理,1997(3):79-83．

⑪ 李后强．人地系统中的差异协同——兼论可持续发展战略的科学基础 [J]．云南大学学报：自然科学版,1997(S1):119-121．

⑫ 叶岱夫．人地关系地域系统与可持续发展的相互作用机理初探 [J]．地理研究,2001, 20(3):307-314．

⑬ 郑度.21 世纪人地关系研究前瞻 [J]．地理研究, 2002, 21(1): 9-13．

⑭ 杨吾扬，江美球．地理学与人地关系 [J]．地理学报,1982,37(2):206-215．

⑮ 樊杰．"人地关系地域系统"是综合研究地理格局形成与演变规律的理论基石 [J]．地理学报,2018,73(4):597-607．

深入的，具有理论和实践双向指导意义的庞大哲学命题。面对新时期各地理要素、人文活动和人地关系萌发的新情况，其面临着理论和实践创新探索的新机遇，对区域不同尺度人地关系发展因素、功能、潜力、格局和演化，以及不同人类活动的过程、作用机制、调控模式等的分析是其未来重要的研究领域。①②③④⑤

2.2.1.1 人地关系理论的研究内容

人类与环境之间相互耦合，是一个复杂作用过程和模式。20 世纪 90 年代中后期到本世纪最初几年，国内人地关系理论构建达到了白热化研究阶段，以《人文地理》和《经济地理》为代表的地理学核心期刊刊登了大量相关研究成果，对相关理论发展、研究进展进行了梳理，并指明了未来研究的重点和重要突破口。《地理学报》2018 年 4 月刊，以及《地理研究》2018 年 8 月刊分别针对"人地关系"研究进行了系列推文，对新时期人地关系研究问题进行了总结和展望。人地关系可以简单地理解为人与地理环境之间的关系，⑥⑦属于地理学哲学命题。⑧无论是将"地"理解为地球或环境，还是将"地"的范围扩大到人类社会环境，人地关系都是围绕着人类活动与地学各要素之间的相互作用展开讨论。人地关系推动人类社会的产生和发展，天命论、地理环境决定论、或然论、适应论等经典人地关系理论都是人们对历史经验的总结，而具有先验论色彩的现代人地关系研究将人地关系理论中"人"与"地"的一方决定另一方的关系转变为双方相互协调的关系。⑨⑩⑪

人地关系研究是较为完整地针对某一地域系统内部"人"（人类活动）与"地"（自然地理环境）相互作用关系系统的要素、结构、功能、演变、作用机制或优化对策等进行系统、综合分析，其相关实证研究和情景模拟也属于人地关系研究范畴。诸如对某一要素或特征进行分析，从不同空间尺度、时间范畴和区域内特殊人类活动等进行较为详细的解析等也属于人地关系要素分析的内容。发展目标为人地关系和谐，但研

---

①　樊杰."人地关系地域系统"是综合研究地理格局形成与演变规律的理论基石 [J]. 地理学报 ,2018,73(4):597-607.

②　樊杰."人地关系地域系统"学术思想与经济地理学 [J]. 经济地理 ,2008,28(2):177-183.

③　樊杰 . 人地系统可持续过程、格局的前沿探索 [J]. 地理学报 ,2014,69(8):1060-1068.

④　郑度 . 21 世纪人地关系研究前瞻 [J]. 地理研究 , 2002, 21(1): 9-13.

⑤　薛兴华 . 从地域综合体解读人地关系地域系统 [J]. 云南地理环境研究 ,2012,24(1):37-42.

⑥　郑度 . 21 世纪人地关系研究前瞻 [J]. 地理研究 , 2002, 21(1): 9-13.

⑦　杨吾扬 , 江美球 . 地理学与人地关系 [J]. 地理学报 ,1982,37(2):206-215.

⑧　王铮 .1979 年以来中国的人地关系研究 [J]. 人文地理 ,1996(s1):104-111.

⑨　蔡运龙 . 人地关系研究范型：哲学与伦理思辨 [J]. 人文地理 ,1996(1):1-6.

⑩　徐象平 . 人地观的演变与地理学思想的发展 [J]. 西北大学学报 (自然科学版),2005,35(1):122-124.

⑪　薛兴华 . 从地域综合体解读人地关系地域系统 [J]. 云南地理环境研究 ,2012,24(1):37-42.

究内容缺乏关注"人"与"地理要素"之间的相互作用，不作为人地关系研究的主要内容。

面对新时期社会出现的新现象、新动力、新技术、新趋势，人类活动会以不同的方式作用于地理环境，地理环境更会以区别于以往的反馈方式反作用于人类本身。如何把握新的发展机遇，协调好地域系统中各人类活动与地理要素之间的关系，最大程度地发挥要素潜力，促进人类可持续发展，人地关系研究责无旁贷。

2.2.1.2 旅游人地关系

旅游作为二战后逐渐兴起并不断丰富和提升的社会产业之一，对地理环境造成了较大的影响。不同学者从宏观和微观视角分析了旅游发展对社会文化、经济、政治、环境等的影响，这属于人地关系中"人"对"地"作用的研究；对资源、环境、社会文化、经济等旅游发展条件的分析属于人地关系中"地"对"人"影响作用的研究。旅游人地关系分析远不如此，研究内容不仅包括"人"与"地"的相互作用，还包括不断相互反馈的过程、功能和机理；研究脉络不仅包括线性推理，还包括复杂要素之间的网络关系；研究主题不仅有现有系统的剖析，更包括对未来的预测；研究目标不仅要促进目的地的发展，更要满足兼顾市场和社区发展、物质和精神、人类和环境的多重发展需求。贯穿其中的为旅游业和地理背景的特殊性，以及由其所决定的市场、环境、社会经济等相关因素。因此，对旅游人地关系的研究实质上是对区域旅游发展全面、系统地剖析，是对旅游可持续发展最有效的分析手段。

旅游人地关系不仅仅是旅游地域系统内"人"与"地"的关系，更要突出旅游在人地关系变化中所起的驱动力作用，以及"地"在响应和反馈中针对旅游活动及其相关因素所产生的特殊运行机制。

2.2.2 地域分异规律

2.2.2.1 垂直地带性

地球表层自然现象在空间上的分化和差异称为地域分异，[①] 这种**自然地理要素整体及其组分表现在某一方向上具有一致性，而在其他方向上具有差异性，有规律变化的**

---

① 秦关民 . 论地域分异规律在旅游地理区划中的主导作用 [J]. 陕西师范大学学报（自然科学版），1996(1):108-111.

特点就是地域分异规律。①②③ 它是自然地理学极其重要的基本理论，④ 是认识地表自然地理环境特征及规律的重要途径，也是进行自然区划和生产布局的基础。

1899 年，俄国地理学家道库恰耶夫在《关于自然地带的学说》提出地带性分异规律，并对自然地带进行了分类。他指出地球的气候、物种按一定的严格顺序由北向南有规律地排列，从而使地表分化为各个地理带；地球运动所引起的太阳辐射能在地表不同纬度的不均匀分布是形成地带性的动力学原因；也存在除地带性规律以外的另一种规律。⑤ 非地带性是由于地球内能作用而产生的海陆分布（产生水汽分布差异，从而影响生物生长分布）、地势起伏（海拔与温度、水汽之间的线性关系）等自然综合体的分异规律。⑥ 因此，地域分异规律分为地带性和非地带性规律，地带性规律一般指纬度地带性，非地带性规律一般指经度地带性和垂直地带性。它们的形成主要源于太阳辐射，以及海陆分布和海拔高度等地球内能所引起的能量、物质以及由此产生的生物、环境在不同地区呈带状（近带状）分布结构。

纬度地带性、经度地带性和垂直地带性规律共同作用于自然界，在不同地域和地理条件下，以不同强度显化于外界，形成不同的气候带。其中，经度地带性和纬度地带性是任何区域自然环境形成的必备条件，垂直地带性只有在山地地貌下才会有所表现。海拔每升高 1 000 米，温度降低 6℃左右，这一自然规律决定了山地可以在受纬度地带性和经度地带性双重作用的前提下，形成区别于周边的独立环境。这是平原、盆地等地貌所不具备的，是造就山地独特资源、复杂环境的最重要原因。

垂直地带性不仅使山地温度随海拔发生改变，同时也使降水量、降水方式等有所不同。生物赖以生存的气候条件既有量变还有质变，使植被及动物的种类和数量在山地的分布具有垂直差异性，形成不同的生物景观。温度和降水也会通过冻融作用、水蚀作用、重力作用等影响地貌的形成和演化，是山地整体景观形成的根本原因，也是水文等旅游资源形成及状态变化的基础条件。总体来说，因为垂直地带性的存在，使山地与平原和盆地等相比，其生物、地貌、生态环境、气候等更为多样和复杂，且有一些其他地貌下不存在的特殊景观和环境，如山地冰川等，也产生了利于旅游多样化发展的条件，如山地夏季因海拔高而产生的避暑旅游资源、山地人类活动稀少所形成

---

① 李树民.试论地理环境的地域分异规律 [J].地域研究与开发，1988(4):56-58.

② 秦关民.论地域分异规律在旅游地理区划中的主导作用 [J].陕西师范大学学报（自然科学版），1996(1):108-111.

③ 伍光和，王乃昂，胡双熙，等.自然地理学 [M].北京：高等教育出版社,2007:464-477.

④ 陈贤用.试论地域分异规律研究的历史现状及趋势 [J].河北师范大学学报，1987(1):29-38.

⑤ 伍光和，王乃昂，胡双熙，等.自然地理学 [M].北京：高等教育出版社,2007:464-477.

⑥ 伍光和，王乃昂，胡双熙，等.自然地理学 [M].北京：高等教育出版社,2007:464-477.

的良好的空气和生态环境等。

因此，垂直地带性是山地旅游资源及其独特性形成的基础和根源，对山地垂直地带性影响下所形成的地理环境空间分异及规律进行分析，是山地旅游人地关系空间时空演化分析的前提和基础。

2.2.2.2 山地高梯度效应

山地的特殊地貌决定了随着海拔的不断升高，其自然景观、自然地理特点、资源和能量的利用、基于自然地理条件的人文环境、经济发展等都表现出与相对高差直接相关的特点，山地的垂直地带性成为其区别于其他地貌的最显著特征。为此，明庆忠等将**具有一定高差的山地因其垂直高差产生随山地海拔变化自然和人文的梯变现象（主要表现在山地能量、降水、气候、地貌、植被、资源利用、人类活动等）称为山地梯度效应。**①②

山地梯度效应形成的主要原因为：太阳辐射随海拔升高而增加，且向阳面大于背阴面；海拔每升高100m，温度降低约0.6℃，季节和纬度也对气温梯度变化有增加或减少的作用；气温日变化和年变化在山顶和山坡都比较缓和，在山谷与山间盆地变化较剧烈；降雨量和雨天数与海拔成正向关系，但在一定高度以上，降水量随高度增加而减少；山谷、盆地多夜雨；风速随高度增加而增大；山地还有山谷风与焚风现象等，③以上造成山地物质、能量在不同海拔呈现梯度变化现象。山地高梯度效应是山地垂直地带性所表现出的山地生态系统综合要素不同类型、不同级别的层次梯变与过渡反应，④是地域分异规律在山地的最明显和最直接的表现，是山地人地关系地域系统协调优化和建立和谐社会的重要科学工具。⑤

---

① 明庆忠，史正涛，邓亚静，等.试论山地高梯度效应——以横断山地的自然-人文景观效应为例[J].冰川冻土，2006,28(6):925-930.

② 明庆忠，郭树荣，角媛梅.山地高梯度森林生物质能效应研究（Ⅰ）：研究方法[J].山地学报，2011,29(4):409-416.

③ 钟祥浩，余大富，郑霖.山地学概论和中国山地研究[M].成都：四川科学技术出版社,2000:28-29,44-50.

④ 邓亚静.山地高梯度效应及其应用初步研究——以纵向岭谷区白马雪山为例[D].昆明：云南师范大学,2007.

⑤ 明庆忠.山地人地关系协调优化的系统性基础研究——山地高梯度效应研究[J].云南师范大学学报（哲学社会科学版），2008,40(2):4-10.

2.2.2.3 地域分异在旅游研究中的作用

地域分异规律已普遍使用在经济区划当中，①②③④⑤⑥ 在旅游规划中的使用也较为普遍。⑦⑧⑨ 对于旅游地域分异规律的应用，主要在于不同地域分异规律影响下的自然环境和人文要素具有千差万别的特性，由此而衍生的旅游资源也具有地域分异的特点。

地域分异规律研究尺度可以分为大陆和大洋性、区域性、地方性、局地性，⑩ 如目前中国旅游地理所形成的分区及省区内旅游资源分布的地域差异，都是以不同尺度地域分异为基本依据。针对具体区域地带性和非地带性不同影响机制和作用力度分析可以发现，区域发展的自然地理是基础，由此可以按照自然发展的规律对区域发展作出合理的解释，并由此给出发展的相应对策。

与其他地貌不同，山地将地带性规律和非地带性规律完全融入同一地域综合体中，且是垂直地带性的主要体现者。山地旅游资源形成的原因、资源开发的要点、旅游产品的特色、环境保护的机理、季节性问题的解决等无一不需要对山地地带性和非地带性规律的掌握。通过对山地景区地域分异规律的认知，可以总结山地旅游及其资源和产品的特点并进行特色开发、把握环境保护的关键点和机理、针对气候特点进行全方位产品设计，从而最大限度地挖掘山地旅游潜力，根据不同地理条件下山地人地关系组成、运行机理、反馈机制等，按照其规律合理开发，达到可持续发展的目的。

针对特定山地景区，基带奠定了山地旅游资源形成的基础，而由垂直地带性所形成的高梯度效应是山地旅游活动和旅游项目建设实施的背景条件和重要制约因素。不仅绝对海拔，相对高差也会影响山地旅游资源的丰度和资源特色，并通过坡度决定地表物质的稳定性强弱和地理环境的脆弱性大小。同样条件下，基带所处的纬度越低、

①　伍光和，王文瑞．地域分异规律与北方农牧交错带的退耕还林还草 [J]. 中国沙漠, 2002,22(5):439-442.

②　董锁成，薛梅．民族地区经济社会地域分异规律探讨 [J]. 中央民族大学学报 (哲学社会科学版), 2008, 35(2):63-67.

③　胡宝清，曹少英，江洁丽，等．广西喀斯特地区可持续发展能力评价及地域分异规律 [J]. 广西科学院学报 , 2006, 22(1):39-43.

④　姚晓军，张明军，孙美平．甘肃省土地利用程度地域分异规律研究[J]. 干旱区研究,2007,24(3):312-315.

⑤　方创琳．区域发展规划的人地系统动力学基础 [J]. 地学前缘 , 2000(S2):5-10.

⑥　曹洪，曹凯，刘立军．湖南省域经济社会地域分异规律探讨 [J]. 国土资源科技管理 ,2010,27(4): 47-53.

⑦　王海龙．地域分异规律在旅游地理区划中的作用研究 [J]. 辽宁科技学院学报 , 2016, 18(4):79-80,83.

⑧　秦关民．论地域分异规律在旅游地理区划中的主导作用 [J]. 陕西师范大学学报 (自然科学版), 1996(1):108-111.

⑨　李永文．中国旅游资源地域分异规律及其开发研究 [J]. 旅游学刊 , 1995(2):45-48.

⑩　秦关民．论地域分异规律在旅游地理区划中的主导作用 [J]. 陕西师范大学学报 (自然科学版), 1996(1):108-111.

气候越湿润、相对高差越大，山地综合体的环境和基于此形成的旅游资源、旅游活动越为多样，旅游人地关系的类型更为丰富。按照山地综合体不同地理条件对人地关系进行细化分析，表现于垂直地带性决定下的以土地利用类型为主要载体的人地关系分类，垂直地带性就成为山地旅游人地关系空间分异及演化的关键要素。

2.2.3 系统动力学分析原理

2.2.3.1 系统动力学分析方法

系统是由相互区别、相互作用的各部分有机连接在一起，而具有某种功能的集合体，[1][2][3] 有整体性、层次性、功能性、目的性、自组织性、开放性、相对独立性、内部关联性等特征。[4][5][6][7] 作为由各要素有机联系构成的整体，系统主要通过要素、结构、功能、机制等相互区分。

系统动力学（System Dynamics，简称 SD）思想发端于系统演化理论，由美国 Forrester 教授发起并创建，以反馈控制理论为基础研究复杂系统，是分析和改善系统的良好方式。一般认为，系统动力学基于因素间的相互关系建立整体结构模型，通过回路揭示系统微观结构，通过因果关系图直观刻画要素间的因果逻辑，对于变量间的关系用方程的形式予以揭示，最后以仿真软件运行平台进行模拟分析。[8] 系统动力学基本方法包括因果关系图、流图、方程和仿真平台，在具体问题分析过程中，可以根据研究目的选用相应的方法。因果关系图和流图适用于分析系统内部结构和相互作用性质，方程和仿真平台则较为精确地以作用大小不同的定量方式对系统进行模拟，所有方法的目的都在于解析系统动态发展的机制和过程。

系统的结构决定行为，系统行为的发生与发展主要根植于系统内部，结构可用系统正负反馈之间的关系描述，这是系统动力学著名的"内生"观点，也是系统动力学基本理论中的核心思想。[9][10] 按照系统动力学理论，存在于复杂系统内的众多变量在他们相互作用的反馈环里有因果关系，反馈环反映了系统的相互联系，构成系统的结构，

① 钱学森 . 科学学、科学技术体系学、马克思主义哲学 [J]. 哲学研究 ,1979(1):20-27.
② 蔡林 . 系统动力学在可持续发展研究中的应用 [M]. 北京 : 中国环境科学出版社 ,2008:22-27.
③ 王其潘 . 系统动力学 [M]. 上海 : 上海财经大学出版社 ,2009:11-28.
④ 胡玉奎 . 系统动力学 [M]. 北京 : 中国科技咨询服务中心，预测开发公司 ,1984:11,16.
⑤ 苏懋康 . 系统动力学原理及应用 [M]. 上海 : 上海交通大学出版社 ,1988:3.
⑥ 蔡林 . 系统动力学在可持续发展研究中的应用 [M]. 北京 : 中国环境科学出版社 ,2008:22-27.
⑦ 王其潘 . 系统动力学 [M]. 上海 : 上海财经大学出版社 ,2009:11-28.
⑧ 李娜娜 . 高校科技成果转化系统动力研究 [D]. 太原 : 山西财经大学 , 2015.
⑨ 刘静艳 . 从系统学角度透视生态旅游利益相关者结构关系 [J]. 旅游学刊 ,2006,21(5):17-21.
⑩ 王其潘 . 系统动力学 [M]. 上海 : 上海财经大学出版社 ,2009:11-28.

而结构成为系统行为的根本决定因素。[①] 因果关系是用来描述反馈环的工具，描述了要素之间的逻辑关系。其中反馈是系统信息的传输和回收，[②] 是系统输入和输出互为因果关系的循环过程。通过保持和改变系统反馈条件，迫使系统按照目标所要求的方向运行，直到实现既定目标，这是反馈分析的另一意义所在。系统动力学善于处理非线性、高阶次、多重反馈、带有延迟现象的复杂系统问题，从系统内部的机制、微观结构入手，建立系统结构模型，用反馈回路描述系统结构框架，用因果关系图和流图描述系统要素之间的逻辑关系，用方程描述系统要素之间的数量关系，用专门的仿真软件进行模拟分析，剖析系统内部结构与其动态行为的关系，并寻找解决问题的对策。[③④⑤]

因此，系统动力学是基于系统论的，以作用和反馈为主要方式，动态模拟和解析系统发展机制和过程，以达到对系统调控的分析方法，常用工具有因果关系图、流图、方程和仿真模型等。

2.2.3.2 人地关系系统动力学分析原理

人地关系研究和发展的最终目标为人地关系和谐，即人地关系可持续发展。系统动力学将涉及的因素整合到系统回路中，分析因素之间的传导机制与变量运动规律，进而通过反馈回路分析整个系统的运行情况，为单个变量和系统整体的未来发展进行预测，进而提供长期可持续发展的最优决策。[⑥] 因此，系统动力学是分析人地关系系统动态发展，制定可持续发展策略的良好方式，是研究、模拟人地系统等复杂巨系统的最主要模型，有助于解决目前人地关系存在的现实问题。[⑦⑧]

在人地关系系统动力学分析过程中，首先要确定研究对象和研究问题，然后划定系统边界和重要变量，在此基础上构建一个可以揭示变量间关系的模型，然后由此对系统作出判断和分析。[⑨⑩⑪] 即首先明确研究的问题域属于人地关系的哪一方面，由此

① 迈克尔·C·杰克逊. 系统思考：适于管理者的创造性整体论 [M]. 高飞, 李萌, 译. 北京：中国人民大学出版社, 2005:66.
② 王其潘. 系统动力学 [M]. 上海：上海财经大学出版社, 2009:11-28.
③ 曾光初. 系统动力（态）学与草原生态 [J]. 草业科学, 1988(3):52-57.
④ 蔡林. 系统动力学在可持续发展研究中的应用 [M]. 北京：中国环境科学出版社, 2008:22-27.
⑤ 李旭. 社会系统动力学：政策研究的原理、方法和应用 [M]. 上海：复旦大学出版社, 2009:19.
⑥ 李娜娜. 高校科技成果转化系统动力研究 [D]. 太原：山西财经大学, 2015.
⑦ 史培军. 人地系统动力学研究的现状与展望 [J]. 地学前缘, 1994,4(1-2):201-211.
⑧ 陆大道. 关于地理学的"人—地系统"理论研究 [J]. 地理研究, 2002, 21(2):135-145.
⑨ 胡玉奎. 系统动力学 [M]. 北京：中国科技咨询服务中心, 预测开发公司, 1984:11-16.
⑩ MAANI K E, MAHARAJ V. Links between systems thinking and complex decision making[J]. System Dynamics Review, 2004, 20(1):21-48.
⑪ 王其潘. 系统动力学 [M]. 上海：上海财经大学出版社, 2009:11-28.

确定人地关系系统的构成、要素，从而构建并分析要素之间的因果关系作用机制，最终提出具有指导意义的人地关系发展建议和策略。如有必要，可以从已知的原理、定理和定律出发，通过对系统内在规律的机理分析研究，或将要素之间的因果关系进行定量分析。

在范围上，人地关系开放系统具有明确的地域边界，人地关系和谐是最终目标；在构成要素上，人地关系系统不仅包括自然要素，同时包括人文环境，是一个包含多类型内容的复杂体系；在结构上，人地关系系统层级分明，内部通过因果关系相互连接，形成多重非线性系统；在方法上，可采用定性与定量相结合，以及综合与推理的分析手段，实际演绎出具有实验室性质的人地关系模型。因此，采用系统动力学对人地关系分析是科学和可行的。

旅游是一个具有众多关联要素的复杂现象，必须用整体、系统方法对其进行分析。[1][2] 旅游人地关系具有复杂性、动态性、综合性，使系统动力学成为分析其要素相互作用机制的有效工具。

2.2.4 旅游地空间演化理论

旅游地空间演化分析是对旅游目的地或旅游景区地域系统要素在空间上的分布规律，以及因这种规律而对旅游地发展状态和类型及其发展对策等方面进行分析的研究，表现为不同旅游地的演化和旅游空间结构的变化。[3] 在时间纵轴上的变化是对特定旅游地的分析，在时间横轴上的变化，则是对区域之间的比较，包括旅游地内部的空间变化。一般认为，从时间尺度对旅游地的演化过程分析，最具有代表性的是旅游地生命周期理论。在空间尺度上，因旅游地演化过程受多重要素的影响，可根据单一或组合要素，对整体发展的过程进行阶段划分，特别是针对特殊旅游景区类型，这种分析方式更具有针对性和说服力。相比旅游系统全要素的逐一分析，旅游业空间结构模型可以简化要素构成，对旅游地域系统的要素做综合分析，[4] 诸如旅游收入和人次等单一要素则可以直观显现旅游地旅游业发展的变化。

不同旅游地发展构成要素多有差异，同一类型旅游景区也因发展条件和阶段不

① LEIPER N. Tourist attraction systems[J]. Annals of Tourism Research,1990,17(3):367-384.

② MERINERO-RODRÍGUEZ R, PULIDO-FERNÁNDEZ J I. Analysing relationships in tourism: A review[J]. Tourism Management, 2016(54):122-135.

③ 陆林,鲍捷,凌善金,等.桂林—漓江—阳朔旅游地系统空间演化模式及机制研究 [J]. 地理科学 ,2012,32(9):1066-1074.

④ 黄金火,吴必虎.区域旅游系统空间结构的模式与优化——以西安地区为例 [J]. 地理科学进展 ,2005,24(1):116-126.

同在区域上具有较大差别。但总体上来讲，驱动区域旅游空间演化的主要因素包括经济发展水平、资源禀赋、产业结构、交通发展、信息技术、政策、区位、市场需求等，以及地理环境、利益相关者的驱动、居民及其居住空间、旅游者的行为活动，[1][2][3][4][5][6][7] 表现于土地利用的变化、环境变化、旅游要素变化等。[8] 整个旅游地空间演化过程除要素的变化之外，也表现在各要素的空间特征及其相互间关系，如空间创生或一体化、[9] 集聚与扩散、极化与分散、抱团与分异等动态过程，[10] 点与轴、核心与边缘、旅游带状结构等形态，表现出旅游要素在空间上运动和停留的状态及过程，可用经济地理学核心—边缘等理论进行解释。[11]

一般旅游地的演化都具有路径依赖的特征，[12] 并根据自身发展条件产生出多样的变化特征，可作为探究旅游发展品质的主要指标之一、[13] 推导旅游发展存在的问题。旅游地的空间演化也直接反映出人地关系要素的变化和相互之间关系的改变，是人地关系综合演化的空间表现方式。山地景区地域空间内的要素分布本就具有一定的规律性和随机性，旅游驱动下的发展要素必然会推动各因子在空间内的增减、位移、解构、重

① GUTIÉRREZ J, GONZÁLEZ R, GOMEZ G.The European High-speed Train Network: Predicted Effectson Accessibility Patterns[J]. Journal of Transport Geography,1996,4(4):227-238.

② 曹芳东，黄震方，余凤龙，等．国家级风景名胜区旅游效率空间格局动态演化及其驱动机制 [J]. 地理研究 ,2014,33(6):1151-1166.

③ 胡文海，孙建平，余菲菲．安徽省区域旅游经济发展的时空格局演变 [J]. 地理研究 , 2015, 34(9): 1795-1806.

④ 杨洋，蔡溢，周秋文，等．旅游影响下民族村寨社会空间演化过程与机理研究——以贵州西江苗寨为例 [J]. 世界地理研究 ,2020,29(1):192-201.

⑤ 张忠训，杨庆媛，王立，等．基于空间句法的山区旅游型小城镇多尺度空间演变——以镇远古镇为例 [J]. 山地学报 ,2019,37(4):551-563.

⑥ 杨兴柱，查艳艳，陆林．旅游地聚居空间演化过程、驱动机制和社会效应研究进展 [J]. 旅游学刊 ,2016,31(8):40-51.

⑦ CONNELL J, PAGE S J. Exploring the Spatial Patterns of Car-based TouristTravel in Loch Lomond and Trossachs National Park, Scotland[J].Tourism Management,2008,29(3):561-580.

⑧ 胡炜霞，朱林珍，闫宇，等．旅游影响下山西皇城相府景区周边环境空间演变机制 [J]. 干旱区资源与环境 , 2018, 32(6): 202-208.

⑨ 卞显红，闫雪．内生与外生型旅游产业集群空间演化研究 [J]. 商业研究 , 2012(8):180-187.

⑩ 杨洋，蔡溢，周秋文，等．旅游影响下民族村寨社会空间演化过程与机理研究——以贵州西江苗寨为例 [J]. 世界地理研究 ,2020,29(1):192-201.

⑪ WEAVER D B. Peripheries of the periphery: Tourism in Tobago and Barbuda[J]. Annals of Tourism Research,1998,25(2):292-313.

⑫ 龚伟，赵中华．乡村旅游社区景观空间演化研究 [J]. 世界地理研究 , 2014, 23(3): 140-148.

⑬ 朱海艳，孙根年．区域旅游规模空间演化与景区品质关系——云南省入境旅游与国内旅游比较 [J]. 干旱区资源与环境 , 2019,33(10):194-200.

构，促使空间布局发生改变，直接反映出人地关系的变化。

2.3 旅游地域系统人地关系时空演进过程

人地关系研究的内容包括人与人、人与地、地与地，以及上述三者的全息关系。[①]人地关系是否和谐，处于什么样的状态，发展趋势是什么，都需要一定的评价体系对其进行判断。一些学者从不同视角做了相关研究，如杨宇等[②]从人类活动的施压强度、核心资源要素的承压能力、生态环境系统的约束力度以及人—地系统的开放程度等 4 个层面，构建人地关系综合评价的理论框架，并以县级单元为基础对全国层面的人地关系状态进行综合评价。国内诸多学者根据人地关系相关要素建立指标体系，通过相应的面板数据对宏观、中观和微观区域人地关系的演化做了深入分析，并从空间上对其进行分类，[③④⑤⑥⑦]也有学者从演化效应、演化趋势、引导演化的对策等方面进行了研究。[⑧⑨⑩]无论何种变化，都是"人""地""人—地"关系在时间层面上空间要素或结构的改变。因此，旅游地域系统人地关系的演进可以从时间和空间两个层面上进行分析。

① 吕拉昌. 中国人地关系协调与可持续发展方法选择 [J]. 地理学与国土研究, 1999(2):14-17.

② 杨宇，李小云，董雯，等. 中国人地关系综合评价的理论模型与实证 [J]. 地理学报, 2019, 74(6):1063-1078.

③ 程钰，王亚平，张玉泽，等. 黄河三角洲地区人地关系演变趋势及其影响因素 [J]. 经济地理,2017, 37(2):83-89,97.

④ 刘凯，任建兰，张理娟，等. 人地关系视角下城镇化的资源环境承载力响应——以山东省为例 [J]. 经济地理,2016,36(9):77-84.

⑤ 张玉，任建兰，刘凯. 近 15 年山东省人地关系演变过程与驱动因素分析 [J]. 湖南师范大学自然科学学报, 2019, 42(02):1-8.

⑥ 刘毅. 论中国人地关系演进的新时代特征——"中国人地关系研究"专辑序言 [J]. 地理研究, 2018, 37(8):1477-1484.

⑦ Yu Y, XIAO YUN L, WEN D, et al. Assessing China's human-environment relationship[J]. Journal of Geographical Sciences. 2019, 29(8): 1261-1283.

⑧ 杨友宝. 东北地区旅游地域系统演化的空间效应研究 [D]. 长春：东北师范大学, 2016.

⑨ 尚海龙，潘玉君. 西安市人地关系协调状态评价及动态预测 [J]. 人文地理,2013(4):104-110+90.

⑩ 毛汉英. 人地系统优化调控的理论方法研究 [J]. 地理学报,2018,73(4):608-619.

2.3.1 旅游地域系统人地关系演化的时间序列

1980 年 BUTLER[①] 利用产品周期性的概念提出了旅游地生命周期（Tourism Area Life Cycle，TALC）假设，由此引发了学者们对旅游生命周期理论探索和实践检验热潮，如旅游地生命周期所处阶段的判断、[②] 生命周期的定量测算、[③] 不同阶段的形成机制，[④] 以及不同产品、不同尺度、不同类型、不同背景等旅游地生命周期研究，[⑤⑥⑦⑧⑨⑩] 并对该理论进行了修正。[⑪⑫⑬]

TALC 理论的主要贡献在于对旅游地演进阶段的描述。TALC 理论是包括旅游业本身在内的地域综合变化，是可以表达旅游地域系统人地关系演化最为经典的理论之一。为此，需要建立评价指标来判断旅游地是否改变，以及改变的方向和程度如何。影响旅游地演化的因素较为复杂，包括宏观环境、需求、竞争和旅游地条件等。[⑭⑮⑯⑰] 但由于不同旅游地的主要影响要素不一，且各要素在影响过程中呈现出不等的作用力大

---

① BUTLER R W. The concept of a tourist area cycle of evolution: Implications for management of resources[J]. Canadian geographer, 1980,24(1):5-12.

② 刘传，董静，邱守明. 普达措国家公园旅游生命周期评判 [J]. 西南林业大学学报 (自然科学),2017,37(3):178-182.

③ 张城铭，张涵. 基于 Logistic 模型对 TALC 模型各阶段的定量划分——兼论美国十大国家公园的旅游生命周期模式 [J]. 旅游学刊 ,2017,32(6):86-95.

④ 王媛，冯学钢，孙晓东. 旅游地形象的时间演变与演变机制 [J]. 旅游学刊 , 2014, 29(10):20-30.

⑤ 张立生. 旅游地生命周期理论研究进展 [J]. 地理与地理信息科学 ,2015,31(4):115-119.

⑥ 祁洪玲，刘继生，梅林. 国内外旅游地生命周期理论研究进展 [J]. 地理科学 ,2018,38(2):264-271.

⑦ 徐红罡，郑海燕，保继刚. 城市旅游地生命周期的系统动态模型 [J]. 人文地理 , 2005(05):66-69,19.

⑧ 陆林. 山岳型旅游地生命周期研究——安徽黄山、九华山实证分析 [J]. 地理科学 , 1997(1):63-69.

⑨ 杨小露，张红，张春晖. 历史遗址类旅游地的生命周期研究——以美国 14 家历史遗址公园为例 [J]. 地理科学进展 , 2019,38(6): 918-929.

⑩ 汪德根，王金莲，陈田，等. 乡村居民旅游支持度影响模型及机理——基于不同生命周期阶段的苏州乡村旅游地比较 [J]. 地理学报 ,2011(10):119-132.

⑪ 徐红罡. 潜在游客市场与旅游产品生命周期——系统动力学模型方法 [J]. 系统工程 , 2001,19(3):69-75.

⑫ 李军，陈志钢. 旅游生命周期模型新解释——基于生产投资与需求分析 [J]. 旅游学刊 ,2014(3):58-72.

⑬ 祁洪玲，刘继生，梅林. 国内外旅游地生命周期理论研究进展 [J]. 地理科学 ,2018,38(2):264-271.

⑭ 杨春宇，黄震方，毛卫东. 基于系统科学的旅游地演化机制及规律性初探 [J]. 旅游学刊 ,2009, 24(3):55-62.

⑮ 祁洪玲，刘继生，梅林. 国内外旅游地生命周期理论研究进展 [J]. 地理科学 ,2018,38(2):264-271.

⑯ PRATT S. Economic linkages and impacts across the TALC[J]. Annals of Tourism Research, 2011, 38(2):630-650.

⑰ KOZAK M, MARTIN D. Tourism life cycle and sustainability analysis: Profit-focused strategies for mature destinations[J]. Tourism Management, 2012, 33(1):188-194.

小和不同的作用方式，[1][2]旅游地演化会出现机制和过程的差异性。[3][4]有学者提出旅游地的演化是一种模糊过度，不一定存在拐点，[5][6]但任何变化都是在一定范围之内质变和量变的结合，特别是人地关系，当两者之间的关系出现明显变数时，会致使旅游地的自然和社会系统发生根本性变革。因此，旅游地人地关系变化即便没有明显的拐点，也有一个相对明显的阶段划分。

旅游地属于多元复杂系统，其变化的阶段需要考虑其"质"发生根本改变的节点。为全面综合各种情况，一些研究以旅游、经济、环境或社会发展单一要素作为判断指标，或以多种综合要素构建指标体系，还有一些通过旅游双方的关系，特别是旅游市场的发展程度来判断。旅游地每个要素变化的方向不一，如若按照多要素综合考虑的方式，则会使生命周期阶段划分较为零碎。作为综合性和需要各种要素支撑的产业来说，仅仅从供求双方无法体现出旅游地发展的状况。更为重要的是，旅游地是否发生质变，还在于以空间作为载体的综合体内部结构及运行机制是否有根本性的改变。人地关系——一个包含旅游地内部各种要素及其相互作用的实体，就可以作为评价旅游地时间演化的主要指标。和其他指标相比较，这不仅全面，而且更能体现旅游地的质变。

2.3.2 旅游地域系统人地关系演化阶段判断的依据

旅游地域系统以旅游作为主要驱动力，其人地关系伴随着地域系统的社会经济发展状况不断变化，表现出与其他地域系统不同的特征，功能转型与空间重构是重要的表现。[7]

基于宏观、中观或微观尺度，游客数量、旅游收入、环境变化、产业发展情况、

① DEBBAGE K G. Oligopoly and the resort cycle in the Bahamas[J]. Annals of Tourism Research, 1990, 17(4):513-527.

② MOORE W, WHITEHALL P. The tourism area lifecycle and regime switching models[J]. Annals of Tourism Research, 2005, 32(1):112-126.

③ 徐红罡. 潜在游客市场与旅游产品生命周期——系统动力学模型方法 [J]. 系统工程, 2001,19(3):69-75.

④ 邵晓兰, 高峻. 旅游地生命周期研究现状和展望 [J]. 旅游学刊, 2006(06):76-82.

⑤ SINGH S. The tourism area 'life cycle': A clarification[J]. Annals of Tourism Research, 2011, 38(3):1185-1187.

⑥ JOHNSTON CS. Shoring the foundations of the destination life cycle model, part 1: ontological and epistemological considerations[J]. Tourism Geographies, 2001, 3(1):2-28.

⑦ 杨周, 杨兴柱, 朱跃, 等. 山地旅游小镇功能转型与重构的时空特征研究——以黄山风景区汤口镇为例 [J]. 山地学报,2020,38(1):118-131.

社会发展状况等要素被提出以构建评价指标，以此判断旅游地所处的生命周期阶段。[1]旅游活动不仅是一种经济活动，也是一种社会文化活动，对环境同样会造成深远的影响，特别是生态脆弱地区，其环境更容易受到旅游活动和建设的影响而发生质变。

对于城市旅游地来说，旅游活动主要发生在被人类活动极大改造的空间内，其整个地域系统的变化受自然因素影响的概率已经大大降低。旅游活动主要围绕城市建筑、城市基础设施和文娱项目、城市社会和文化等方面展开，这些活动本身属于城市地域系统正常运行的一部分，有其经营、管理、延续的程序和机制，旅游活动本身并不会从根本上改变城市这些要素，只是增加了这些要素的利用方式和利用率，从而获得相应的收益。因此，城市旅游地人地关系及其生命周期一般较为稳定，且较少受到外界影响，除非发生较大的自然和社会突发事件。乡村基础设施相对落后，经济发展步伐缓慢，较大地依赖并受困于资金和政策，旅游发展快慢、进度对地域系统的经济发展影响较大，对土地利用方式、区域经济结构也有较大影响；乡村内部人地关系较为脆弱，与山地旅游地域系统较为相似。[2]除从聚落等空间视角分析旅游地域系统生命周期不同的影响因素外，也可以从资源基础、区位等其他视角来分析。不同类型旅游地的生命周期影响要素不同，同类型旅游地的生命周期也会因发展阶段和当地旅游发展举措产生天壤之别。因此，旅游地拥有各自的生命周期，巴特勒的 TACL 理论只是为我们提供了一般旅游地生命周期的可能存在的几个阶段的分析路径，具体旅游地生命周期还需要考虑旅游地自身的要素及其组合条件。

旅游地的生命周期主要包括探索阶段、参与阶段、发展阶段、稳固阶段、停滞阶段、衰退或复兴阶段等 6 个阶段，[3]由于主要旅游产品、政策、旅游市场、旅游地的环境背景等不同，旅游地生命周期并不是包含所有阶段，每一阶段经历的时间不尽相同，演化的方向也各有区别。对于能及时发现存在的问题并采取相应措施的旅游地来说，其人地关系总体会朝着可持续方向演化。如若在人地关系演进过程中，没有及时发现问题，或者错误诊断、采取不当发展策略，人地关系则会走向恶化。从可持续发展的角度来说，旅游地人地关系演化阶段主要包括"冲突""发展""协调"三种类型。驱动力和驱动机制的变化会引起人地关系的改变，是"人"与"地"关系形成的主要原因，从驱动力、驱动机制以及所形成的作用—反馈关系，才能更为准确地描述旅游地人地关系，以及整体所处的状态，仅以量化数字作为指标无法解释要素间的关系变化。

① 杨春宇. 旅游地阶段预测模型构建及实证研究 [J]. 资源科学,2009,31(6):1015-1021.
② 国际山地旅游联盟. 世界山地旅游发展趋势报告（2020 版）[R/OL]. (2020-05-29) [2021-01-07]. http://www.imtaweb.net/xwzx/lmdt/20210107/20210107_623456.shtml
③ 祁洪玲,刘继生,梅林. 国内外旅游地生命周期理论研究进展 [J]. 地理科学,2018,38(2):264-271.

旅游地并非时刻处于理性发展之中，人类活动的自主选择性使旅游地人地关系的三种状态并没有严格的先后之分，其生命周期可以只包括一个阶段，或两个阶段，或三个阶段多次任意组合，这在旅游业发展早期，特别是无旅游发展经验的区域表现得更为明显。人地关系演化的主要决定力量还在于人地之间的主要矛盾及其解决方式，是判断旅游地生命周期及其对其进行划分的主要依据。

2.3.3 旅游地域系统人地关系演化的地域分异

人地关系地域分异具有不同的规律和尺度，[①] 对人地关系在不同空间内的分布及其特征，亦有学者对其进行了研究。近些年来对人地关系中观领域的深入研究，也取得了一定的成果。[②③④] 这些研究都是在宏观、中观尺度上，以区域发展的主导因素作为依据，在区域范围内对人地关系地域系统进行了再次划分。

旅游地具有各自的功能和特色，这是其形成的客观条件之一。城市旅游地内部具有相对较为均质的环境，旅游活动依赖于城市原有的设施和服务，且大多时候与市民共享，旅游活动只是增加了对原有设施和服务的使用频率。即便是以旅游作为主要功能的城市，在相关设施的修建过程中，也较多考虑到原住居民的可接受范围。乡村旅游地则不同，原有落后的交通、生活设施、服务水准等不能满足游客旅游所需，而单一的社会经济结构形成脆弱的人地关系系统，无论是旅游建设活动还是旅游活动本身，都会对当地人地关系的改变造成较大影响，山地景区具有乡村旅游地的重要特征。对于一些较少有人类活动的旅游地，旅游活动则在原有人地关系系统要素基础上增加了诸多要素，并通过旅游流重组系统内部的结构，确立新的地域功能，原有的自然生态系统也会因为人类活动的增加而逐渐改变。

旅游地（特别是旅游景区）属于中观、微观尺度的地域系统，在这一范围内对人地关系进行划分，就需要明确系统内部各个要素的分布及其相互间的关系。特别是对于综合性的旅游地来说，既有以自然观光为主的功能区，也有深度体验目的地文化的功能区，还有以提供基础设施和服务为主的功能区。这些区域"地"的要素有所区别，但不至于完全不同，旅游活动作为"人"的因素和驱动作用却表现出明显的差异。以典型的三个旅游功能区为例，观光功能区是旅游地内以游客的观光体验活动为主的区域，

① 潘玉君. 人地关系地域系统协调共生应用理论初步研究 [J]. 人文地理,1997(3):79-83.

② 程钰. 人地关系地域系统演变与优化研究——以山东省为例 [D]. 济南：山东师范大学,2014.

③ 刘凯,任建兰,张理娟,等. 人地关系视角下城镇化的资源环境承载力响应——以山东省为例 [J]. 经济地理,2016,36(9):77-84.

④ 张玉,任建兰,刘凯. 近15年山东省人地关系演变过程与驱动因素分析 [J]. 湖南师范大学自然科学学报,2019,42(02):5-12.

在建设过程中只需要修建一定的基础设施，旅游过程中也没有和自然地理环境产生较多接触，因此旅游对当地人地关系的影响力度较小；娱乐功能区则需要在建设中大兴土木工程，对原有生态系统造成一定的影响，而且休闲娱乐活动与自然环境的接触面较广，也会更多地影响到当地的环境；服务功能区在建设时也需要修建固定的服务和接待设施，对原有地理环境影响力度不小，而由于活动范围有限，游客旅游期间的影响一般在可控范围之内。其他功能区的建设及旅游活动对当地环境的影响力度也有所差异（表 2.1），对当地经济和社会的影响也会因自身人地关系构成要素和相互间的关系有所不同。

表 2.1　旅游活动及其相关设施建设对旅游地的影响

			影响力度	影响范围
旅游活动	吃	特色餐饮	++	++
		日常饮食	+	+++
	住	露营	+	+++
		民宿	+	++
		宾馆	+++	+
	行	徒步	+	+++
		驾车	+++	+++
		水路	+	+
	游	观光	+	+++
		运动	++	++
		度假	+++	+
		休闲	+++	++
	购	特产	++	+
		日常	+	+
	娱		+++	++
建设活动	道路		+++	++
	建筑		+++	+
	娱乐设施		+++	++

不同旅游地、同一旅游地不同地域因构成要素、运行机理等差异形成了人地关系

的地域分异，其演化过程与自身地理环境及旅游活动息息相关。而人类旅游活动的选择多是在地理背景基础上对系统原有运行过程的叠加作用，依赖于原有地理环境，也具有鲜明的旅游效应特征。因此，地理环境与旅游活动在各自运行规律下相互融合和作用，促使旅游地的人地关系演进。

2.4 旅游地域系统人地关系演化的驱动机制

旅游系统由目的地、客源地、媒介等三个子系统构成，目的地系统就包括旅游资源、基础设施、旅游设施、旅游服务和管理等综合要素。这些要素之间相互关联，彼此作用，共同服务于旅游活动。旅游活动在某一地域系统内的开展增加了其人地关系的构成要素，改变了人地关系变化的内容，无论是作为驱动力还是影响要素，都影响到系统内的其他要素或系统整体的结构和功能。

旅游是由消费引导与发展条件共同作用的互动性驱动系统，[①]它可以是地域系统人地关系变化的主导力量，也可以是影响因素，主要包括市场、交通、旅游接待能力、旅游资源等。[②]这种影响力有其自身的特征，取决于旅游活动构成及其相关因素。旅游活动构成主要包括旅游者本身在旅游地的行为方式，旅游活动的相关要素（即影响旅游活动的主要要素）则包括旅游景区为方便和服务旅游者所做的建设和改造行为等。旅游作为主导力量和影响要素的区别在于旅游业是否成为影响区域社会经济及环境发展的重要力量，旅游是否是区域人地关系演化的重要助推器，这需要对旅游的驱动力构成、强度、作用方式及人地关系内涵变化做进一步分析。

2.4.1 驱动力的形成

旅游是区域人类活动构成的一部分，旅游驱动力是通过旅游的区域效应反映出来，综合体现在目的地的经济、社会和环境三方面。[③]

经济方面。旅游业作为区域经济发展的构成之一，可以促使当地经济结构优化、发展水平提升、财政收入增加等，具有一定的积极作用。[④]在民间层面，旅游业可以促

① 彭华.旅游发展驱动机制及动力模型探析 [J].旅游学刊,1999(6):39-44.
② 郑鹏.中国入境旅游流驱动力研究——目的地和旅游者双重视角的审视 [D].西安:陕西师范大学,2011.
③ 赵传松,任建兰,陈延斌,等.全域旅游背景下中国省域旅游产业与区域发展时空耦合及驱动力 [J].中国人口·资源与环境,2018,28(3):149-159.
④ 明庆忠.旅游开发影响效应研究 [M].北京:科学出版社,2007:133-139.

进当地居民收入的增加，特别在贫穷落后的地区，旅游业的发展是扶贫减贫的重要途径和驱动力量之一。[①] 旅游业对区域的经济影响不仅表现在量变，还会有质变发生，如山村彻底改变以往贫穷的状态、财政自由、优势产业发展势头迅猛等。此时，旅游业的驱动作用与其他产业的不同就在于，旅游业是驱动区域经济发展的核心和主流力量，一旦旅游业消失，区域经济则发展缓慢甚至趋于停滞。由于产业链长、关联产业多，旅游业对区域的经济的带动作用相比其他产业更有优势。但只有在适宜的地区和适宜的条件下，旅游业本身才能强大，对区域的影响力度才明显，[②] 才能称为驱动力，而非影响力，其他产业处于从属地位。这些条件既包括区域自身的旅游资源禀赋和经济区位，也包括外部经济和社会发展所决定的市场趋势。

社会方面。旅游发展会使区域的开放度更高，进而影响居民的思想意识和行为活动，对人口数量、构成、受教育水平、自我认知和文化自信，以及基础设施、生活设施、文娱设施和活动等产生积极的影响，[③] 居民产生显性和隐性的意识形态等方面的深刻变化。落后地区社会文化因旅游业发展而变迁的概率更大、程度更深，除以旅游为主导功能的城市外，大多发达区域社会结构复杂，城市功能多样，社会文化呈非线性的复杂网络结构，其因旅游而发生的变迁较少，且多与其他因素交融在一起，较难区分。

环境方面。旅游活动依赖于区域良好的生态环境，且因旅游活动本身对资源利用的方式较为"淳朴"，具有改善环境的先天优势和动力支持。而环境优化不仅反作用于旅游发展，对社区居民的人居生活也会产生积极影响。

人类主要通过经济活动和社会活动与生态环境相互作用，从而形成了以自然环境为基础的人地关系。旅游对经济、社会和环境的影响既是相互独立的，又相互作用，综合起来，就是对旅游地域系统人地关系结构和功能产生影响，改变了人地关系演化的方向和整体进程。在区域发展驱动力"优胜劣汰"博弈中，旅游业和其他产业在资源存量、资源利用、社会带动、生态保育、可持续发展能力等方面的对比力量，就成为其能否被确立为区域发展主要驱动力的关键所在，即可以促进人地关系协调发展、人地关系要素充分利用和不断提升的产业才可以成为区域发展的驱动力。旅游发展中，区域人地关系要素及其结构变化的程度，就是判断旅游驱动力大小的重要依据。

①　穆学青,郭向阳,明庆忠.多维贫困视角下县域旅游扶贫效率时空演化及影响机理——以云南25个边境县（市）为例[J].经济地理 2020,40(11):199-210.

②　钱家乘,张佰林,刘虹吾,等.东部旅游特色山区乡村发展分化及其驱动力:以浙江省平阳县为例[J].地理科学进展,2020,39(9):1460-1472.

③　明庆忠.旅游开发影响效应研究[M].北京:科学出版社,2007:139-147.

除发展基础条件较为优越的城市旅游地之外，区域旅游发展之初，基础设施尚待建设，旅游产品不成熟，对区域的影响有限。对旅游发展模式的探索是对旅游开发与管理不断修正的过程，也是产业持续对比和选择的过程。成熟旅游地一般具有丰富或独特的旅游产品、较为完善的基础设施和综合的服务项目，旅游产业发展较为稳定，在整个社会产业体系中占有较高的地位，促进人地关系协调发展，旅游的驱动作用逐渐明显。因此，旅游驱动旅游地人地关系变化的不同阶段，驱动力的大小和作用方式也会发生改变。

在不同的发展条件下，旅游对旅游地域系统不同领域的驱动作用有较大差异，但经济发展是社会进步的重要支撑和基础，是社区参与和政府鼓励旅游发展的重要目的和动力之一，是联系"人"与"地"之间的纽带和人地关系最为直接的表现。因此，旅游地的旅游发展大都是以经济带动作用为牵引（特别是在经济落后地区），进而对社会和环境产生系列影响，旅游收入和旅游人次作为旅游发展的重要指标，与旅游地人地关系要素的响应和反馈变化共同构成了判断旅游驱动力大小的重要依据。旅游景区具有比较明确的范围以及发展和功能定位，旅游对其整体地域系统的驱动作用以及人地关系对此的响应和反馈更为直观和迅速，是分析旅游驱动目的地地域系统人地关系演化的较好素材。

2.4.2 驱动机制

内驱。旅游业的发展受到多种因素综合影响，旅游吸引物是最为基础和核心的内容，是游客得以存在的前提，是区域旅游发展的核心和重点。旅游吸引物的吸引力越强，将会带来越多的游客，增加游客的停留时间和重游率等。[1]区域旅游吸引力源自其与客源地的差异性，这种差异和属性有大有小、有多有少。且不同类型旅游地对游客的吸引力有较大不同，同一类型旅游地在不同区域也会有差别。[2]旅游地满足游客需求的属性或要素越多，越具有吸引力。[3]这些要素包括自然景观、气候、环境、社会文化、运动休闲、节庆、设施、购物、通信、交通、住宿、餐饮、对游客的态度、服务等，更多时候最核心的要素或属性起主要作用。因此，旅游吸引物是通过其特性对游客的

---

① HU Y, RITCHIE J R B. Measuring destination attractiveness: A contextual approach [J]. Journal of Travel Research, 1993,32(2):25-34.

② 郭安禧,郭英之,孙雪飞,等. 国外旅游目的地吸引力研究述评与展望 [J]. 世界地理研究，2016,25(5):153-166.

③ LEE C F, HUANG H I, CHEN W C. The determinants of honeymoon destination choice-the case of Taiwan[J]. Journal of Travel & Tourism Marketing, 2010,27(7):676-693.

旅游动机产生内在驱动力，旅游资源吸引力最可以体现旅游地稳定和持久的吸引力。[①]

外驱。旅游市场是旅游活动实施的主要载体，是旅游产品生产者的目标对象。市场大小是旅游活动规模的直接表现，不考虑区域旅游收入流失情况下，游客越多、消费水平越高，产生的旅游消费和旅游目的地的收入越多，经济效益越明显。因此，客源地社会经济发展也会对旅游地的旅游发展规模起到决定性的作用，是旅游地旅游发展的"衣食父母"。旅游产品生产也会因消费走向和趋势而不断调整，以适应游客日益多样化的需求。以旅游市场为核心的，包括社会经济发展状况在内的客源地是旅游活动形成的外推力。

保障。旅游地除了有产生吸引力的各种要素之外，还有保障旅游活动正常进行的其他要素，如良好的社会氛围、稳定的政治环境、完善的基础设施等。此外，旅游地经济发展水平是旅游项目建设资金的重要依托，旅游及相关政策是旅游业开展和实施的有力保障，市场营销为客源地认知旅游地搭建了通畅的平台。

旅游地域系统的发展条件各有不同，内驱力和外驱力是旅游活动形成必不可少的要素，保障体系是桥梁，也是催化剂，可以改变旅游驱动力的大小和方向，进而影响人地关系的演化，如图 2.2。因为旅游活动的展开，旅游地域系统的资源功能拓展、利用方式增加，居民的社会和经济活动更为多样，区域人地关系的要素增加，人与地之间相互作用的范围更大，联系方式更为多样，人地关系的复杂性更明显。而旅游市场及其旅游活动也具有时代性，对旅游地域系统作用的变化会进一步加大旅游人地关系演化的复杂程度。

[①]　WANG J, LIU H, MING Q. The Composition of Mountain Tourism Attractiveness in Coastal Provinces: Case Study of Guangxi[J]. Journal of Coastal Research, 2020,103(S1):1153-1157.

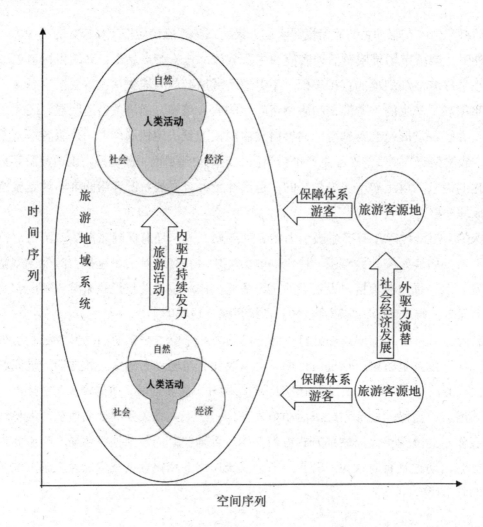

图 2.2　旅游人地关系驱动力时空变化

2.5 旅游驱动的山地景区人地关系演化研究框架

　　旅游地域系统人地关系随时间变化的空间状态和社会要素内涵是判断旅游驱动力效应的重要量度，结合其他综合要素反推旅游对地域系统人地关系的驱动机制更具有说服力。旅游地域系统人地关系构成要素是区域所有要素的综合，不同旅游地除资源独特外，地理环境也有较大的差异，旅游活动及其对区域的影响千差万别。山地旅游类型较为多样化，受到气候、山地纬度和海拔、山体规模、生态限制、市场、产品、利益相关群体、政治稳定、旅游政策、社会管理组织等因素制约，[1][2][3][4][5][6] 对山地景区的生态、经济、社会影响需要综合考虑旅游活动类型及其对山地景区原有地域系统运行机制的作用。

因此，山地景区人地关系演化的旅游驱动过程分析，需要从山地原有地理条件、旅游市场特征、旅游方式和强度、"人"和"地"要素变化、山地景区人地关系结构和功能变化等方面剖析。这也形成了本书的研究框架（如图 2.3）。

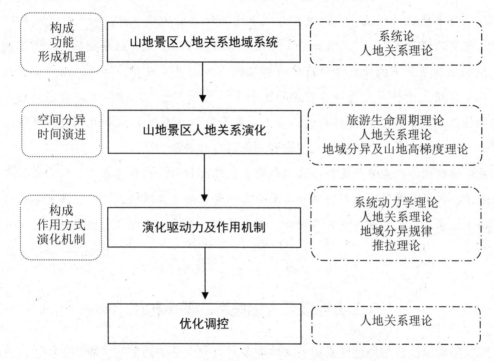

图 2.3 山地景区人地关系演化研究的理论框架

① SCHMIDT J T, WERNER CH, RICHINS H. Mountain Tourism in Germany: Challenges and Opportunities Addressing Seasonality at Garmisch-Partenkirchen: Mountain Tourism: Experiences, Communities, Environments and Sustainable Futures[C]. London: CPI Group Ltd,2016:255-269.

② REIMER J K, WALTER P. How do you know it when you see it? Community-based ecotourism in the Cardamom Mountains of southwestern Cambodia[J]. Tourism Management, 2013 (34):122-132.

③ NEWPANEY R, Lee S K. Mountain Tourism Development and Impact of Tourism: A case study of Himalayan State Sikkim[J]. 호텔경영학연구 , 2016,25(7):329-349.

④ DAWSON J, SCOTT D. Managing for climate change in the alpine ski sector[J]. Tourism Management, 2013 (35):244-254.

⑤ 银元 , 李晓琴 . 山地旅游业态影响因素及规划实证研究——以贡嘎山风景名胜区为例 [J]. 热带地理 , 2012, 32(6):676-682.

⑥ 李瑞 . 伏牛山旅游发展空间差异研究 [J]. 经济地理 , 2006, 26(3):538-540.

第3章　旅游驱动下的山地景区人地关系基础分析

人地关系地域系统是以人地关系为主要研究对象的地域系统，为人地关系的研究提供了重要的理论框架，[①] 是综合研究地理格局形成与演变规律的理论基石。[②] 不同地理环境和驱动条件下的地域系统有各自特殊的人地关系，农村、海洋、山地、城市及其他地域系统人地关系之间具有明显的区别。[③][④][⑤][⑥][⑦][⑧] 山地景区是旅游作用于山地原有地域系统后所形成的具有新的要素、功能和运行机制的自然和人文复合系统，其在形成、构成和功能、驱动力和地理过程方面具有独特性。

系统的结构与功能分析是综合认识地理系统外部特征和内在本质的必由之路，[⑨] 过程与互馈、区域变动等主题研究是分析地域系统变化的主要路径。[⑩] 研究具有非线性特点的山地景区人地关系演化的内在规律，对山区旅游发展也有积极的指导意义。

3.1 山地景区人地关系的基本构型

地理要素包括自然地理要素和人文地理要素，但人地关系中的"地"仅包括自然地

① 薛兴华. 从地域综合体解读人地关系地域系统 [J]. 云南地理环境研究 ,2012,24(1):37-42.

② 樊杰."人地关系地域系统"是综合研究地理格局形成与演变规律的理论基石 [J]. 地理学报 ,2018,73(4):597-607.

③ 刘彦随,周扬,李玉恒. 中国乡村地域系统与乡村振兴战略 [J]. 地理学报 ,2019,74(12):2511-2528.

④ 孙才志,张坤领,邹玮,等. 中国沿海地区人海关系地域系统评价及协同演化研究 [J]. 地理研究 , 2015, 34(10):1824-1838.

⑤ 钟祥浩. 加强人山关系地域系统为核心的山地科学研究 [J]. 山地学报 ,2011,29(1):3-7.

⑥ 明庆忠. 山地人地关系协调优化的系统性基础研究——山地高梯度效应研究 [J]. 云南师范大学学报 (哲学社会科学版), 2008, 40(2):4-10.

⑦ 陈雪婷. 旅游地域系统的复杂性研究 [D]. 长春 : 东北师范大学 , 2015.

⑧ 蒋潞遥. 重庆市万州区人地关系地域系统协同发展研究 [D]. 重庆 : 西南大学 ,2019.

⑨ 罗平,李满春,雷元新,等. 基于经典地理过程分析概念的 CA 模型扩展 [J]. 武汉大学学报 (工学版), 2004,37(5):85-89,119.

⑩ 吴绍洪,高江波,戴尔阜,等. 中国陆地表层自然地域系统动态研究 : 思路与方案 [J]. 地球科学进展 , 2017, 32(6):569-576.

理要素，是与人类活动有密切关系的自然界诸要素有规律的结合体，是在空间上客观存在着的有地域差异的和相对性的空间客体，[①]"人"则指人文地理要素。以人类及其社会经济活动为一方，以地球表层自然资源与环境为另一方，组成人与地相互作用、相互制约的动态开放复杂巨系统。[②]人地关系变化的驱动力可以是自然地理要素做主导，也可以是人文地理要素做主导，"人"与"地"之间相互关联，相互作用。

有学者对旅游地与"人"（包括旅游者、居民、政府和企业等）之间的关系进行了梳理，[③]但是人地关系不仅包括人与地的关系，还包括地与地、人与人之间的关系，后者的关系直接影响到前者关系的稳定性。"人"和"地"有各自的特征，也有相互作用在山地的特殊表现。

3.1.1　"地"是山地景区旅游环境形成的物质基础

山地景区地域系统的自然地理要素包括大气与气候、水文、生物、土壤、岩石、矿物等自然资源与环境，这些与其他地域所包含的要素种类并无差别，但是在各地理要素具体数量、多样性及个体属性上，山地却表现出明显的不同。游客对山地的生物及环境有着普遍的需求，[④]而其主要决定因素——山地垂直地带性，主要是通过地貌、气候、水体、植被和土壤等自然要素统一表现出来，应着重分析这些要素及其相互关系，并对山地地貌和地质环境对旅游功能的特殊作用进行进一步解释。

大气与气候。随着海拔升高，空气逐渐稀薄，环境逐渐不利于人们的呼吸和健康；对紫外线的防御降低，人类皮肤很容易被晒伤；气温变冷的速度远大于水平尺度变化。受这一地理要素变化的影响，其他自然地理要素也产生一定的变化。一定海拔之上的空气中水汽降低而使降雨减少，生物生存所必需的水分缺失；高海拔地区受冻蚀作用的土壤有机质不易被分解，稀薄和寒冷的空气不宜生物生长，但孕育了具有高原特色的植被和动物。在一些较为封闭的山间盆地，空气流动慢，气温稳定，又会形成与山地周边温度、湿度等环境不同的山地小气候岛，无论在景观上还是在人体舒适度上都表现出明显的个性，是山地吸引力的重要构成之一，对具有炎热夏季和寒冷冬季的地区更具吸引力。山地背风坡空气下沉形成焚风，迎风坡空气抬升容易形成降水等也会增加山地地域范围内地理环境的多样性和独特性，使山地阳坡和阴坡表现出极具差异性的生物和地貌景观。

天山是世界七大山系之一，是世界最大的独立纬向山系和最大的干旱区山系，拥有全

---

① 褚庆林. 试论地理环境与人地系统 [J]. 南京师大学报（自然科学版），1994,17(4):91-96.

② 申玉铭. 论人地关系的演变与人地系统优化研究 [J]. 人文地理，1998,13(4):30-34.

③ 何小芊. 旅游地人地关系协调与可持续发展 [J]. 社会科学家，2011(6):74-77.

④ CHAKRABORTY A. Emerging Patterns of Mountain Tourism in a DynamicLandscape: Insights from Kamikochi Valley in Japan[J]. Land, 2020,9(4):103.

球温带干旱区最为典型完整的山地垂直带谱。山脉呈东西走向，其北坡（迎风坡）湿润、南坡干燥，降水量自西向东依次减少。北坡相比南坡植被景观更为丰富，从山麓到山顶分布有草甸草原、针叶林、高山草原、垫状植物和积雪冰川，南坡则为荒漠、荒漠草原、草原、剥蚀高地和积雪冰川。夏季炎热气候下，北坡气温明显低于南坡，且较为湿润，成为山区周边城市避暑的主要去处；冬季北坡降水多，形成诸多优良的滑雪场地。新疆深居内陆，天山南坡干旱区主要以荒漠草原和少数民族风情为主要特色；西北部的伊犁河谷因北天山和南天山的夹峙作用，对常年盛行西风有一定的抬升作用，形成地形雨，是知名的"塞外江南"，以自然风光取胜。因此，在海拔、纬度、风向等自然因素下，天山南坡和北坡、东部和西部、高海拔和低海拔地区的气温、大气湿度和旅游资源形成的基础明显不同，旅游产品类型和特色有较大差异，相应的旅游活动及其对人地关系的影响和作用机制也有差别。

水文。山地随地势逐渐升高而形成的地形雨增加，并在高海拔地区形成冰川等固态水，是其地表径流和山地周边平原地区灌溉和饮用水的主要水源之一，直接影响到山地不同地区的生物分布。水存在的形式直接影响到它作用于其他地理要素的方式（如水蚀、冰蚀、冻融等），在冰川分布区，山地地貌受到冰蚀和冻融作用明显，多险峻陡峭，巍峨壮丽；而低海拔地区的山地地貌则主要是受冰川融水和降水等重力作用影响，多秀丽柔和。不同形态的水是人们观光和娱乐体验的物质载体。水作为一种重要的山地景观资源，具有落差大、水流湍急等特征，形成落水、天池等垄断性水体景观，并在反射、衍射和折射作用下因植被而展现出纷繁色彩，充分体现了山地水体的独特魅力。

我国因水闻名而位列世界知名旅游地的山地景区不在少数，贵州黄果树瀑布、四川九寨沟、桂林漓江、吉林长白山天池等都是以山地地貌为依托，形成了具有独特水体旅游资源的山地景区。没有山地的绝对海拔高度和相对高度，中低纬度地区难以形成冰川资源，河流和湖泊等也难以形成起伏有致的形态和快慢相间的动态。漓江景区是山水结合的产物，"山清"与"水秀"共同构成了具有中国独特审美的"水墨风情画"。仅山而言，喀斯特山地广泛分布于我国西南地区；仅水而语，我国知名河流、湖泊不在少数。但山与水的交融，正是体现了山地旅游资源综合性、多样性的特点，使桂林山水在众多南方山地中脱颖而出。九寨沟地处青藏高原、川西高原向四川盆地的过渡地带，山谷深切，高低悬殊，形成了泉、瀑、河、滩和上百个海子，拥有"九寨归来不看水"的美誉，也是中国因水而闻名的山地景区。

生物和土壤。土壤是植物赖以生存的基础，山地环境决定了其具有丰富的土壤类型，孕育了多样的植被，为动物生存提供了良好的食物来源和居所。不同海拔高度的土壤肥力会因为地表径流有不同程度的流失，土壤也因温度、风蚀、水蚀、岩石的破碎程度等产生差异，形成一些在其他地区难以见到的独特生物。且这一现象会因基带处于不同纬度和气候带而使山地之间的生物和土壤的差异性更为明显，塑造了山地独特而多样的生物景观。

贡嘎山位于青藏高原东缘，主峰海拔 7 556m，相对高差约 6 000m。东坡受季风影响明显，山体高度、大小及走向直接影响到其水热分布，是植物生长的决定因素之一，进而与生物气候条件一起影响土壤的成土机制，形成不同的植被景观。（表 3.1）

表 3.1　贡嘎山东坡植被景观与土壤随海拔变化关系

海拔（m）	土壤类型	植被景观类型	备注
1 000-1 600	山地褐土、山地黄红土	灌木、草丛、云南松林，多种粮食及经济作物	农业生产与山地居民的生活紧密联系，构成了山地民族风情旅游资源；低海拔山地农产品在提高农民经济收入的同时，形成了具有地域特色的旅游特产和商品
1 600-2 000	山地黄棕壤、山地黄壤	常绿阔叶林、棕榈、灰叶杉、水稻、柑橘、茶树等	
2 000-2 400	山地黄棕壤	常绿阔叶与落叶阔叶混交林，小麦、玉米、马铃薯核桃等	
2 400-2 800	山地棕壤	针阔叶混交林，多为大剑竹及山茶科植物，无农业	高山林木、花卉观光，山地森林生态体验
2 800-3 100	山地暗棕壤	云杉、冷杉、铁杉等针阔叶混交林，有多种槭树	
3 100-3 500	山地漂灰土	冷杉林、林下苔藓、地衣发育	
3 500-4 200	亚高山草甸土	多种杜鹃，局部地区有扭曲矮林，多苔草、地衣	
4 200-4 600	高山草甸土	高山草甸	坡面物质不稳定、海拔高、空气稀薄，不利于常规和大范围旅游活动开展
4 600-4 900	高山寒漠土	高山流石滩植被	
>4 900	----	冰雪覆盖	冰川、冻原观光，登山、探险等体育活动

来源：本表根据《山地环境理论与实践》内容整理和完善而成。①

地质。地质构造及其运动过程形成了山地地貌，因岩石构成、形状和节理等相互区分。不同岩性岩石为山地特殊产业的开展提供了物质基础，山地成为矿产、石材的主要富集区，也是独特地貌景观的孕育之地。

花岗岩地貌垂直节理发育，经过地质抬升作用，可形成高大险峻的山体，经流水切割侵蚀或风化崩塌作用，常出现大面积的危崖陡壁；因岩石十分坚硬，在漫长的地

① 钟祥浩，刘淑珍，等. 山地环境理论与实践 [M]. 北京：科学出版社 :89-92.

质年代中，表面多呈"球状风化"，或其他各种象形石峰。因此，以花岗岩构成的泰山、黄山、衡山等知名山地多以雄伟挺拔闻名，其高大山体也是早期人们敬畏和朝觐的对象，是历史文化名山形成的主要原因之一。

石灰岩属于碳酸盐类岩石，较容易被水溶蚀，形成独特的岩溶地貌（喀斯特）景观。石灰岩类山地一般相对高度不大，多大型溶洞，洞内次生碳酸钙沉积造型多样、独特，时有地下暗河流过。我国西南地区大片喀斯特山区孕育了诸多溶洞和低矮石峰，路南石林和漓江景区是典型代表。

砂岩地貌为沉积岩发育，是在构造运动间歇抬升、倾斜，流水侵蚀、重力、物理风化、生物化学及根劈等多种外营力的作用下形成的，具有峰林多、高峻、顶平、壁陡等特点。武陵源是典型的石英砂页岩地貌，抗风化和抗侵蚀能力较强，多棱角平直的高大石柱林、深切嶂谷、石墙、方山等，具有十分独特的景观价值。

同属于基于沉积岩发育的丹霞地貌，因红色砂砾岩岩层呈块状结构和富有易于透水的垂直节理，受强烈侵蚀分割、溶蚀和重力崩塌等综合作用而造成平顶、陡崖、孤立突出的塔状山地貌。因在悬崖上可以看到粗细相间的沉积层理，且山体呈红色。丹霞地貌也具有较高的观赏价值。

山地岩石及其解理是其土壤构成、地表稳定度、地貌形成的客观基础，也是水文、生物、大气以及山地文化等变化和多样性形成的重要物理介质，从而在山坡、谷地和周边地区形成有不同的植被。如黄山迎客松扎根在岩石缝，无泥土，枝条向一侧延展，因其姿态优美、遒劲有力，成为黄山旅游的标志之一。

地貌。在地质构造动力和风、水、热量、人类活动等的外营力共同作用下，山地形成了以相对高度和坡度区别于其他地域的地貌。相对高差越大，地理环境多样性越明显，其气候、生物、土壤等更为复杂。特别是基带位于低纬度地区的高大山地，比高纬度地区的山地高梯度效应更为明显，气候带的类型和分布会随着海拔的升高不断变化。如水在同一山地的高海拔地区会以冰雪形式存在，随着海拔的降低，液态水出现，到了温暖地带，因为地表蒸发作用，在山地的封闭环境中会形成大雾天气。坡度不仅是地表破碎度和稳定度的决定因素之一，也是山地地貌景观吸引力的源泉之一。巍峨壮丽、陡峭险峻、悬崖峭壁、危峰兀立、怪石嶙峋、钟灵毓秀、层峦叠嶂，每一种山地地貌都与人们的各类审美相契合，也被人们赋予了各种精神寄托，成为山地旅游活动的重要对象。

山地地理要素的构成较为多样，其变化的内部基础和外部动力千差万别，相互间的组合更是千变万化，使山地人地关系中"地"的要素远复杂于平原、盆地、高原等，充分体现了山地地理环境的复杂性、多样性、脆弱性的特点。这些特点及其表现具有独特性，无一不可以作为旅游吸引力的物质基础。

因地质构造、地带性和非地带性影响，全球广泛分布的山地具有不同的自然地理特征，塑造了各具特色的山地旅游带，并结合市场主要需求和特征，形成了以阿尔卑斯山为代表的欧洲山地旅游片区（山地度假和运动探险为主要产品类型，多与乡村旅游相结合）、以落基山和安第斯山为代表的美洲山地旅游片区（以户外运动和探险为主要旅游产品类型，国家公园为主要运营方式）、以喜马拉雅山和文化名山为代表的亚洲旅游片区（以徒步探险和观光为主要旅游产品，多与当地少数民族和宗教文化相融合，中国和尼泊尔为典型区域）等三大片区。

3.1.2 "人"的经济利益诉求较为突出

利益相关者是山地旅游人地关系的重要组成部分，人地关系中的"人"不仅可以作为山地旅游资源的基本构成，也是旅游活动主体、旅游产业主体、旅游开发和管理主体，是山地旅游发展动力、方向、效率、过程等的能动主体。国内研究多以"参与者"视角为主，从典型案例出发，针对游客、社区居民、旅游企业和个人、政府等山地旅游参与者的特点进行总结，以期促进发展，[1][2][3][4][5][6][7][8][9] 国外学者多围绕具体山地，探讨社区、企业、游客、政府、非政府组织等各利益主体在山地旅游中的作用、地位、

①　陆林 . 山岳旅游地旅游者动机行为研究——黄山旅游者实证分析 [J]. 人文地理 , 1997,12(1):6-10.
②　梁家琴，杨效忠，冯立新，等 . 供需双方对景区文化偏好的差异性研究——以天柱山风景区为例 [J]. 旅游学刊 , 2012, 27(7):41-48.
③　岑乔，黄玉理 . 基于旅游者认知的山地旅游安全现状调查研究 [J]. 生态经济 , 2011(10):147-151.
④　梁冰瑜，彭华，翁时秀 . 旅游发展对乡村社区人际关系的影响研究——以丹霞山为例 [J]. 人文地理 , 2015(1):129-134.
⑤　赵振斌，党娇 . 基于网络文本内容分析的太白山背包旅游行为研究 [J]. 人文地理 , 2011(1):134-139.
⑥　刘长运，茆长荣 . 景区依附型旅游小企业发展特征——以丹霞山为例 [J]. 经济地理 , 2007, 27(4):579-583.
⑦　牛莉芹，程锦红，程占红，等 . 山地型景区旅游从业者对旅游环境认知水平的研究 [J]. 山西大学学报 (自然科学版), 2016, 39(3):519-527.
⑧　李宜聪，张捷，刘泽华，等 . 目的地居民对旅游影响感知的结构关系——以世界自然遗产三清山为例 [J]. 地理科学进展 , 2014, 33(4):584-592.
⑨　韩国圣，吴佩林，黄跃雯，等 . 山地旅游发展对社区居民的去权与形成机制——以安徽天堂寨旅游区为例 [J]. 地理研究 , 2013, 32(10):1948-1963.

诉求、发展对策等。①②③④⑤⑥⑦⑧⑨⑩⑪

　　旅游市场在山地旅游人地关系中的变化中起到驱动力的作用，这种驱动作用的大小取决于旅游活动类型。观光、休闲娱乐、度假、探险等不同旅游活动因为游客的住宿、交通、餐饮、活动范围等导致与旅游地的接触程度、面积、方式不一，对旅游地的生态、经济和社会影响具有显著的差异，这不仅是在山地景区，在其他旅游目的地同样适用。山地人口相对稀疏，经济环境较为封闭，在从事旅游经营的人口中，有外来从业者，也有本地居民，他们共同的目标就是通过旅游业获得经济收益。不同点在于这一过程中，对其他要素的关注程度和旅游之外的非经济利益诉求大小不一。政府是山地社会经济发展和生态维持的重要实践者和支持者。山地旅游业的发展可以带来

①　SINGH R B, MAL S, KALA C P. Community Responses to Mountain Tourism: A Case in Bhyundar Valley, Indian Himalaya[J]. Journal of Mountain Science. 2009, 6(4):394-404.

②　BANKI M B, ISMAIL H N, Muhammad IB. Coping with seasonality: A case study of family-owned micro tourism businesses in Obudu Mountain Resort in Nigeria[J]. Tourism Management Perspectives,2016(18):141-152.

③　NEEDHAM M D, ROLLINS R B. Interest group standards for recreation and tourism impacts at ski areas in the summer[J]. Tourism Management, 2005,26(1):1-13.

④　MARLOWE B, BURKE A. Non-government Organizations' Mountain Management: A Sustainable Support Model for Southern Oregon's Mountain Destinations: Mountain Tourism: Experiences, Communities, Environments and Sustainable Futures[C]. London: CPI Group Ltd,2016:341-352.

⑤　MACLELLAN L R, DIEKE P U C, THAPA B K. Mountain tourism and public policy in Nepal: Tourism and Development in Mountain Regions[C]. London: AMA Dataset Ltd,2000:173-197.

⑥　CHOENKWAN S, PROMKHAMBUT A, HAYAO F, et al. Does Agrotourism Benefit Mountain Farmers? A Case Study in Phu Ruea District, Northeast Thailand[J]. Mountain Research and Development, 2016, 36(2):162-172.

⑦　ANAND A, CHANDAN P, SINGH R B. Homestays at Korzok: Supplementing Rural Livelihoods and Supporting Green Tourism in the Indian Himalayas[J]. Mountain Research and Development, 2012, 32(2):126-136.

⑧　TAHER S H M, JAMAL S A, SUMARJAN N, et al. Examining the structural relations among hikers' assessment of pull-factors, satisfaction and revisit intentions: The case of mountain tourism in Malaysia[J]. Journal of Outdoor Recreation and Tourism, 2015(12):82-88.

⑨　FAULLANT R, MATZLER K, MOORADIAN T A. Personality, basic emotions, and satisfaction: Primary emotions in the mountaineering experience[J]. Tourism Management, 2011, 32(6):1423-1430.

⑩　SINGH S. Secular pilgrimages and sacred tourism in the Indian Himalayas[J]. GeoJournal, 2005, 64(3):215-223.

⑪　OOI N, LAING J, MAIR J. Sociocultural change facing ranchers in the Rocky Mountain West as a result of mountain resort tourism and amenity migration[J]. Journal of Rural Studies, 2015(41):59-71.

财政税收、增加区域经济收入、促进就业、改善基础设施、提高山区人民的生活水平、促进山地文化的开放和对外交流，这是各个地区积极发展旅游业的根本原因。政府为山地旅游业的发展招商引资、对外宣传营销、提供政策支持等，并严格把控生态环境，非政府组织则更多地关注社区居民的生计和生态环境保护。这些利益相关者的目标和行为都在于旅游活动及其所带来的旅游效应，通过旅游业的发展满足各自需求。此外，其他利益相关者会根据旅游发展的现状预测未来趋势，在一定程度上对旅游景区的基础设施、服务设施等进行建设和改造，大都是经济利益最大化驱动的。因此，山地旅游景区中，利益相关者较多地关注经济利益，与城市等旅游目的地有所不同。

山地地域内与旅游业关联较少的群体和个人不能称为利益相关者，虽然他们或多或少与旅游业有一定关联或潜在联系。通信、零售等服务和商业群体等其他非利益相关者在其产业运营过程中，没有将旅游者作为其主要消费群体。虽然游客确是其一部分消费者，旅游业发展也需要这些产业所提供的服务，但这些产业无法对山地旅游业的发展起关键作用，旅游业是否发展或发展好坏也不会决定他们的命脉，他们不完全属于山地旅游利益相关者，所以本研究不重点关注。

3.1.3 "人"与"地"之间的关系——相互依存、博弈

是否有良好的维护环境的客观基础和人们是否对环境感到满意是影响人地关系的两个重要维度，表明了人地关系的双向性。[①] 山地景区人地关系中"地"的要素相互关联，作用叠加，形成了其自然演化的动力机制和过程。"人"之间的利益也会不断调整，达到共同利益的实现。"人"与"地"之间因旅游业产生相互依存、彼此博弈的关系。

① "地"是"人"相互关联的基础。山地旅游利益相关者所围绕的旅游业是地域系统的重要构成，具有复杂性，[②] 包括要素的复杂和要素间关系的复杂。这一复杂系统中任何一个要素都具有其特定的功能，赖以存在的基础在于游客在山地景区的活动。旅游吸引物是山地游客异地活动的主要动力源。独特的自然风光与文化、基于垂直高差的原始景观、气候与环境、清洁的空气、和平的氛围、登山过程中产生的畅快与巅峰

---

① YING L, DENG W, PENG L. Building a framework of evaluating human-environment relationships: Considering the differences between subjective evaluations and objective assessments[J]. Sustainability, 2020, 12(1):167.

② 杨春宇. 旅游地发展研究新论——旅游地复杂系统演化 理论·方法·应用 [M]. 北京：科学出版社，2010.

感受、体育活动、高山冰川等等都是山地旅游的吸引力所在，①这些吸引力全部来自山地的自然和人文环境，而人文环境的形成也是在山地自然地理条件基础上形成的。

山地相对高度和坡度使地表物质不稳定性增加，不利于在山地坡面上修建房屋，也不利于作物的耕作和生产，交通及活动的便利程度不高，这些人类生存所需条件的限制使山地人口密度相较平原低，人类活动的范围较小，作用于自然环境的方式较为单一。脆弱的生态环境为生物生存的多样性提供了前提条件，这种封闭环境适宜物种的延续和保存，使生物生产能力和消费水平保持在一个相对稳定的状态。同时，山地人文环境特殊性全部来自自然地理的独特性，山地是少数民族渊源和生活的主要区域，形成了独特的地域文化。因此，"地"是旅游业形成的基础，是"人"作为利益相关者相互联系的核心。无论是游客对旅游吸引物的关注，还是政府和非政府组织对山地生态环境的关切，又或是旅游经营者对旅游产业经济利益的极大追求，都需要将山地自然地理条件作为核心要素加以利用和保护（图3.1）。

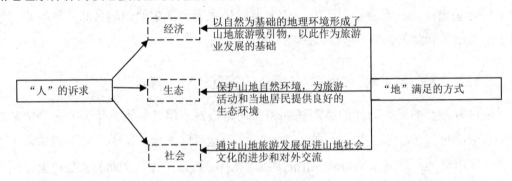

图 3.1 山地景区旅游人地关系中"地"对"人"的基础作用

②彼此博弈。"地"与"人"之间并非天生协调，也存在一定的摩擦和相互碰撞，这个过程演化的方向会发生改变，从而出现了人地关系异化。从历史唯物主义的观点来说，地理环境是人类活动的基础，决定了人类活动的方式，而作为具有能动性的"人"，可以在一定范围内对地理环境进行改造、利用。在这个过程中，地理环境不是绝对宗主，人类也不是完全被动。山地为人类旅游活动提供了基础条件，人类可以根据市场的旅游需求，对景区内的基础设施、服务设施，甚至是对某些景观进行一定程度的改造，并在能力允许范围之内引导旅游业的发展朝向可持续目标前进。地理环境已改变了"天命论"中无法把控的妖魔化形象，"人"不会在自然面前束手无策。但人类活动必须尊崇自然规律，这一条件也被人类日益发展的科学技术所逐渐改善。

---

① WANG J, LIU H, MING Q. The Composition of Mountain Tourism Attractiveness in Coastal Provinces: Case Study of Guangxi[J]. Journal of Coastal Research, 2020,103(S1):1153-1157.

旅游活动所必需的设施和服务需要对自然进行一定的改造，自然改造势必会造成环境变化，是否改造环境、怎么改造环境就成为旅游业发展中必须面对的问题。山地环境的多样性和脆弱性更加需要关注山地旅游业发展过程中对环境的影响，否则就无法营造安全、舒适的旅游体验氛围，无法保证旅游活动的正常进行。

在旅游利益相关者的博弈过程中，山地自然环境依然占主导地位，它是旅游产生的基础，是旅游持续发展的保障。利益相关者既要改造环境以更好地满足旅游需求，从而达到社会经济目的，又要尽可能维持山地环境的稳定性，以可持续地利用旅游资源。

在人与地相互关系中，旅游仅仅是其中的一种纽带，即便是以旅游作为人地关系主要驱动力的山地景区，也伴随有其他相互关联的介质，他们是"人"与"地"之间的润滑剂。山地基础设施和生活设施的改善，旅游业之外其他产业的发展都会促进旅游业的发展，并促使对环境的保护。

3.2 山地景区的功能分析

3.2.1 山地景区的功能

山地旅游目的地是人地关系视角下的山地旅游地域系统，其功能是指旅游的作用和效应。[1] 旅游功能分析有利于深入理解山地旅游现象和本质，促进其可持续发展。国内外学者分析了旅游的经济、社会、文化、生态等功能，对此做了综合论述，[2][3][4][5][6][7][8] 并从旅游主体的角度，对其做了补充。[9] 同其他旅游活动一样，山地

[1]　曹诗图，李锐锋．旅游功能新论 [J]．武汉科技大学学报（社会科学版），2011, 13(1): 47-52.

[2]　WANG Y, WALL G. Sharing the benefits of tourism: A case study in Hainan, China[J]. Environments A Journal of Interdisciplinary Studies,2005, 33(1):41-60.

[3]　HUANG H Y B, WALL G, MITCHELL C J A. Creative destruction Zhujiajiao China[J]. Annals of Tourism Research, 2007, 34(4):1033-1055.

[4]　程瑞芳，程钢海．乡村振兴：乡村旅游多元价值功能响应调整及开发路径 [J]．河北经贸大学学报，2019,40(6):75-81.

[5]　任唤麟，马小桐．培根旅游观及其对研学旅游的启示 [J]．旅游学刊，2018,33(9):145-150.

[6]　李飞．论旅游外交：层次、属性和功能 [J]．旅游学刊，2019,34(3):113-124.

[7]　明庆忠．旅游开发影响效应研究 [M]．北京：科学出版社，2007:128-148.

[8]　马凌，朱竑．面向人的存在的旅游功能再认识研究：基于人文主义的视角 [J]．旅游学刊，2018, 33(06):14-23.

[9]　马凌，朱竑．面向人的存在的旅游功能再认识研究：基于人文主义的视角 [J]．旅游学刊，2018, 33(06):14-23.

旅游功能可以从经济、社会、文化、生态等四个方面来阐述。

①经济功能。由于封闭的环境和较为恶劣的自然条件，大多山地发展受限，被打上落后的标签。通过游客旅游消费活动，增加旅游地相应的旅游产业部门和关联产业部门，提供了多种类型和层次的就业岗位；增加了当地从业者的收入，通过各个关联产业增加当地总体的财政税收；促进以旅游为纽带的餐饮、住宿等服务产业的发展，提升山区整体的经济结构水平；通过对旅游设施的完善，为其他产业的发展消除交通、基础设施等方面的障碍，从而使山地经济整体得到发展，结构也更加合理。特别是现阶段，作为贫困典型地区的山区扶贫及其巩固任务异常艰巨，旅游业的发展是"扶贫要先扶志""授人以鱼不如授人以渔"的重要举措，可以大大减少山区返贫的概率。

②文化功能。如果说经济功能主要是着眼于山地经济发展，那么文化功能则包括从主体和客体两方面。满足旅游主体的休闲娱乐需求是旅游的主要功能所在，[①] 作为人的一种存在方式，旅游是以探索外部世界和理解自身为前提的暂时的时间和空间溢出，是实现生命性和提高人性以及共同伦理的一种教化实践，上升到了精神层面的体验。[②] 中国人赋予山地精神意义（仁者乐山、高山仰止、泰斗、稳如泰山等）、西方国家在登山过程中对体验"畅"的追求，[③] 都是山地在旅游过程中对旅游主体意识层面的教化作用；而登山、山地运动等旅游活动又具有明显的康体治疗作用，两者共同形成了山地旅游对旅游主体物质和精神双重满足的功效。尽管这一功效存在个体差异，但客观存在，且随着人们旅游意识的提高会被更多群体所发现和接受。

山地旅游地域系统也会因旅游业的发展，在社会文化领域出现明显变化。旅游业的发展会增加山区人民和外地文化的接触，成为山地社会发展的一把双刃剑。一方面，旅游发展促进山地文化的对外交流，使山地居民对教育和开放的意识逐渐增强；另外一方面，山地淳朴的民风也会在外来多元文化的撞击下出现异化，如崇外、对本地文化的地方性削弱、山区人口大量流失等。如何较大程度发挥山地的正向文化功能，减少负面影响，是旅游发展效应落实于山地的主要目标之一。

③生态功能。旅游系统要素之间的相互联系包括人流、信息流、物质流、能量流和价值流，它们把旅游系统各因子联结成为有序的功能整体，改变山地整个生态系统的结构。旅游对生态环境的正向引导作用较为有效，通过旅游发展代替以往森林砍伐、

---

① 李文亮，翁瑾，杨开忠. 旅游系统模型比较研究 [J]. 旅游学刊,2005,20(2):20-24.

② 马凌，朱竑. 面向人的存在的旅游功能再认识研究：基于人文主义的视角 [J]. 旅游学刊，2018,33(06):14-23.

③ POMFRET G. Personal emotional journeys associated with adventure activities on packaged mountaineering holidays[J]. Tourism Management Perspectives,2012(4):145-154.

打猎、采矿等对山地环境有较大破坏的生计方式，从根本上切断了生态破坏的根源之一。游客对生活资料的消费势必会增加对农产品和工业产品的消耗，这些产业赖以生存的土地、水资源、能源等总量或利用方式就会发生改变；旅游是在山地地域空间内的活动，与山地生物、空气直接接触，并产生生活垃圾，带来不同程度的污染，加剧了山地环境的脆弱性；旅游交通工具对空气的污染、游客踩踏对土壤微生物环境的介入改变了山地自然物质循环过程，使物种改变的可能性增加；山地居民因旅游的发展而使生活水平提升，对原有生产方式的改变也会在一定程度上影响到生态系统的结构和功能。这些行为可以通过旅游活动形式和区域政策限定得以控制。

④社会功能。旅游业的发展会对山区的社会稳定有一定的促进作用，可以通过旅游业提振经济，改善民生，扶贫扶志；以旅游为引领，加强与其他区域的沟通和相互谅解，促进多领域的合作和交流；以旅游业为先导，树立良好的区域形象等。①

要实现旅游功能，必须对旅游吸引物、旅游服务设施、交通等进行规划，分析旅游市场的主要特征及发展趋势。② 旅游功能的实现是一个从无到有（旅游活动在山地出现的整个历程）、从低级到高级（旅游功能在空间上的分异和细化）的过程。③

3.2.2 山地景区功能的特殊性

山地多以海拔和垂直高度区别于其他地貌，但山地之间的差别千变万化，原因有：包括岩性在内的早期山地形成的地质条件、山地自身形态，包括气候在内的地带性因素、突发因子以及人类活动的作用方式和力度等，山地景区的要素、结构、功能，以及引起人地关系变化的驱动力就有了较大不同。

人地关系地域系统包括"人""地"及二者关系，"人"与"地"通过人类活动相互联系和作用。山地旅游人地关系是以山地地理环境作为**诱因**、旅游业作为**主要驱动力**、旅游活动和建设项目作为主要**影响方式**、山地地域系统作为**空间物质载体**的人地关系（图 3.2），并由此形成了山地景区人与地作用的主要构件。由于区别于其他地貌的一切要素都具有潜在的吸引力，在山地景区人地关系的构成中，旅游资源异常丰富，旅游活动也较为多样化，对山地原有环境的影响也更为全面和深刻。

---

① 李飞 . 论旅游外交：层次、属性和功能 [J]. 旅游学刊，2019,34(3):113-124.

② 杨新军，刘家明 . 论旅游功能系统——市场导向下旅游规划目标分析 [J]. 地理学与国土研究 ,1998,14(1):59-62.

③ 杨兴柱，查艳艳，陆林 . 旅游地聚居空间演化过程、驱动机制和社会效应研究进展 [J]. 旅游学刊 ,2016,31(8):40-51.

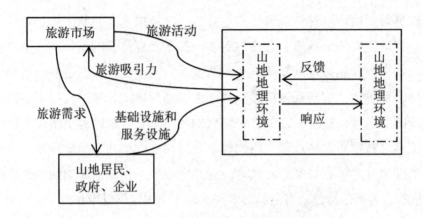

图 3.2 山地景区人与地作用的旅游途径

一般地域系统内部都包括自然地理要素和人文地理要素。山地景区人地关系的主要构成成分并无新颖之处，但其构成要素的特征却较为独特。除在旅游资源上表现出明显的吸引力优势之外，其自然地理环境丰富多彩，脆弱性大；人文环境也因长期的封闭性和自然条件的限制处于相对缓慢的发展状态，人口、经济和文化都较为保守。

山地景区是以旅游作为人地关系主要驱动力之一的山地地域系统，其地域功能针对系统内部和外部是有区别的。针对系统外部来讲，山地发展旅游业有助于生态屏障建设和维持、有助于山区整体经济发展和社会进步、有助于非山区居民休闲需求的满足。针对系统内部来讲，旅游业的发展是改善当地居民生活水平、促进山地社会进步、促进生态和谐发展的一种有效方式。由于特殊的生态地位和社会经济发展状况，山地发展旅游业是为了更好地满足其自身发展。因此，以山地景区为主要空间载体的旅游人地关系地域系统的发展目标和功能更多地落脚于山地社会经济的发展。

3.3 山地景区人地关系的形成机理分析

GUNN 的旅游功能系统、LEIPER 的空间和通道系统、MILL 和 MORRISON 的市场与营销系统、SOFIELD 的耦合系统等是对旅游系统定义具有代表性的几种观点，[①]认为其是包括旅游客源地、旅游目的地、旅游交通、旅游支撑等"多元系统结构"的复杂系统。[②][③] 旅游人地关系地域系统是旅游系统在空间上的人地关系表达方式。从旅

---

① 徐红罡 . 旅游系统分析 [M]. 天津 : 南开大学出版社 ,2009:15-24.

② 张亚林 . 旅游地域系统及其构成初探 [J]. 地理学与国土研究 ,1989,5(2):39-43.

③ 申葆嘉 . 旅游学原理 : 旅游运行规律研究之系统陈述 [M]. 北京 : 中国旅游出版社 ,2010:59-67.

游实践和研究所围绕的核心要素——旅游活动来说，旅游系统是指直接参与旅游活动的各个因子相互依托、相互制约形成的一个开放的有机系统，[①] 包括旅游活动的主体、客体和中介，分别体现了人地关系中的"人""地"与动力源。山地旅游活动的客体是山地景区内直接提供旅游产品的资源和服务，同样包括作为背景的整体山地地理环境；主体为旅游市场；中介为保障旅游活动正常运营的非旅游活动构成部分，由此而划分出山地景区人地关系的本底系统、资源和产品系统、市场系统和保障系统。

3.3.1 本底系统

本底系统是旅游活动干扰前的山地环境，由大气、水体、土壤、生物等要素形成。特殊的山地自然地理环境和人文地理环境可以作为旅游客体吸引游客，但是其整体状态则是山地旅游人地关系地域系统的本底，是吸引物形成和旅游服务所不可或缺的背景要素（详见 3.1.1 内容）。同时，稳定的生态系统、地质环境和山地社区，也是旅游活动正常进行的必备条件。

3.3.2 山地旅游资源

资源的特殊性。旅游资源的最大特性在于其具有吸引游客的能力，能满足游客的身心愉悦。山地旅游资源区别于其他资源的明显特征在于多样性、综合性、广域性和独特性，其具有除海滨之外的所有旅游资源类型（表 3.2、表 3.3）。[②] 按照"GB/T 18972-2017 旅游资源分类、调查与评价"，山地旅游资源占所有旅游资源中的 8 个大类，25 个亚类，143 个基本类型，其多样化可见。

---

① 刘峰 . 旅游系统规划——一种旅游规划新思路 [J]. 地理学与国土研究 , 1999, 15(1): 56- 60.

② 明庆忠 . 走出中国资源环境困局的新思维 : 山—海战略 [J]. 云南师范大学学报 (哲学社会科学版),2011,43(3): 44-51.

表 3.2 山地自然旅游资源及典型旅游地

主类	亚类	基本类型	典型旅游地
地文景观	综合自然旅游地	山丘型旅游地、谷地型旅游地、沙砾石地型旅游地、奇异自然现象、自然标志地、垂直自然地带	如雅鲁藏布江峡谷等，因高梯度效应而形成了具有多样动植物资源和独特旅游产品的山地综合旅游地，旅游区面积较大，且因其特殊的地理意义而成为自然标志地
	沉积与构造	断层景观、褶曲景观、节理景观、地层剖面、矿点矿脉与矿石积聚地、生物化石点	如重庆綦江国家地质公园，以木化石群、恐龙足迹化石群和丹霞地貌景观为主体，是集科考、科普研学、旅游和休闲观光等多种功能于一体的综合性国家地质公园
	地质地貌过程形迹	凸峰、独峰、峰丛、石（土）林、奇特与象形山石、岩壁与岩缝、峡谷段落、沟壑地、丹霞、堆石洞、岩石洞与岩穴	如贵州龙宫景区，集溶洞、峡谷、瀑布、峰林、绝壁、溪河、石林、漏斗、暗河等多种地质地貌景观于一体，是具有喀斯特山地形迹观光、研学、攀岩等功能的综合旅游地
	自然变动遗迹	重力堆积体、泥石流堆积、地震遗迹、陷落地、火山与熔岩(遗迹)、冰川堆积体、冰川侵蚀遗迹	如腾冲地壳运动活跃，火山喷歇后，岩溶冷却，形成休眠期火山 97 座，展示出火山类型齐全、规模宏大、分布集中、保存较完整的垄断性资源优势
水域风光	河段	观光游憩河段、暗河河段、古河道段落	如黄河壶口瀑布是中国第二大瀑布，此河段两岸石壁峭立，河口收束狭如壶口，因山地的垂直高差，河水从超过 20m 高的陡崖上倾注而泻，才得以形成气势磅礴的壮观景象
	天然湖泊与池沼	观光游憩湖区、沼泽与湿地、潭池	如因山地地质过程遗迹以及河水侵蚀和溶蚀作用，黄果树瀑布一带形成了诸多裂隙、溶洞、坍塌地貌，造就了以瀑布、跌水等为主要特征的山地景观
	瀑布	悬瀑、跌水	
	泉	冷泉、地热与温泉	
	冰雪地	冰川观光地、长年积雪地	如玉龙雪山，山顶海拔高，其冰川属海洋性冰川，冰川常年不化，成为独特的观光旅游资源
生物景观	树木	林地、丛树、独树	如贵州百里杜鹃景区，海拔 1 000~3 000m，因几十公里的杜鹃花而闻名，每年到了花季，漫山遍野的杜鹃花与景区内因高梯度效应生长的其他花卉、原始林地等相结合，塑造出起伏有致的山原花海风光
	草原	草地、疏林草地	
	花卉地	草场花卉地、林间花卉地	
	野生动物栖息地	水生动物、陆地动物栖息地、鸟类栖息地、蝶类栖息地	

主类	亚类	基本类型	典型旅游地
天象与气候景观	光现象	日月星辰、光环现象观察地	如峨眉山，有明显的山地高梯度效应，山顶高出周边平原 2 700m，温度明显低于周边地区，是夏季避暑胜地；区内低云、多雾、雨量充沛，年平均有雾日为 322 天，再加上山顶海拔高、视野开阔，是观看云海、日出和佛光的绝佳之地
	天气与气候现象	云雾多发区、避暑气候地、避寒气候地、极端与特殊气候显示地、物候景观	

表 3.3　山地人文旅游资源及典型旅游地

主类	亚类	基本类型	代表性旅游地
遗址遗迹	史前人类活动场所	人类活动遗址、文化层、文物散落地、原始聚落	如万里长城，它是我国古代封建王朝为保卫疆土和防御外敌依山而建的宏伟工程，具有深厚的历史底蕴，反映出军事、交通与建筑等古代文化特征，也凸显了古人对山地等具有战略地位自然地理环境有效利用的智慧
	社会经济文化活动遗址遗迹	历史事件发生地、军事遗址与古战场、废弃寺庙、废弃生产地、交通遗迹、废城与聚落遗迹、长城遗迹、烽燧	
建筑与设施	综合人文旅游地和单体活动场馆	教学科研实验场所、康体游乐休闲度假地、宗教与祭祀活动场所、园林游憩区域、文化活动场所、建设工程与生产地、社会与商贸活动场所、动物与植物展示地、军事观光地、体育和游乐馆场	如泰山，地质构造十分复杂，形成高大威武的山地景观，因其被古人视为"直通帝座"的天堂，修建有祭祀场所，成为百姓崇拜、帝王告祭的神山，是具有游憩娱乐、宗教祭祀、教学科研等功能的综合性人文旅游地，被纳入世界文化与自然双遗产名录
	景观建筑与附属型建筑	佛塔、塔形建筑物、楼阁、石窟、长城段落、摩崖字画、碑碣、广场、人工洞穴、建筑小品	如麦积山石窟，相对海拔并不高，但因独立孤峰上存有 200 多座洞窟、1 万多身泥塑石雕、1 千余平方米壁画而成为中国四大石窟之一，是以建筑及其附属物而取胜的山地景区
	居住地、社区、归葬地	传统与乡土建筑、特色街巷、特色社区、名人故居与历史纪念建筑、书院、会馆、陵区陵园、墓地	如西江千户苗寨，由 10 多个依山而建的民族村寨在山麓地带相连成片，山坡有大量民居建筑和设施，还有梯田等农业景观，是具有明显生活气息的居住地，目前已成为贵州知名山地景区之一
	交通和水工建筑	桥、航空港、栈道、水库观光游憩区段	如贵州北盘江大桥，位于高原边界深山地区，因其横跨于北盘江 565m 之上而成为世界最高桥，成为当地地标性建筑

主类	亚类	基本类型	代表性旅游地
旅游商品	地方旅游商品	菜品饮食、农林畜产品与制品、中草药材及制品、传统手工产品与工艺品、日用工业品、其他物品	山地因其海拔而孕育了很多在平原或低海拔地区无法生存的物种，并形成了独特山地民俗文化，成为地方旅游商品的主要来源。如天山天池景区的主要地方旅游商品有民族服饰、乳制品、雪莲等
人文活动	人事记录	人物、事件	如狼牙山，因其奇峰林立、峥嵘险峻、状若狼牙而得名，但因"狼牙山五壮士"历史事件而闻名，是爱国主义教育基地
	民间习俗和文化	文艺团体、文学艺术作品、民俗	如藏族世居山地和高原地区，其饮食主要以适宜高海拔生长的粮食和牲畜为主，牛肉干、青稞酒和油酥茶等为特产，藏族医药、服饰、民族节庆也独具一派，体现出山地高原特色
	现代节庆	旅游节、文化节、商贸农事节、体育节	

山地是以自然地貌为主的旅游地，其旅游资源除以自然景观为主外，还有以自然地理环境为基础的人文旅游资源。但凡有人类居住的山地，都有建筑设施和人文活动，根据山地具体情况，内容和数量有所不同；人类曾居住过的山地，则会留有遗址遗迹。这些旅游资源大多不是以山地自然环境吸引游客，人们更多地关注人文色彩，所属景区也较少打"山地"牌。如西江苗寨，作为国内知名的以苗族社区为特色的景区，是以山地为主要自然地理背景的，但无论是在对外营销上，还是旅游产品类型上，都较少以"山地"为特色向外推广产品，甚至很多旅游地的文化旅游产品基本不涉及山地元素，只是突出文化元素。因此，现阶段大部分以民族和文化为主导的山地景区都"掩盖"了山地旅游的"自然"（与文化相对的概念）特色，将以人文为主要特色的旅游地归属于山地类型有点牵强。因此，表3.3中所列出的山地旅游资源基本类型的代表性旅游地，大多不属于知名的山地景区，而是被普遍认为的民族旅游地或者文化旅游地。我国以民族文化为主要特色的山地景区大多分布在西南地区，而宗教名山、文化名山则主要分布在我国东部地区，与历史和社会经济发展密切相关。

产品的综合性。 旅游吸引物是旅游客体，旅游资源和旅游服务组成的旅游产品是其外在表现形式。[①]如前所述，山地旅游资源依赖于山地自然地理环境，以旅游资源为依托的旅游产品和服务也具有鲜明的山地特点，且表现出明显的综合性。（表3.4）

———————

① 吴晋峰，段骅. 旅游系统与旅游规划 [J]. 人文地理 ,2001, 6(5):62-65.

表 3.4　山地旅游产品与主体资源的对应

产品类型	产品细分	旅游活动类型
观光旅游产品	山体观光	山地旅游地综合自然景观、沉积与构造、地质地貌过程形迹、自然变动遗迹、山石、洞穴等观光
	水体观光	天池、瀑布、山泉、雪山、冰川等观光
	生物观光	山地森林、草原、花卉地、野生动物栖息地等观光
	民俗观光	山村景观建筑与附属建筑、山地社区、归葬地、桥梁和山路、溜索、水工建筑、地方旅游商品、山地民间习俗及习俗、现代节庆等观光和体验
	峡谷观光	沉积与构造、地质地貌过程形迹、峡谷、景观河段、湖泊、池沼湿地、瀑布、泉、树木、草原与草地、花卉地、野生动物栖息地、人文活动等观光
	天象气候	山地物候、山地垂直带谱、佛光、日出和日落、山地雨雾雪等观光
度假旅游产品	避寒暑	夏季避暑、冬季山谷避寒等
	露营	在山地开阔高地、湖边、草地、花卉地体验山地良好生态和风清月明氛围
	休闲康体	山地生态环境、生态食品、社会民俗、温泉、山地森林负氧离子等体验,徒步、马拉松、攀岩等山地运动也是强身健体的重要途径
专项旅游产品	科考探险	综合自然旅游地、沉积与构造、山地地质地貌过程形迹、自然变动遗迹、生物生存环境、天气与气候现象、社会经济文化活动遗址遗迹等科学探索和研学旅游体验
	赛事、节庆游	山地越野、自行车、赛跑、滑雪等体育赛事,民族节庆和现代节庆活动体验
	亲子主题游	瀑布、泉、冰雪地、树木、草原与草地、花卉地、野生动物栖息地、光现象、天气与气候现象等自然观光和科学探索、单体活动场馆、戏水、观雪、滑雪、滑沙等娱乐项目体验
	购物	购买山地土特产和地方旅游商品,品尝山地美食

3.3.3 市场系统

市场构成及趋势。游客系统由所有具有实际旅游能力(可自由支配收入和时间、旅游动机和健康的体魄)的现实和潜在游客构成。尽管潜在游客并没有在旅游地域空间内实践,但是利益相关者在旅游策划、营销、建设过程中,会较多考虑潜在游客的需求,并据此采取相应的策略,对旅游地造成了实际影响,所以潜在游客是旅游市场不可分割的一部分。

随着人们休闲假日时间越来越灵活、可自由支配收入越来越高、对健康和精神愉悦诉求不断加大，旅游日益常态化。相较于山地，平原地区经济和社会较为发达，旅游需求大，对山地的"求新求异"动力足。特别是发展中国家经济振兴，游客总量增加，旅游需求类型会更加多样。而山地旅游资源多样、综合和独特，具有健康和生态属性等，使未来山地旅游将会持续发展，旅游市场规模将会稳中求进，市场构成也会更为丰富。

山地旅游产品因市场而不断提升和多样化。山地旅游资源决定了旅游产品，旅游产品与一定个性和人口特征的游客相对应。旅游产品在设计过程中，须关注游客年龄、经济收入、时间（包括时间点和时间长度）、个性偏向等。不同年龄阶段的身体状况具有较为普遍的特征，一般老年人体力有限，中青年精力旺盛、耐力强，青少年好奇心强，幼儿需要家长看护和照顾。在旅游过程中，产品和服务的选择就会各有倾向；经济收入较高的人群较少考虑旅游花销，更注重旅游体验和服务的高品质；退休人员和自由职业者时间较为自由，无论是时间点还是时间段都灵活；普通工薪阶层大多在节假日高峰出行，且时间较短，教师和学生在寒暑假期间外出较多，其他职业也具有各自特征；个性偏向较复杂，生性好动者喜欢运动和休闲娱乐类产品，好静者则更青睐于观光和度假类。山地旅游非常适宜细分化供给，[1] 无论哪一种类型的游客，在山地都可以找到适当的旅游产品进行消费。山地旅游产品和服务与旅游市场之间不是一一对应的关系，也绝非一成不变，在社会发展不同时期，随着人们旅游经验和认知的提升，同一山地旅游产品所对应的旅游市场会越来越广泛，同一旅游市场类型所偏好的旅游产品也会越来越多样。

3.3.4 保障系统

政策。山地较为偏远，经济发展落后，包括旅游在内的发展资金短缺；交通等设施建设难度大，技术要求高，与本地封闭的社会形成鲜明对比，可达性较差；物质、能量流动的单向性和信息流动渠道的窄幅性使山地对外形象较难宣传；外出务工人口与输入人口的较大差距，以及山地就业的单一性，使山地建设缺乏人才；山地坡度和海拔条件下的可利用土地较少，农业、工业等生产用地和山地居民的生活用地与旅游用地之间的冲突较难通过民间协商解决；旅游业的关联性和对其他产业的依赖性决定了在发展过程中，需要协商各部门的利益；产业发展的拓展空间小，较少企业和个人愿意从事投资大、收入少、收益慢的项目，基础设施和公用设施不完善。资金短缺、形象宣传、用地限制等问题很难通过个人或个别企业解决，只能通过政策引导解决发

---

[1] 　国际山地旅游联盟 . 世界山地旅游发展趋势报告（2020 版）[R/OL]. （2020-05-29）[2021-01-07]. http://www.imtaweb.net/xwzx/lmdt/20210107/20210107_623456.shtml.

展瓶颈，规范市场运行，从而保障旅游业建设和发展在山地的顺利推进。

基础设施和服务设施。尽管野营、自驾、房车、徒步等旅游类型减少了对道路、基础设施和服务设施的需求，但道路等基础设施是进入旅游地必不可少的。山地旅游类型多样，完全"自助"的旅游形式越来越多，大众旅游需求总量会持续增长，基础设施和服务设施则能保证大众市场的顺利通行。

社区支持。山地民风淳朴，历史文化保存相对完整，较少受到现代文化的冲击，对外界具有强大的吸引力。山地地域系统内外较大的文化差异一方面增加了山地旅游的吸引力，另一方面旅游主客双方在接触过程中极易使山区因经济落后而产生文化不自信，从而出现异化。山地居民对旅游发展的认同及正确认知，则会改善整体社会氛围，有利于营造良好的旅游环境，并使社区经济融入山地旅游的发展过程中，最大程度地发挥旅游对山地经济、社会发展的积极作用。

3.3.5 山地景区人地关系形成的特殊性

地貌是影响山地旅游人地关系驱动力的关键要素。山地旅游活动依赖于山地地质地貌、山地气象水文、山地生物景观和山地人文环境等。以山地这一三维地貌为基础的人—地关系地域综合体，造就了差异性的旅游资源和环境，生产出特色化和差异化的旅游产品，对旅游地域系统外的市场产生巨大吸引力。因此，从根本上来说，山地区别于其他地貌的主要特征（海拔和相对高度）是其吸引力产生的主要来源，森林、温泉、河水等其他地域环境同样存在的要素也属于山地旅游资源，其具备了更加丰富和多样的形态。

山地景区的特殊性源于以高梯度效应为代表的山地地理环境。山地旅游地域系统的旅游产品和服务是依托于一定旅游资源而形成的，旅游活动是对旅游产品和服务的消费，并对山地景区内的要素产生了直接或间接的影响，促使各要素发生改变。这一改变不仅是自身结构和功能的变化，同时对相关要素产生连锁反应，并反馈于原动力因子，使山地景区内的人地关系发生变化。无论是何种地域类型，只要受到旅游活动的影响，其人地关系都会发生改变，表现于要素、结构、功能等内容。而山地景区的特殊性及其对整个旅游地域系统的作用受旅游资源影响，也在于除去可以作为旅游资源的（如良好的生态环境）、与旅游吸引力关系较大的地理环境要素等，及其所产生的山地系统本身运行机制和过程的改变（图 3.3）。

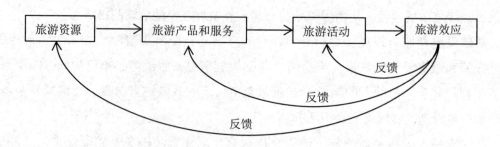

图 3.3 旅游人地关系地域系统形成机理

因山地高梯度效应的作用，山地不仅形成了具有层次性和多样性的旅游资源，而且生成了具有阶梯性的气候和环境类型，成就了旅游开发的本底基础，使地域系统内部呈现相间分布的、多种类型共存的、有规律的自然存在和人文风情状态，形成了各自适宜的旅游发展模式，产生不同的旅游效应，进而反作用于旅游要素。因此，以山地高梯度效应为代表的山地地理环境是山地景区人地关系受到旅游驱动力发生变化，并产生区别于其他地域特征的主要内因。

山地景区的复杂性。地域系统有其自身的构成及功能、驱动力及地理过程、地域分异等，[①] 这为地域系统之间的区别研究提供了思路，也是山地景区人地关系地域系统特殊性的主要表现方面。在水平尺度上，山地地域环境受到纬度地带性和海陆地带性的影响，以基带为基础形成了旅游资源具有明显区域差异的大区分布格局。在此背景下，具有一定高差的山地地貌造就了同一山地内旅游资源在不同海拔的分异，且在迎风坡和背风坡、向阳面和背阳面、山谷和山坡上表现出较大差异，让本就复杂的山地人地关系在不同地理条件下有各自的资源利用方式，微观领域内的人地关系要素和相互间的作用方式也会因为山地坡度大小、环境脆弱性、物质能量流动的单向性等变得更为复杂。三维地貌体是山地旅游吸引力和竞争力的根源，也是山地景区形成的基础，同样也是其人地关系特殊性和复杂性的根本原因。

3.4 山地景区人地关系地域系统的供需分析

不同分析视角下旅游系统构成有所差别，从旅游活动的形成来看，旅游系统分为主体（游客）、客体（旅游吸引物、社区、地理环境、相关设施和服务等）、中介（交

---

① 薛兴华 . 从地域综合体解读人地关系地域系统 [J]. 云南地理环境研究 ,2012,24(1):37-42.

通、媒体等）、保障和支持四部分。①② 尽管此种系统划分能清晰反映旅游活动的运行，但较难揭示旅游地"人"与"地"之间的联系，不利于人地关系作用机制的细化分析。旅游主体来自山地地域系统外部，但它是客体和中介功能实现的动力载体，在旅游地域系统内与其他要素相互联系和相互作用，属于景区人地关系的关键构成之一。尽管外部系统在空间上独立于景区，但外部经济和政治环境会通过旅游需求影响对景区的选择，也属于景区人地关系分析的重要因子。

山地景区是以旅游为主要驱动力的地域复杂系统。山地景区作为一个边界相对清晰、在地生产和运营的系统，有其生产基础和产品供给子系统、消费需求子系统；现实游客的旅游活动和潜在游客的需求作为主要媒介发挥其系统主要驱动力作用促进其发展变化，使山地景区不同于一般人地关系地域系统，系统构成、形成机理及格局等均具有其特殊性。

3.4.1 基于"地"的山地景区基础供给系统

山地地理环境是山地旅游形成的最基础条件和供给系统，三维立体地貌是山地的最典型特征，并以此衍生出具有生态保障功能、山地高梯度效应、丰富资源、脆弱生态环境、社会系统相对封闭、物质能量耗散非均衡等特征的复杂山地地域系统。③④ 地域功能的形成取决于人口、资源、经济、生态环境，⑤ 而旅游是以游客"探新求异"为主要目的的体验活动，山地地理环境的特殊性使其旅游吸引力的产生具有天然优势。随着现代旅游需求越来越多样化和个性化，山地不同于人类主要居所（平原和盆地），地理环境的各要素都可以作为吸引游客的要素，从而产生了地学和生物景观观光、避暑、小气候体验、探险、滑雪、徒步、民俗体验、度假、康养、户外休闲等多种旅游形式，形成了以不同地貌和地理环境为主要特征且具有各自旅游市场的山地景区。

3.4.2 基于满足旅游体验的市场需求系统作用于供给系统

山地是我国传统的旅游目的地，也是继海滨之后的世界第二大旅游目的地。作为

---

① 吴必虎 . 旅游系统：对旅游活动与旅游科学的一种解释 [J].1998(1):21-25.

② 吴晋峰，段骅 . 旅游系统与旅游规划 [J]. 人文地理 ,2001, 6(5):62-65.

③ 明庆忠 . 山地人地关系协调优化的系统性基础研究——山地高梯度效应研究 [J]. 云南师范大学学报 (哲学社会科学版), 2008, 40(2):4-10.

④ 钟祥浩，刘淑珍 . 科学构建中国山地生态安全屏障体系确保国家生态环境安全 : 中国环境科学学会学术年会论文集 (2010) [C]. 北京 : 中国环境科学出版社 ,2010:634-638.

⑤ 盛科荣，樊杰 . 地域功能的生成机理 : 基于人地关系地域系统理论的解析 [J]. 经济地理 ,2018,38(5):11-19.

全球旅人的"旅游圣经",《孤独星球》每年推出的最佳旅行地推荐榜单,山地旅游目的地占到一半以上。巨大的旅游市场不仅使山地资源发挥其旅游功能和价值,还在一定程度上促使社区采取必要的手段对旅游地进行适当的调整和改造,以积极适应和满足旅游需求。在此过程中,为追求利益最大化,包括多方利益主体在内的群体开发山地旅游资源,以期通过满足游客期望达到各方利益的最大化。

游客是旅游活动的主体,也是推动旅游景区人地关系演化的动力源。在游客到来之前,山地遵循自己的演化规律在自然作用下进行物质搬迁、能量流动,社区居民通过农业、矿业、林业等以自我生存和发展为主要目的开发山地资源,景观价值等无法实现。旅游市场催生了山地景区人地关系的改变,且这种变化打破了山地系统内部的封闭性和不平衡性,是以新的地域功能为机制注入新要素,作用于山地旅游供给系统,对山地原有系统的影响较为深刻。

3.4.3 山地景区"人"—"地"作用的特殊性

区域演化的动力主要以区域自身的禀赋和所采取的发展策略为依据。以观光为主的游客在景区除日常能量和物质消耗之外,还间接改变了旅游地的交通、建筑、产业、社会文化等。非观光类型旅游活动需求更为多样,对景区产生的影响更大。而山地旅游表现在以山地地貌为基础的旅游活动的特殊性,"人"—"地"关系作用机制不仅要关注"地"的特殊性,更加要关注"地"反馈于人类旅游活动及两者作用方式和内容的特殊性。为协调好人地关系,必须正确认识地理环境与人类活动、人类活动之间、地域系统区际之间的关系。[①]

①山地地理环境增加旅游活动丰度,增加人地作用复杂性和难控性。

与其他旅游地不同,山地旅游景区除具有一般地域系统的综合性、多维性和层次性、整体性、开放性、动态性、突变性、非线性、自组织性等特征之外,[②③④⑤]也具有一些特质。与平原地区的旅游地最大的不同在于,山地是具有一定海拔和相对高度的地貌类型,这使得在相同条件下,山地具有更加立体和丰富独特的景观,也为开展溪降、滑雪、冰川、登山、徒步、攀岩等具有垄断性和参与性更高的旅游活动提供了可

① 明庆忠. 人地关系和谐:中国可持续发展的根本保证——一种地理学的视角 [J]. 清华大学学报 (哲学社会科学版),2007,6(22):114-121,142.

② 马蔼乃. 地理复杂系统与地理非线性复杂模型 [J]. 系统辩证学学报 , 2001, 9(4): 19-23.

③ 甘国辉 , 杨国安. 地理学与地理系统复杂性研究 [J]. 系统辩证学学报 , 2004, 12(3): 78-83.

④ 段晓君 , 尹伊敏 , 顾孔静. 系统复杂性及度量 [J]. 国防科技大学学报 ,2019,41(1):191-198.

⑤ 房艳刚. 城市地理空间系统的复杂性研究 [D]. 长春 : 东北师范大学 ,2006.

能性。随着海拔上升，温度降低，土壤和生物产生梯度变化，[①] 进一步增加了山地景观的多样性，塑造了不同类型组合的山地旅游活动（图 3.4），也促使不同地理条件下的山地采取各自合理的发展模式。[②] 但与此同时，与平原相比所具有的相对高差使坡面物质不稳定性增加，山地环境的脆弱性及其物质能量流动的不可逆性和不平衡性使山地系统内部变化的突变性和非线性表现明显，而外部因素作用于山地地域系统所产生的效果可控性变小。山地远离经济发达地区、经济基础薄弱、人口稀少、社会结构单一，其系统的脆弱性远高于城市地区，[③] 社会经济系统也更容易受到旅游活动的影响而发生突变。

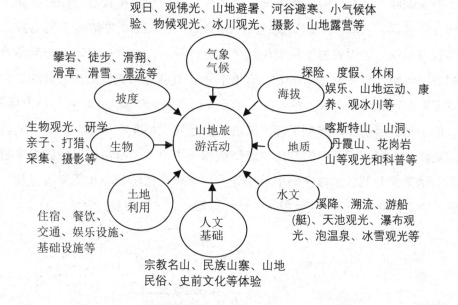

图 3.4 不同山地地理环境的旅游活动类型组合

②多利益主体相互依赖促进人地关系和谐。

人类社会组成要素的变化必然引起人地关系的重大调整，人与地之间的矛盾主要源于人类社会自身。旅游利益相关者之间具有不同的价值倾向。由于山区落后的经济和发展诉求，社区居民和当地政府为改善民生积极开发旅游业，旅游企业及其相关企业在此过程中获利，基础设施、旅游设施、相关服务行业也相应地完善起来，出现一

①　明庆忠. 山地人地关系协调优化的系统性基础研究——山地高梯度效应研究 [J]. 云南师范大学学报(哲学社会科学版), 2008, 40(2):4-10.

②　翁瑾，杨开忠. 旅游系统的空间结构 : 一个具有不对称特点的垄断竞争的空间模型 [J]. 系统工程理论与实践 , 2007, 27(2):76-82.

③　钟祥浩. 加强人山关系地域系统为核心的山地科学研究 [J]. 山地学报 ,2011,29(1):1-5.

荣俱荣的情景。山区对经济发展较高的诉求，造成利益相关者主要围绕经济利益展开生活和社会生产活动。

游客属于旅游景区人地关系的"流物质"，旅游活动结束后就返回客源地。由于山地地理环境形成了较为封闭落后的社会经济和文化发展状况，作为旅游景区地域系统"稳定物质"的社区居民则以经济利益为主，也注重对山地原有生活、生存环境的保护；山地经济活动和产业的发展受限于海拔、坡度和资源，包括旅游在内的当地企业，特别是外来企业和个人较少关注旅游给当地带来的负面效应，当这一效应影响市场发展时，他们也会积极融入环境保护的队伍；政府在旅游发展过程中发挥宣传、引导、促进、制度保障、资金支持、环境维护等功能，对山地脱贫致富目标和发展路径起到宏观调控等作用；NGO(Non Government Organization)是依托于其他社会要素形成的非政府组织，主要致力于环境和社会文化的保护；安全与稳定的外部环境则起到补充和协调作用（图3.5）。无论出于什么目的，在对旅游景区旅游发展的条件和旅游发展效应有了正确认知之后，各利益主体都会积极保护环境，采取可持续发展的方式。城市等旅游地的经济活动类型多样，旅游一般起锦上添花的作用。但对于大多数山地来说，资源、人们利用资源的方式和经济结构较为单一。特别是以旅游为主要发展驱动力的山地景区各利益主体之间相互依赖，只有保证旅游资源和环境可持续、文化保存完好、旅游设施完善，才能从根本上促进旅游业和山地的长远发展。

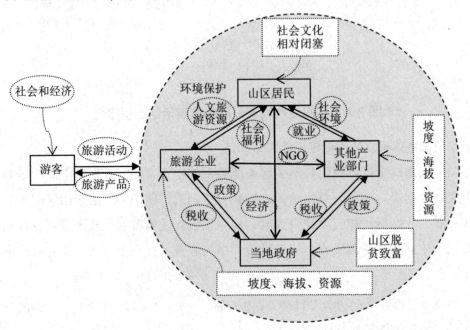

图3.5 山地景区"人"—"人"关系图

　　山地景区人地关系中"人"与"人"之间的关系源于游客，反馈于游客，可以通过游客反映人地关系中的动力作用，折射出景区旅游发展的状况，以及对山地地域系统直接作用的外来要素总量的大小。特别是对于一些较少有人类居住的山地来说，只能通过游客而非旅游地居民才能体现人地关系中"人"的作用。旅游市场作为"人"的因素，是山地景区人地关系演化的直接推动力，也是引发山地地域系统多方利益主体围绕山地旅游资源进行开发和相互之间协调的根本出发点。但由于山地具有生态保障功能，国内很大部分山地位于生态脆弱区内，旅游活动及相关建设和服务则需要将环保作为底线，引导甚至限制游客旅游活动，使山地旅游驱动力不得不密切关注山地的自然演化规律。

第4章 山地景区人地关系的时空演进

系统结构、状态和功能等随时间不断变化的过程即为系统演化。[①]在旅游活动介入前后，山地地域系统要素和发展动力机制发生了较大的变化，这种变化不仅体现在空间上，还有随时间功能和价值所发生的改变。哪些方面最能体现整个系统的变化方向，如何表述其演进的过程，"人"和"地"的变化在空间上是否有分异趋向，这种变化的过程是否具有阶段性，将此作为判断其变化机制的主要依据是否具有客观性和合理性，则是山地旅游人地关系时空演进研究需要解决的问题。本章在梳理山地景区人地关系地域系统要素体系的基础上，构建其演化评价的概念模型，并对山地景区人地关系演化特征作出评判。

4.1 山地景区人地关系演化评价

人地关系演化指标体系的建立，是目前为止人地关系状态评价的关键点和有效方式之一。诸多学者根据研究目的构建了评价指标体系，并在地域系统人地关系的发展历史、现状基础上，对其进行预测或给出具有指导性的对策。人地关系地域系统属于复杂巨系统，其含有的要素众多，包括经济增长子系统、社会进步子系统、资源环境支持子系统、可持续发展能力子系统等子系统层和几十甚至几百个要素。[②③]大多研究都有涉及社会经济指标，但有关人口本身考量的只有人口数量、密度等的变化分析。变化一般是指量的改变，演化或演变一般是指质的变化。在人地关系演化过程中，部分研究以近年的历时数据作为来源，判断人地关系变化的过程，但没有区分出人地关系在中观时间尺度上的演变阶段，在驱动力的主要构成和作用机理中，就较难有质变分析。特别是针对一些在短时间内有较大人地关系变化的地域系统来说，就很难判断其变化阶段和机理。

① 马建华, 管华. 系统科学及其在地理学中的应用 [M]. 北京 : 科学出版社, 2003:95-100.

② 毛汉英. 山东省可持续发展指标体系初步研究 [J]. 地理研究, 1996, 15(4): 16-23.

③ 中国科学院可持续发展研究组. 2001 中国可持续发展战略报告 [R]. 北京 : 科学出版社, 2001

4.1.1 山地景区人地关系要素

4.1.1.1 山地景区人地关系要素体系

PRED（人口 Population，资源 Resources，环境 Environment，发展 Development）是人地关系的基本构型，[①]是典型的以指标体系来分析人地关系变化的思路。山地景区人地关系地域系统涵盖 PRED 四个要素，但由于山地旅游资源的多样性和独特性使其包括与平原、盆地等不同的自然要素和人文环境，P、R 与 E 都可作为旅游资源的一部分。因此，采用传统的人地关系指标模型来分析其演化过程割裂了旅游驱动力下的山地环境变化和山地旅游资源特殊性之间的联系。区域人地关系可持续发展涵盖旅游、人口、社会、资源与环境等方面，[②]按照"人"与"地"相互作用及游客作为两者互动的重要动力，将山地景区划分为"人"与"地"，以及推动"人—地"之间关系不断变化的旅游市场等，构建山地景区人地关系要素体系（表 4.1）。

表 4.1 山地景区人地关系要素体系

系统层	子系统层	要素层
山地景区人地关系地域系统	"人—地"作用介质（旅游市场）	现实游客
		潜在市场
	"人"（山地人文环境）	社区居民
		产业部门
		当地政府
	"地"（山地自然环境）	山地地质 山地地貌
		山地生物
		山地水文 山地气候

山地景区是以山地综合体为主要空间范围，以旅游市场和旅游资源供需关系为主要驱动力的地域系统。其人地关系构成包括具有空间流动性的游客、相对稳定的物质和具有一定吸引力的山地自然环境以及根植于山地地域的当地社区和政府，是包括游客和当地从事生产、生活活动的"人"与以山地环境为主要表现的"地"之间的关系。山地景区人地关系演化分别体现在"人"和"地"，以及"人"—"地"两者之间的作

① 王黎明. 面向 PRED 问题的人地关系系统构型理论与方法研究 [J]. 地理研究, 1997,16(2):38-44.
② 章杰宽. 区域旅游可持续发展系统的动态仿真 [J]. 系统工程理论与实践, 2011, 31(11):2101-2107.

用机制。

现实游客和潜在市场与旅游产品的供需关系是山地景区人地关系演化的驱动力。现实游客以旅游资源的功能为引介直接接触山地社会和环境，而潜在市场则是通过引导消费走向促发旅游开发者和经营者主动提升产品和服务，从而改变山地景区内的要素和结构。山地景区旅游资源的丰富性使其在获得更多数量和类型游客的同时，加剧了对山地环境影响的深度和广度，并在山地海拔和垂直高度等效应下增加了环境的脆弱性和演化的不可逆性。

地质环境、生物和水文条件等山地自然地理环境是以旅游为驱动力的人地关系产生的前提和依托条件，不仅是自然旅游资源的主要构成，也是人文旅游资源形成的基础，影响着旅游建设和体验活动过程的安全性、便利性，是驱动山地旅游发展的主要动力之一，决定了"人"的生存环境及其以此为背景而形成的山地旅游"人文"诱因。土地利用是"地"变化的主要表征，海拔和坡度作为山地不同于其他地貌的主要特征，就成为土地利用变化分析的主要要点。作为可持续发展的重要指标，山地自然环境的保护成为人地关系演化中不可调和的限制因素，是被各利益群体接受的共同原则。

人地关系中的"人"是由个体组成的具有不同目标和行为方式的群体，生产和生活是其主要活动类型。山地地域系统内产业结构的变化和社区居民的生活变化是"人"在经济层面和社会层面、物质基础和精神领域的直接体现。山区相对封闭的社会环境和对经济发展的强烈诉求，使其能够形成较为一致的、围绕经济和环境可持续发展的价值认同。

4.1.1.2 山地自然环境、社会经济和文化的综合表征

在旅游过程中游客的游览活动和社区居民日常行为对山地的地质、地貌、水文、空气、生物等自然环境产生直接影响；另一方面，旅游企业、其他企业、政府、社区居民等根据现有市场和潜在市场的需求，对设施、景观、产业等进行适当改造，以便于旅游活动开展和旅游业发展，间接改变了山地景区的自然环境。所有的自然地理要素和人文要素综合作用于生态、生产、生活用地，改变了地表的构成，表现于土地利用上。土地利用转型对乡村聚落具有重构作用，[①] 不仅是山地人地关系中"地"变化的直接和综合体现，也反映出山地人地关系中"人"之间的作用方式。

物质范畴内的变化除了自然要素，还包括社会生产要素。经济活动是人类的基本活动，生产关系是人们赖以生存的物质基础，依赖于"地"所提供的自然条件，也是社会文化发展的决定因素。较为宏观的产业构成和国内生产总值以及较为微观的人均

---

① 冯应斌, 龙花楼. 中国山区乡村聚落空间重构研究进展与展望 [J]. 地理科学, 2020,39(5): 866-879.

收入等是"人"在经济领域变化的主要体现。人地关系不仅包括"人"与"地"在物质层面的作用及变化，同时包括"人"在意识领域对"地"认知的变化。意识领域的变化较难捕捉，可通过居民社会文化生活间接反映，表现于社区居民的人口构成、受教育水平、就业状况、基础设施和文娱设施、卫生和医疗服务等。经济和社会文化并非独立存在，两者相互依存，相互作用和融合，并通过人类生产和生活实践共同作用于地理环境。政府政策等作用于经济和社会文化，具有一定的强制性和先验性，不能作为旅游景区人地关系变化的指标，只能是社会经济变化的催化剂。

因此，土地利用主要体现山地自然环境的状态，而产业发展可以反映经济领域对旅游驱动力的响应和反馈，山地景区居民生活则是社会文化领域对旅游响应的显化（图4.1）。自然地理要素通过资源、土地利用和环境等决定山地经济和社会文化活动的范围和方式，人类活动则通过生产、生活行为反作用于山地自然环境。山地旅游资源具有多样性、综合性和广域性，山地景区内的要素是其吸引力的构成、形成基础或传播媒介，因此山地景区中旅游资源并非与项目如影相随，具有一定的隐匿性，和山地自然环境及人文要素无法割裂。

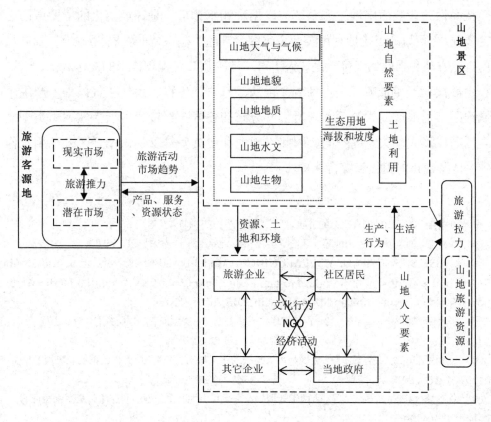

图 4.1 山地景区"人"—"地"关系图

4.1.2 山地景区人地关系演化评价的概念模型

1974 年，被联合国教科文组织视为典范的上古格尔模型包括四个方面：需求、人口经济与发展、农耕与生态的变化、土地利用的发展与控制，① 这是山地系统综合研究的初步理论和假设，② 为山地景区人地关系演化提供了分析思路。

驱动山地景区人地关系变化的直接推力为旅游市场，直接拉力为山地旅游资源，需关注不同旅游活动作用方式对"山"的影响力度有所不同。政府决策、山地地域系统外的经济发展和社会状况等，也会对旅游市场和旅游资源开发方式产生较大影响，这属于间接动力，可通过直接动力，即旅游市场和旅游资源起作用。

山地经济主要反映社会经济和个人收入，旅游从业人数及包括旅游业在内的山地产业结构，则是山地经济主要包括的内容。山地社会是以社区为载体的文化生活部分，由受教育水平、医疗条件、基础设施、文娱生活等构成。

土地利用类型是人类为自身生存和发展而凭借土地的某些属性，在其之上进行的生产、生态、生活活动过程的结果。③④ 土地利用类型通过改变大气成分、土壤和水体等下垫面性质影响着陆地生态系统的碳循环和水循环，是环境变化的主要原因之一和综合表现，⑤ 可以通过土地利用类型变化综合判断生态系统的发展状况，⑥⑦ 反映出人们利用自然方式和强度的变化，是"人"对"地"认知过程和作用的变化。山地生态、生产和生活活动严重依赖于山地地貌、地质、水文、生物、大气和气候等，产生了因这些制约因素所形成的人类活动场所空间分布的差异，直接表现于土地利用类型之上的人类活动以及人地关系的不同。因此，土地利用类型是反映山地景区人地相互作用关系中"地"变化的直接和综合要素。

① 张荣祖 . 国际山地综合研究的进展 [J]. 山地研究 ,1983,1(1):48-58.

② 钟祥浩 , 刘淑珍 , 等 . 山地环境理论与实践 [M]. 北京 : 科学出版社 ,2015:9-10.

③ GESSESSE B, BEWKET W, BRAEUNING A. Model-Based Characterization and Monitoring of Runoff and Soil Erosion in Response to Land Use / land Cover Changes in the Modjo Watershed, Ethiopia[J]. Land Degradation and Development,2015,26(7): 711-724.

④ 张大伟 , 胡长群 , 何怀江 , 等 . 吉林省辽河流域土地利用类型演变过程研究 [J]. 森林工程 ,2020,36(5): 45-53, 61.

⑤ 张新荣 , 刘林萍 , 方石 , 等 . 土地利用、覆被变化（LUCC）与环境变化关系研究进展 [J]. 生态环境学报 ,2014,23(12): 2013-2021.

⑥ 鲁韦坤 , 李湘 , 余凌翔 , 等 . 云南省陆地生态系统和土地利用类型的 NDVI 时空变化特征 [J]. 气象与环境科学 ,2020,43(3):71-77.

⑦ 吴文婕 , 石培基 , 胡巍 . 城市化背景下河西走廊 LUCC 的人文驱动力分析 [J]. 水土保持研究 ,2011, 18(3):88-91,96.

用旅游市场作为驱动力说明山地景区人地关系发展变化及其阶段性特征；以 GDP 总量和包括旅游业在内的产业发展状况作为"人"的因素及其经济领域对旅游驱动力响应和反馈的分析要点；以山地不同海拔、地形、生物环境、不同阶段下土地利用类型变化作为人地关系整体格局变化和自然环境对旅游驱动力响应和反馈的分析要点；以山地景区内社区居民生产生活状态作为人文社会环境对旅游驱动力响应和反馈的分析要点，构建山地景区人地关系变化评价指标体系，[①] 如表 4.2。在旅游市场通过直接的旅游活动和间接的引导作用于山地旅游地的"人"和"地"的过程中，简化的要素业已通过其他要素来综合表征，如土地利用综合表征山地自然地理环境的变化；政府获得的税收等可以通过旅游业和其他企业的运营情况表现，而其他产业的发展情况则可通过旅游业在国民经济中的比例反映。推动旅游及其人地关系不断发展的间接动力是通过直接动力发力，属于简化要素的内容。

表 4.2　山地景区人地关系演化评价概念模型

人地关系	要素指标	评价指标
"人"	山地经济	人均收入、旅游业从业人数与总人口、旅游收入及占 DGP 比例、产业结构等
	山地社会	社区人口数、受教育水平、社会福利等
"地"	山地环境	不同海拔、坡度、自然地理条件下山地土地利用类型等
直接动力	推力——旅游市场	旅游人次、潜在市场、山地旅游活动方式等
	拉力——旅游资源	多样性、独特性、季节性、开发适宜性等
人地主要矛盾	主要作用方式	农业、旅游业、产业体系等
	需解决的主要问题	生计、发展、旅游主导下的"三生"共同发展等

从地域系统构成来看，山地景区人地关系评价不仅要充分认知山地地域系统内部的各种自然、人文要素，同时还要关注地域系统外对旅游活动正常运营起保障作用的因子。中国经济发展快速稳定，社会安定，保障因子良好，可不做分析。

经济发展水平、人口发展程度和国土开发强度 3 个高度凝练的指标是人类活动施压

---

① WANG J, MING Q, LOU S, et al. The Conceptual Model of Evaluating Humanenvironment Relationship in Mountain Tourism Destination[J]. Basic and Clinical Pharmacology and Toxicology, 2020, 127(SI):163.

强度的核心指标，①②分别体现了人类活动对经济、社会、环境的作用。经济、社会与环境是区域可持续发展的重要指标，也是山地旅游人地关系发展判断的主要指标，不仅可以反映旅游对这三个领域的作用，以及三者对旅游的反馈，同时也体现出旅游在山地发展的功能和效应。这些指标所涵盖的内容是人地关系的主要要素，对要素内涵及其形成和变化机理的剖析，可以反映出人地关系系统内部的相互作用方式，是山地旅游人地关系演化分析的桥梁，其相互间的主要矛盾及解决方式是判断人地关系演化的阶段的主要指标。

4.2 旅游驱动下的山地景区人地关系演化

山地旅游人地关系的演进，不仅是山地地域系统人地关系整体变化的过程，也是地域内部人地关系不断分异的过程。人地关系的演化，也是人对地的认知——"混沌未知、天人合一、人地相称、人定胜天、人地和谐"的演变过程。③

4.2.1 山地景区人地关系演进

受地形、经济和政策等因素综合影响，人地关系不同时段和不同区域的主导因素作用敏感性均有所差异，演化过程带有一定的不稳定性。④山地人地关系复杂，是重要的研究领域，⑤具有明显的阶段性。⑥一般旅游地的发展大致会经历 TALC 理论中所讲的大部分阶段，在旅游资源、旅游产品、旅游市场、旅游与环境的关系、旅游业速度、旅游企业竞争、旅游开发主题变换、旅游开发目标、政策倾向转移等方面存在随时间演变的过程。⑦旅游目的地人地关系变化不仅关注旅游本身发展，更注重旅游引起的区域"人"和"地"的变化。对于山地景区来讲，其人地关系演进是否和其他旅游地一致，是否存在特殊性，须结合山地旅游的特殊性才能对山地旅游发展历史演化进程中

---

① 杨宇,李小云,董雯,等.中国人地关系综合评价的理论模型与实证 [J].地理学报,2019,74(6):1063-1078.

② 敬博,李同昇,祁航,等.基于供需匹配模型的秦巴山区人地关系均衡状态及空间管控研究 [J].长江流域资源与环境,2020,29(3):654-667.

③ 李小云,杨宇,刘毅.中国人地关系的历史演变过程及影响机制 [J].地理研究,2018,37(8):1495-1514.

④ 商冉,曲衍波,姜怀龙.人地关系视角下农村居民点转型的时空特征与形成机理 [J].资源科学,2020,42(4):672-684.

⑤ 邓伟,熊永兰,赵纪东,等.国际山地研究计划的启示 [J].山地学报,2013,31(3):377-384.

⑥ 胡兆量.山区人地关系特征与开发的阶段性 [J].经济地理,1991(2):10-12.

⑦ 吴殿廷.山岳景观旅游开发规划实务 [M].北京:中国旅游出版社,2006:127.

不同人地关系阶段进行时间序列的划分。

4.2.1.1 开发前阶段——人地关系低位不协调

①**农业**。在旅游活动涉入山地地域系统之前，山地以原有的运行规律发展，主要为山地自然演进，以及山地传统产业和生活方式的较稳定状态。山地环境在重力、水动力、风化及其阻力的综合作用下演进，[①] 塑造了具有一定开发潜力的旅游资源。但跟矿产、森林、土地等传统资源相比较，旅游资源并没有被充分认识和利用，或不为外人所知，或不具备开发的条件。人地之间相互联系的主要方式为农业生产，依赖于山地土地资源及其植被和动物等，产生了以耕作、林业、畜牧和采集为主要人类活动方式的人地关系作用方式。此时，人与地之间关系变化的几率小，一方面，人类生产能力有限，劳作方式较为单一，科技水平落后使其应对自然变化的能力较弱，只有顺应自然规律才能有所收获和生存；另一方面，山地人口较为稀少，即使类似于"刀耕火种"的农作方式，也会在一定时间段内使得自然环境有所恢复。因此，此阶段山地人地关系大的变化主要缘于崩塌、滑坡、极端天气等"天灾"，且属于破坏性的演变。[②] 伴随这一变化的除山地水土流失，还有生物结构和生态环境的变化，在一定程度上增强了山地系统演化的抗逆性。由于山地海拔、地貌及气候不利于常规种植业的生产，山地农业生产的产值并不高；道路等基础设施建设对技术要求高和落后生产力之间的矛盾无法调和，山地居民物质生活条件无法得到有效和深层次的提升。尽管人类逐渐加大了对山地的认知，增强了其生产能力，但人们的生活质量持续得不到改善，人地关系长期处于低位不协调状态。

②**工业**。自然资源丰富的部分山区，逐渐有了工业，以及赖以存在和相互支撑的城镇发展，山地人地关系出现了较大变化。此时人们减少了对土地资源的依赖，耕地和林地不再作为唯一的生产资料，人类生产和生活的空间扩大。人地之间的联系增加了工业生产等方式，人对山地的利用方式更为多样，对山地环境的影响更为深刻。工矿业等不仅改变了山地部分地区的地貌，增加了山地地质灾害发生的可能性和对山地水资源的利用，扩大了对水、土壤、大气等的污染途径，改善了山地道路等公用设施和服务，丰富了山地生产和生活方式，还深刻地刺激山地社会文化领域发生变革。人们的价值观念伴随经济发展和山地以工业为驱动的对外开放出现变化，作为人地关系中"人"的因素对驱动力的响应。同时，在价值观念和环境感知趋势下，人们对山地的开发方式也会适当调整，加速或延缓环境改变的进程。相比农业，无论是人－地之间作用的区域范围，还是作用力度，工业的发展对山地人地关系的改变更为深刻，人们

---

①　钟祥浩,刘淑珍,等.山地环境理论与实践 [M].北京:科学出版社,2015:51-52.

②　钟祥浩,余大富,郑霖.山地学概论和中国山地研究 [M].成都:四川科学技术出版社,2000:63-65.

不再是小幅度地利用山地自然资源，顺应山地原有的自然运行规律，而是增加和改变对资源的利用方式，以获得更多的收入。随着工业带来 GDP 的增加和经济水平的提升，山地地域内人口的数量增加、就业结构多样化、基础设施开始完善、产业构成复杂化等，人们对山地资源的认知更为深入，对其利用更加多样，以土地利用为基础的山地自然环境出现较大范围和程度的改变，人地关系出现质变。广西平果市土地中石山占 50% 左右，历史上因典型的山地地貌长期处于贫困地区。但石山蕴含有大量的矿产资源，包括铝、铁、钛、铁、锰、朱砂、冰洲石、金、银等十几种矿藏，其中铝的储量和品位在世界上居于前列。从 50 年代初建立平果县（今平果市）以来，不断摸索发展道路，形成了以工矿为主要产业的发展道路，人口数量不断增多，产业结构不断完善，经济发展水平逐渐提高，二产所占比例达 60% 以上，2019 年被评为年度全国综合实力百强县市、全国新型城镇化质量百强县市，其境内的山地人地关系从农业为主导转变为以工业为主导，且人地关系随着生活、生产、生态的不断改善逐渐协调。

③**旅游业初进入**。旅游是社会经济发展的产物，古代文人墨客、官宦名流等的旅行并没有以产业的规模发展。近现代旅游业的起源与闲暇时间和可自由支配的收入不可分离，人们对休闲娱乐的渴望也不可或缺。最初的山地旅游并非完全以休闲娱乐供给的身份出现，或多掺杂一些康体和朝圣的成分。欧洲人早期改变了对山地敬畏的心理，意识到山地洁净的空气、优良的环境，并将其作为温泉疗养、度假的主要地方，成就了阿尔卑斯山作为世界最为出名的山地旅游地之一。中国除对山地特殊的审美情趣外，还赋予其特殊的精神意义和寄托，形成了一大批宗教名山、文化名山，经历了两千年的文化沉积，目前我国拥有的 4 个世界双遗产（泰山、黄山、峨眉山－乐山、武夷山）全部属于山地景区。对山地认知差异开启了东西方山地旅游不同的发展模式，形成了具有不同人地关系开端的山地旅游大发展。中国人对山水风光格外青睐，同时也注重山地的佛教、道教朝觐意义，这也是观光旅游在中国长盛不衰的重要原因之一。特殊历史发展使我们错过了第一波世界旅游产业化的大潮，改革开放以后得到初步发展。早期山地旅游开发多一些外部交通、内部道路、住宿等基础设施建设，较少有娱乐设施的增加，对山地环境影响较小，人地关系矛盾并未激化。早在 19 世纪中叶，欧洲旅游就逐渐开始大众化，一些康体和度假设施在山地地域建设。对比中西方山地旅游的最初发展，两者在旅游驱动力产生的原因和背景、出现的时间、山地旅游的主要方式等方面都出现分化，自然环境、社会发展等山地系统构成因驱动力作用方式和山地社会发展阶段而不同。

原本复杂的地域系统，因特殊人类活动，在人地关系的空间格局、实践过程和时空变化上变得更为复杂，[①] 旅游活动的介入对山地人地关系的复杂性起到了推波助澜的作用。抛除山地旅游在世界不同区域发展的差异，纵观旅游发展对山地人地关系的影响可以发现，旅游是山地一种新的产业和发展方式。与以往产业不同，旅游业对山地资源利用更为全面和综合，和工矿业相比具有明显的环境优势，和农业相比具有较高的经济效益。（表 4.3）旅游在山地的最初发展为其后续不断增强，以及山地可持续发展路径提供了较好的选择，起到了示范作用。

与其他旅游地相比，山地文化相对封闭，外部交通不便，内部基础设施较为简单，旅游业在山地早期的发展较为缓慢，对人和山的影响有限，人地关系最初变化不大，自然要素对其变化起到主要作用。此时的山地地域系统人地关系很难在较短时间内出现大的变动，出于同样的原因，山地旅游的吸引力有增无减，人们对非常规环境和异域文化的向往依然强烈，山地旅游发展潜力大。

表 4.3　早期山地景区人地关系演化

山地人地关系		山地发展驱动力		
		农业	工业	早期旅游业
山地自然环境	响应	山地土地改变了原有的荒芜状态	部分山地地貌和自然生态环境改变	山地原有环境基本不受影响，较少改变
	反馈	形成了具有稳定和抗逆性的农用土地	山地环境的脆弱性增加	山地自然要素的存在成为一种资源，对传统资源的依赖减少
山地经济	响应	新的生产方式增加了食物的总量、类型和持续供应	生产力得到较大提升，农业人口减少	山地旅游业粗放式发展，旅游经济收益空间较大
	反馈	人们的生活得到部分改善，更多依赖农业	除工业外，更多的产业部门出现	山地经济结构更为多样，对基础设施的需求扩大
山地社会文化	响应	人类对山地的认知较为狭隘	山地与外界的接触逐渐增多，开放性扩大	山地居民与外界直接接触，文化碰撞
	反馈	人类定居，逐渐形成聚落和社会群体	教育、文化水平提高，开始关注山地环境和可持续发展	山地居民对自身文化认知逐渐觉醒，总人口变化不大，生活更加丰富

由于旅游业还未成为山地发展的主要动力，山区落后的状态无法得到改善，这一阶段农业是山地的主要产业和人地关系驱动力，人地关系的主要矛盾依然在于脆弱环境与社会经济发展诉求之间的对应性。

① 宋长青，程昌秀，史培军. 新时代地理复杂性的内涵 [J]. 地理学报,2018,73(7):1204-1213.

4.2.1.2 自由发展阶段——开放性和动态性不断扩大

山地旅游是基于山地地貌及其所具有的旅游资源潜在功能，在世界文化和经济共同推动下的产物。旅游业对传统资源的依赖性减小，对山地地貌及其他自然要素的影响不大，对就业岗位的门槛需求多层次等优越性逐渐被发现，山地地区旅游业发展迅速提升。由于对山地旅游探索发展期间认知水平有限，发展中管理错位或不力，山地景区人地关系响应和反馈有一个反复震荡的过程，不仅包括旅游业在山地整体发展过程中的驱动力大小和地位，还包括旅游对山地社区、经济、环境的正负影响和反馈变化。这一过程也不是绝对上升的趋势，期间或出现一些逆向发展。

①**发展阶段**。旅游最初在山地景区发展时，并非山地景区人地关系演进的主要驱动力，只是山地地域产业构成的一部分。旅游业对山地经济发展的影响力度较小，人们对旅游业的重视力度不够。随着旅游业发展优势不断被发现，其在山地产业构成的比例加大，旅游从业人数增加，当地人自发开展住宿、交通、餐饮等服务，以获取更大的收益。[①]除此之外，外地企业注入、政府重视力度增加、旅游利益相关者群体和数目增加，逐渐形成区域具有共同经济目标的产业体系。包括旅游在内新的发展要素介入，致使资本按照山地旅游产业要素分布轨迹在山地扩散，资本空间化。虽然旅游开发不完全，市场规模小，生态环境还是受到一定程度的影响，旅游业生态功能被暂时忽略。人与山之间的关系打破以往的低位状态，旅游及相关要素增加，并成为"人"与"地"相互作用的重要介质，人地关系空间重塑。

外部交通设施不断完善，内部基础设施进一步跟进，旅游市场的规模和个体出游能力增强，旅游产品体系更加完善，参与主体多元，旅游竞争激烈，山地旅游全面释放，人地关系的内容、方式和功能发生较大改变。

山地旅游利益相关者除数量上增加，针对不同目标的群体出现分化。山地居民的经济发展诉求不断被激发，对旅游业的认知和参与程度也加大，[②]对保护自然环境、保护文化、可持续发展、参与开发与管理等开始主动关注，[③]但依然存在自主开发、无序管理等个案；政府积极鼓励旅游业发展，以望增加居民收入和财政税收，改善当地的社会发展水平，同时开始关注旅游业产生的经济、环境负面影响，但政策的倾向和具

① BANKI M B, ISMAIL H N, Muhammad IB. Coping with seasonality: A case study of family owned micro tourism businesses in Obudu Mountain Resort in Nigeria[J]. Tourism Management Perspectives,2016(18):141-152.

② 韩国圣. 山地旅游发展的社区能力研究——以安徽六安天堂寨景区周边村落为例 [D]. 南京：南京大学,2011.

③ LAI P, NEPAL S K. Local perspectives of ecotourism development in Tawushan Nature Reserve, Taiwan[J]. Tourism Management,2006,27(6):1117-1129.

体实施具有时代局限性；致力于区域环境、社区发展的非政府组织和个人话语权的影响力度也增加，[①] 旅游企业和个人也逐渐意识到经济利益和环境发展的密切相关性，山地的生态功能被重视，但经济利益和环境保护之间的冲突较难找到平衡点。

山地内部的基础设施完善过程中，山地地表形态和植被被破坏，生物生存环境受到影响，山地空气、水质、生活环境随着越来越多游客的到来、交通工具的使用和旅游活动在不同海拔和空间上的分布有所恶化，[②] 环境恶化对山地旅游资源造成了巨大影响。[③][④][⑤] 除全球气候变暖等不可控自然因素外，这些变化的主要根源在于为了响应游客的各种需求，但反馈结果使游客的旅游体验有所折扣，山地居民以生活环境为代价换取了经济收益，这种经济收益并不具有可持续性。[⑥] 这些表现在不同山地和山地的不同地域不尽相同，[⑦] 旅游活动是其直接作用要素，山地海拔和坡度是形成基础。因山地旅游资源分布与山地地理环境密切相关，山地高梯度效应下山地旅游活动的区域差异形成了更微观层次上的人地关系类型，山地人地关系分化同样体现在同一山地地域内的空间布局上（见 4.2.2 详述内容）。

②**发展价值**。山地景区旅游发展的主导力量不再是淳朴的山地居民，而是包括山地居民在内的，具有各自利益驱动的个人和组织、企业和公益单位、目标市场和社区群体等。旅游资源空间多层次性和山地环境脆弱性、地方性与全球性、经济发展与文化保护等成为旅游发展过程中不断博弈的人地关系要素，人与地之间矛盾多样化和复

①　MARLOWE B, BURKE A. Non-government Organizations' Mountain Management: A Sustainable Support Model for Southern Oregon's Mountain Destinations: Mountain Tourism: Experiences, Communities, Environments and Sustainable Futures[C]. London: CPI Group Ltd,2016:341-352.

②　NEPAL SK. Mountain ecotourism and sustainable development: Ecology, economics, and ethics[J]. Mountain Research and Development,2002,22(2):104-109.

③　HOY A, HÄNSEL S, MATSCHULLAT J. How can winter tourism adapt to climate change in Saxony's mountains?[J] Regional Environmental Change, 2011(11): 459-469.

④　WANG S, HE Y, SONG X. Impacts of Climate Warming on Alpine Glacier Tourism and Adaptive Measures: A Case Study of Baishui Glacier No. 1 in Yulong Snow Mountain, Southwestern China[J]. Journal of Earth Science,2010,21(2): 166-178.

⑤　DAWSON J, SCOTT D. Managing for climate change in the alpine ski sector[J]. Tourism Management, 2013, 35(4):244-254.

⑥　NEPAL SK. Tourism in protected areas: The Nepalese Himalaya[J]. Annals of Tourism Research, 2000,27(3):661-681.

⑦　PRICE MF. Patterns of the Development of Tourism in Mountain Environments[J]. GeoJournal, 1992(27): 87-96.

杂化，旅游地域系统成为复杂巨系统。①②③ 因山地旅游资源的多层次性和山地环境的多样性，旅游系统的复杂性在山地表现尤为突出。

山地的旅游功能不断被发掘，④ 其生态保育、资源后盾等功能更加受到重视。⑤20 世纪 70 年代前后，以阿尔卑斯山为典型的一些山地旅游地的环境恶化、山区经济发展水平落后等问题被逐渐关注，国际山地综合发展中心（International Centre for lntegrated Mountain Development, ICIMOD）、国际山地学会（International Mountain Society）、山地研究中心（Cntre for Mountain Studies）等国际山地组织成立，积极探索山地合理发展路径。山地旅游可持续发展被各方所重视，生态旅游、绿色旅游等成为山地旅游发展的推崇对象，⑥⑦⑧⑨ 但生态旅游并不是万能的，⑩ 需要有具体的实施主体和针对性。

在这一阶段中，旅游发展驱动力因主导者、发展目标、市场趋势、山区发展阶段有所不同，生态保护区之外的自然要素对山地旅游发展的限制作用相对减少，利益相关者的诉求有从经济逐渐转向经济、社会、环境协调共进的趋势，山地旅游地开发的范围更为广阔，开发主体包括政府、企业和个人，政府的主要功能逐渐转向于引导、营销、管理，利益相关者增加，山地人地关系并不时常处于理性发展过程，会因个别

---

① 杨春宇 . 旅游地发展研究新论——旅游地复杂系统演化理论方法应用 [M]. 北京 : 科学出版社 ,2010:3-66.

② 张亚林 . 旅游地域系统及其构成初探 [J]. 地理学与国土研究 ,1989,5(2):39-43.

③ 申葆嘉 . 旅游学原理——旅游运行规律研究之系统陈述 [M]. 北京 : 中国旅游出版社 ,2010:59-67.

④ GIOS G, GOIO I, NOTARO S, et al. The Value of Natural Resources for Tourism: A Case Study of the Italian Alps[J]. International Journal of Tourism Research, 2006, 8(2):77-85.

⑤ 明庆忠 . 走出中国资源环境困局的新思维 : 山—海战略 [J]. 云南师范大学学报 (哲学社会科学版),2011,43(3): 44-51.

⑥ DAMM A, KÖBERL J, PRETTENTHALER F. Does Artificial Snow Production Pay Under Future Climate Conditions? A Case Study For A Vulnerable Ski Area In Austria[J].Tourism Management, 2014(43):8-21.

⑦ 蒋英 . 山岳型旅游地绿色旅游开发研究——以西双版纳孔明山旅游区为例 [D]. 昆明 : 云南师范大学 , 2008.

⑧ ANAND A, CHANDAN P, SINGH R B. Homestays at Korzok: Supplementing Rural Livelihoods and Supporting Green Tourism in the Indian Himalayas[J]. Mountain Research and Development, 2012, 32(2):126-136.

⑨ REIMER J K, WALTER P. How do you know it when you see it? Community-based ecotourism in the Cardamom Mountains of southwestern Cambodia[J]. Tourism Management, 2013 (34):122-132.

⑩ GIOS G, GOIO I, NOTARO S, et al. The Value of Natural Resources for Tourism: A Case Study of the Italian Alps[J]. International Journal of Tourism Research, 2010, 8(2):77-85.

要素的变化而时有摇摆。

③**环境**。早期经济落后、社会封闭、旅游资源丰富多样、环境脆弱、旅游地域范围广等山地所具有的特性，使旅游在驱动人地关系发展过程中围绕经济利益进行了较长时间的徘徊；独特的自然和文化资源具有持续的吸引力，冲破交通、基础设施等限制，不断释放潜力；在政策和管理策略不利条件下出现错位发展，山地脆弱环境变化则会直接影响旅游资源、环境及旅游活动体验，反馈于旅游开发与管理上，使人地关系趋于和谐成为可能（表 4.4）；自然演化和突变下山地旅游发展条件则具有更好的适应性。2017 年，九寨沟出现 7 级地震，诸多人士担心原有山地旅游资源会不复存在，但此次地质灾害仅仅是旅游资源的一次重塑过程，出现了一些新的景点。人为活动对山地的影响不会像大自然鬼斧神工般具有开创性，但对环境的破坏具有难恢复性，如尼泊尔喜马拉雅山堆积的游客产生的大量垃圾，需要至少几十年甚至上百年的时间才能分解。2018 年以来，西藏自治区组织清理珠峰保护区海拔 5200 米以上的垃圾 8.4t，海拔 5200 米以下区域内一年内收集转运垃圾约 335t，生态压力巨大。[①] 山地景区由此而成为既强大又脆弱的人地关系地域系统，这些特性因旅游活动天生所具备的异地性而变得比以往任何时候都突出。

表 4.4　山地景区自由发展阶段的人地关系变化

人地关系要素	变化的总体趋势		
旅游驱动力的主导者	个人	政府和个人	多主体开发
山地旅游发展动力源	经济诉求	经济、社会诉求	经济、社会、生态诉求
旅游对山地资源的利用方式	原始资源利用	开发范围不断扩大	生态保护区限制开发、产品提升
山地环境对旅游发展的响应	山地环境变化较小	山地环境变化较大	山地形成新的、具有抗逆性的稳定环境
山地环境对旅游发展的反馈	山地环境要素构成了旅游吸引力	山地环境在一定程度上影响旅游体验	山地环境是旅游发展目标、功能之一

---

① 国际山地旅游联盟. 世界山地旅游发展趋势报告（2020 版）[R/OL]. （2020-05-29）[2021-01-07]. http://www.imtaweb.net/xwzx/lmdt/20210107/20210107_623456.shtml

人地关系要素	变化的总体趋势		
人对旅游发展的响应	山地是人类主要居所	成为生产和生活共用地	生产、生活和生态空间和谐共存
人对旅游发展的反馈	对旅游开发较为随意	旅游成为山地经济发展的重要驱动力之一	旅游是山地可持续的最佳发展方式之一

此阶段旅游业快速发展，山地逐渐形成具有明显旅游驱动作用的景区地域系统，旅游对山地环境和社会经济的影响范围和力度不断扩大，人地关系演化的主要矛盾为旅游快速发展引起的生态、社会和经济之间的不协调和冲突。

4.2.1.3 科学发展阶段——趋向协调

可持续发展是人类最终的归宿。随着山地旅游的不断发展，人们更加意识到发展路径选择的重要性，也逐渐获取了发展经验和对策。山地旅游的发展目标、过程、方式、对策等发生了一定改变，以社会、经济、环境等不同层面协调发展作为主要目标成为山地旅游业发展的普遍形式。

①**旅游发展状态**。对于游客来说，山地景区旅游功能多样的优势被释放，且在不同层面上都有所体现。旅游活动形式追求多样化和个性化，观光不再是山地旅游的最主要形式，以休闲娱乐、康体健身、攀岩竞技、度假、研学等为内容的多种旅游形式交叉互补，山地旅游的多样性、综合性、独特性、小众性与大众性共存。山地拥有了更多的旅游市场，且旅游功能触及修身和养性、休闲和教育、山区发展与旅游需求满足等多方利益，成为主客共同推动的产业发展类型。

此时山地旅游业已经获得了一定程度的发展，并形成了相对较为完善的基础设施建设和服务体系，山地景区内部结构和功能较为稳定。山地空间价值被重视，旅游业成为部分山地的主导产业、人地关系的主要驱动力。以地貌为重要旅游资源之一和主要特色，使山地旅游具有广域性、全景化的特征，以旅游业为优势产业，带动山地相关产业、公共服务、社会文明等全方位、系统化地提升，实现共建共享的整体发展态势；个别山地已成为全域旅游的"标杆"，传统山地景区随着游客以往的体验持续具有吸引力，[①] 新兴山地景区则因各自的特色旅游资源争奇斗艳。除受自然灾害和突发公共事件的影响外，部分山地景区的旅游收入和人次出现较小范围的波动，甚至是下滑，与旅游地生命周期的最后一个阶段匹配。但山地旅游资源丰富多样，除生态限制外，

---

①　WEAVER P A, WEBER K, MCCLEARY K W. Destination evaluation: The role of previous travel experience and trip characteristics[J]. Journal of Travel Research,2007,45(3):333-344.

地域系统内所有基本要素都可以作为旅游资源来进行开发，且山地地域广，可拓展空间大，旅游产品可不断地升级和完善，满足不同时代游客的需求，具有持续的吸引力，所以山地旅游发展较少有急速下滑的现象。

②**产业间关系**。除具有鲜明和垄断性旅游资源的山地景区之外，旅游业不一定是山地的主导产业。从一开始的自主发展，到后来的积极推介和快速成长，再到这一阶段的理性发展，山地旅游业的发展不再受到资金缺乏、基础设施落后等瓶颈要素的影响，而是更加取决于旅游业和其他产业在山地整体社会经济中的发展地位。一方面人们对山地旅游的发展认知更加清晰和理智，不再盲目推崇和自信，另一方面也具有了更加丰富的发展经验，旅游业与其他产业之间耦合发展，相互制约和扶持，旅游业的生态、经济和社会功能可以较大程度地发挥。"产业+""旅游+"形式的旅游发展模式不断更新，加强了旅游业与其他产业之间相互促进、协调发展的紧密关系。龙脊山从海拔300m到近2000m的垂直高差孕育了我国西南少数民族独特的农耕文化，1992年起龙胜县旅游总公司开始在此投资开发旅游业，激发了社区居民投入旅游经营的极大热情，村民积极参与到旅游住宿、餐饮、展演等接待业中，获得了较为可观的收入。但梯田水利灌溉与村民接待中水资源利用增加和水污染出现冲突，加之旅游业高利润与梯田耕作的辛劳和低收入形成鲜明对比，出现部分梯田荒弃的现象，一方面造成旅游吸引力的弱化，不利于旅游业的持续发展，另一方面也让传统生计受到威胁。龙胜县政府认识到这一威胁后，开通雨蓝水库到景区的道路，以较好地协调生活、生产用水之间的矛盾。[①] 目前，龙脊梯田景区已成为"农业+旅游"的良好山地景区典范，农业与旅游业之间相互依赖，共同发展。

③**发展价值取向**。山区社会的封闭性、落后性与发达地区相比依然有一定的差距，这种差距更多地表现在区域发展阶段的差异，而非因地貌而引起的区域之间的落差。山地社会文化变化不再盲目、追求世界主流文化，地方意识和区域自我意识不断地增强，山区民族文化得到了一定的保护和传承。对于山地其他利益相关者来说，经济诉求不再是核心诉求。无论是自愿，还是政策强制，生态和社会利益占有更加重要的地位。在环境政策遏制和各方利益群体相互协调的前提下，山地景区"结构稳定、功能高效、生态关系相协调"成为常态。价值取向逐渐统一落脚于山地整体可持续发展，并趋于稳定。龙脊山因旅游发展而形成的产业融合和发展过程，就充分体现了社区居民发展旅游的价值取向从经济驱使到生态、生产、生活兼顾的转变。

游客的总量、逗留天数和人均花销增加不再是山地旅游发展的唯一目标，社区居

---

① 吴丽蓉. 龙脊梯田旅游发展历程及权力、利益关系研究 [D]. 广州：中山大学,2009.

民生活状况的改善、生态环境稳定可持续、人地关系不断趋向协调成为山地旅游发展的良好状态。人地关系演化的主导要素依然在于人类活动，但是在严格的旅游产业与生态环境协调指标下，改变人地关系状态的主要诱因重新恢复到地理环境的自然运行，且人类技术和发展经验可以在一定程度上控制自然变化的方向、程度和内容，缓解环境的脆弱性，使山地人地关系的可控性增加，具有较为稳定的发展目标。

④山地景区功能多样化。山地景区凭借其优良的空气质量、不同季节的小气候、处处皆画的风景、悠闲的生活，以及内部系统和结构不断完善，经济发展和社会生活条件不断优化，而具有了更加适宜居住的自然、经济和社会条件，成为具有旅居、养老、康养、度假等综合功能的地域系统；在自然环境方面，山地作为我国烟草、茶、药材等经济作物的重要产区、生物多样性和生态环境多样性的典型区域和保护、矿产资源和可再生能源的富集区、水源涵养地和发源地，[①]生态保育功能被重视。山地景区成为集旅游、康体、养老、生态，以及农业生产等多种功能的综合地，各利益群体相互牵制，旅游功能不再是山地景区的唯一定位，绿水青山就是金山银山成为山地景区发展的理念。

此阶段旅游作为山地景区发展的主要驱动力，不断优化自我发展模式，经济利益不再是旅游发展的唯一目标，山地生态环境和社会经济发展是重要量度。人地关系主要矛盾的关键点再次转为山地脆弱环境，不同的是，人们利用和改造自然的能力加大，人与自然之间的关系不断趋向协调。

4.2.1.4 发展历程变化总体特征

人类活动对环境的作用，促进了产业发展和社会结构的改变。[②]和其他旅游地相比，山地旅游发展过程中，区域社会的封闭性、经济的落后性、环境的脆弱性、旅游资源的多样性、广域性和独特性等在其人地关系演化中起到重要作用。人地关系演化过程中会出现地域功能转型与人地关系要素空间重构，[③]山地景区因旅游要素增加并引起山地地域系统内其他要素变化而逐渐形成了以旅游为主要驱动力和功能之一的人地关系地域系统。根据山地景区人地关系变化评价的主要指标，主要表现在以下四个方面：

①山地经济。山地景区发展水平不断提升，旅游从业人数、收入等从零逐渐增加，之后稳定在一个水平；旅游业对山地GDP的贡献率从无到有，从小到大，之后也稳

---

① 明庆忠. 走出中国资源环境困局的新思维：山—海战略 [J]. 云南师范大学学报（哲学社会科学版），2011,43(3): 44-51.
② 韩茂莉. 人地关系研究中的多元视角 [J]. 云南大学学报（社会科学版），2019,18(6):53-56.
③ 杨周，杨兴柱，朱跃，等. 山地旅游小镇功能转型与重构的时空特征研究——以黄山风景区汤口镇为例 [J]. 山地学报，2020,38(1):118-131.

定在一个水平；旅游基础设施不断完善，服务设施和水平不断提高，可以满足不同等次和规模的游客接待。在正面作用的影响过程中，或多有一些抬高当地物价、经济结构不稳定等负面效应，但最终都会因市场自我调节达到相对平稳状态。总体上，旅游对山地经济的影响力度逐渐增大，山地经济的发展又在一定程度上促进旅游业的发展，减少对旅游业的限制。

②**山地社会**。山地人口从分散分布到外出务工人员和外来人口逐渐增多，人口总数相对稳定，但人员流动量相较早期规模更大，也更为频繁，使山地地域系统的封闭性改变，内外之间的交流更为流畅，也加速了其内部文化变迁、地方性的消解，促进山地社会开放。随着游客和本地居民的流动性，人们的思想意识领域也发生改变，对教育、职业、家庭等世界观和价值观也有一定的冲击，人们的受教育水平普遍提高，就业率提升，工种更加丰富，医疗卫生等社会福利因经济发展水平提高和政策重视而不断得到优化。特别是对于一些边远山地，旅游因其所具有的多功能效应、多层次影响力度和多领域融合发展等特征，打开了山区发展的重要通道，社会文化领域无一不受到影响。对于山区的居民来说，这种变化是人们主动选择的后果，是外来文化和本土文化长期博弈，并加之政策引导的自然选择。

③**山地环境**。随着农业、工业、旅游业及其他产业在山地的展开，山地土地利用类型不断变化，人们利用土地的深度和广度也在增加。但囿于山地自身的高梯度效应，在部分高海拔、大坡度和地质环境不稳定的地区，除矿产之外其他产业较难发展，土地利用类型较难改变，但可适当开展观光活动。在山地地形较为缓和的地区、山间盆地、山地水源地附近，则多一些工业等产业布局。旅游业的开展使山地原本"原始"的地域，因旅游设施、设备、基础设施及游客游览活动变为"公共"用地，占用了自然植被、动物的生活区域，也使一部分"荒芜"之地有了用武之地。这种变化对物种和环境影响从量变转变为质变之后，山地环境出现不可逆的转变，土地利用类型则会出现彻底改变。也有为了景观整体效果，主动恢复山地植被和环境的行为，但非自然演变所采取的手段需要更多的时间和更大的投入。因此，以土地利用为代表的山地环境变化是从小到大到逐渐稳定和趋向协调的过程。

旅游业在山地经历了发展前阶段、自由发展阶段、科学发展阶段三个阶段。并不是每一个山地景区都会经历每个阶段，一些新开发的山地景区可能只会经历第三阶段。大部分山地景区到发展后期，其旅游功能会被全面释放，成为一个多功能的综合性地域（表4.5）。如苍山位于以"慢城"为主打旅游品牌的大理市，不仅是知名的山地观光、休闲娱乐之地，也形成了包括山麓在内的集养老、康养、度假和第二居所为主要功能的山地地域综合体。

表4.5 山地景区人地关系演化阶段的主要特征

人地关系要素		发展前阶段	自由发展阶段	科学发展阶段
山地经济	旅游从业人数	少	多	稳定
	旅游业对GDP的贡献率	小	大	稳定
	人均收入	低	增长	较高位稳定
	旅游对其他产业的影响	小	大	融合发展
山地社会	山地人口流动	小	大	流动自由
	居民受教育水平	低	提升	提升
	就业	农业	旅游从业者增多	以旅游从业为主导的多种类型
	医疗和养老	弱	弱	逐渐完善
山地环境	土地利用类型	以自然和农业地域为主，土地利用强度小，以自然演化为主	土地利用类型增多，利用强度变大，人为作用增强	较为稳定，土地利用变化受到自然和人为因素的共同作用
人地矛盾	主要作用方式	农业	旅游业	旅游＋、＋旅游
	需解决的主要问题	生计	发展	生态、社会、经济可持续

4.2.2 山地景区人地关系的空间分异及拓展

要素改变促使系统整体结构发生变化。鉴于山地系统的垂直分异特征、水平分化和旅游需求的多样性等，旅游作用于山地景区的方式和力度有所不同。区分同一山地景区各地形面（如山顶、山坡、山麓、山前冲积扇等）、不同地段和地理环境下旅游活动的空间差异性、人地关系要素以及整体的变化过程、格局形成和分异特点，是探究人地关系演进的重要内容。

4.2.2.1 空间分异

①山地景区人地关系空间分异的特殊性

不均匀性大。与城市、乡村等平原地区的旅游景区相比较，山地地形高低起伏，且具有明显的垂直地带性，内部要素构成多样，在空间分布上具有显著的地貌依赖性和相关性。这种不均匀并非混乱无章，具有一定的规律性，与经典地理区位论有较大差别，并非受市场和区位的主要影响，是非均匀地域条件下的与地质地貌相关联的分异。

　　由于同一山地不同海拔的温度、湿度、风力、日照以及人类生产生活影响的差异，以生物土壤为主的山地自然旅游资源分布不仅综合了水平地带性和垂直地带性的规律，更多地取决于山地地貌所形成的小环境。因此，无法通过简单海拔高度来判断旅游资源的分布，这对于人文旅游资源同样适用。人口分布本就是按照自然条件的优越性来进行选择，趋向于暖湿地区。为了获取较大面积的空旷平地，避开干旱和大风环境，山地人口分布较少在山顶，较多位于山体的中下部，特别是地势平缓的山间盆地地区。出于同样的原因，山地人文活动场地、旅游服务区等大部分也位于山地的较低海拔和平坦区域。旅游资源的分布决定了人—地之间发生关系的主要区域，人地关系的主要发展及机制还需要结合旅游活动的类型来判断。

　　山地道路分布则不完全囿于地形，特别是为发展旅游业而专门修建的道路，不仅要考虑地质和生态安全、方便施工，更要便于观看山地美景、尽量少破坏整体景观。山地索道、飞行基地等固然减少了游客在山地的停留时间，却也增加了游客在山体旅游体验活动的类型和与山地自然地理要素直接接触的机会。

　　从空间分布上来讲，大部分山地旅游资源属于点状分布，交通属于线状分布、服务区和娱乐设施等属于面状分布。这些旅游要素及功能决定了人—地作用的主要方式和机制。

　　自然因素影响力度大。山地景区人地关系空间分异不均匀，但却不是毫无规律，决定因子包括自然地理过程及其影响，也包括社会认知及旅游发展举措。旅游地域系统内部会有以功能为主要依据的分区，山地景区内部分区更多地依赖于起绝对支配作用的基带海拔、山地面积和规模、地形结构、纬度和海陆分布。[1] 山地生态环境的复杂性和多样性也具有一定的分布规律，同一相对高度下，基带海拔和纬度与垂直带谱的数量成反比；山地面积、规模与生态环境的多样性成正比。此外，人类活动对山地施加影响也会扰动垂直带谱和次生带谱，主要表现为垂直带谱界限及生态过程发生了明显变化，或某一垂直带谱几乎消失，或产生新的垂直带谱。[2]

　　高山地梯度性所造成的山地旅游资源多样、独特，在不同海拔、不同坡度、不同地质环境下适宜的山地旅游活动千差万别（表 4.6），游客可根据自己的喜好选取，以观光为主导的类型、以运动探险为主导的类型、以休闲娱乐为主导的类型、以生态度假为主导的类型等等。海拔 3 500m 以下、坡度 25°以下的山地可进行的旅游活动更为多样。

---

①　张百平，姚永慧. 山体效应研究 [M]. 北京：中国环境出版社，2015:162-163.

②　张百平，谭靖，姚永慧. 山地垂直带信息图谱研究 [M]. 北京：中国环境科学出版社，2009:19-20.

表 4.6　不同海拔和坡度条件下山地旅游活动的类型

地理要素	地理要素划分	主要特征	主要旅游活动类型
海拔	>5 500m	寒冻风化形成流石滩、碎屑滩，生物极为稀少，属于无人区	探险等
	3 500~5 500m	以寒冻机械风化为主的地貌，少有林地，人类开发较少	探险、生态体验、观光等
	2 500~3 500m	以水力剥蚀侵蚀为主，以针叶林为主，大部分人不会有高原反应	生态体验、观光、休闲娱乐、体育运动、文化体验、避暑、度假、康体等
	1 000~2 500m	常绿阔叶林与落叶混交林分布为主，不会出现高原反应	生态体验、观光、休闲娱乐、体育运动、文化体验、避暑、度假、康体、农业体验等
	<1 000m	与周边环境较为接近	休闲娱乐、体育运动、文化体验、避暑、度假等
坡度	>45°	重力侵蚀起主导作用，不易植树造林	攀岩等
	35°~45°	沙石物质自然滚落，易形成破碎的沟坡地	观光、探险等
	25°~35°	坡面松散沙石可自然下滑，25°以上不宜退耕还林	生态体验、观光、探险等
	7°~25°	坡面稳定性较弱，可开发林业、果业、农业等	登山、观光、生态体验、农业体验、体育运动、文化体验等
	<7°	坡面稳定性较高	体育运动、休闲娱乐、度假、康体等

注：不同纬度和气候带山地在相同海拔下的地理特征具有差异，基带所在纬度越低，气候越温暖；相对高差越大，垂直带谱分异越明显；海拔越高，温度越低，冻融作用越明显；坡度越大，坡面物质越不稳定。根据海拔和坡度这两个山地最典型的环境为指标，以温带湿润性气候基带的山地为例，山地旅游活动具有以上分布特征。此表根据《山地环境理论与实践》内容整理分析所得。①

除自然要素的影响之外，人们的行为和决策会随着主观认知出现差异。同一海拔和坡度下的旅游项目开发会根据游客心理和市场需求布局，设计不同的旅游产品，但无法跨越自然要素的主导作用。人类活动作用于自然环境产生了人地关系，使人地关系在山地空间布局上具有明显的自然地域分异的特征。

②旅游功能区视角下山地景区人地关系地域系统的分异

经济发展状态、旅游资源、人地关系发展的主导力量等是旅游地人地关系划分的

---

① 钟祥浩，刘淑珍，等. 山地环境理论与实践 [M]. 北京：科学出版社,2015:91-92,181-183.

主要依据。①②③ 仅有自然要素分布，且不受到任何旅游活动直接影响的区域，依然存在人地关系，这种关系不是直接的，需要其他地理要素作为媒介，或具有潜在关联，从而相互联系和影响。仅以自然条件划分人地关系类型，忽略了人类行为的社会性，其实践操作会出现误差。旅游人地关系的类型，可以与土地利用类型决定的旅游活动主要类型和方式，以及与旅游直接和间接相关要素的布局为主要指标进行划分，既涵盖了旅游活动的自然基础，又体现出人与地之间的互动。旅游规划中的功能区划分就较好地诠释了人地关系为基础的旅游活动空间布局，即旅游规划实质上是将人地关系发展作为重要的区划量度。由此，按照旅游活动与当地自然、人文接触的程度，将山地景区人地关系地域类型划分如下，并进一步通过接触的方式和内容进行细分，④ 形成层级结构（表 4.7），这些人地关系地域类型与《土地利用现状分类 GB/T21010-2017》中土地利用现状分类一级类具有较大的对应性。

表 4.7　山地景区人地关系地域类型划分及空间分布

主类	亚类	类型	基本形态	说明
非旅游活动地域	自然生态	生态用地	面状	山地自然环境较为脆弱，但具有区域生态保育功能，有诸多自然保护区。生态红线范围内的区域，有相应政策明文禁止人类活动的介入。此类区域没有旅游活动，或者旅游活动类型仅限于观光，且为"远观"。多为草地、林地和水域等
		危险区域	面状	坡度增加了山地地表物质和能量的不稳定性，即便没有特殊灾害，也较容易出现滑坡、崩塌等事件。地质灾害易发地、陡崖等存在较大风险的区域，旅游开发受限。部分区域可以作为探险旅游进行开发，但规模小，较少对环境造成大的影响。多为悬崖等坡度较大的裸地及特殊用地
	自然社会	原始村落	面状	山地地貌对环境起到了隔离作用，减少了相互之间的沟通，形成较为封闭的环境，社会文化保存完好。但由于基础设施受限，游客未接触或较少有机会接触，形成了以传统生产和生活为主的人地关系类型。多为耕地、草地、住宅用地和商服用地等

① 骆华松，杨世瑜.旅游地质资源与人地关系复合系统区划的探讨——以丽江市为例 [J]. 云南师范大学学报 (哲学社会科学版),2008,40(3):31-35.
② 秦俊丽，孙玉梅.基于人地关系论的山西旅游资源开发研究 [J]. 中北大学学报 (社会科学版), 2011, 27(1):27-31.
③ 陈慧琳.南方岩溶区人地系统的基本地域分异探讨 [J]. 地理研究 ,2000,19(1):73-79.
④ 熊康宁，殷红梅.喀斯特旅游资源开发的民族心理意识与人地关系效应——以贵州龙宫地区为例：全国区域旅游开发学术研讨会暨青岛崂山旅游文化研讨会 [R]. 青岛 ,1999.

主类	亚类	类型	基本形态	说明
旅游活动地域	旅游景点	观光地	点状	游客和山地直接接触较少。多为林地、草地、水域、住宅用地、商服用地和裸地等
		娱乐地	点状	游客和山地直接接触较为频繁，作用方式多样，力度较大。多为林地、草地、住宅用地和商服用地等
		探险地	点状	游客和山地直接接触较少，作用方式单一，力度较小。多为裸地和草地等
	交通	道路	线状	山地道路修建不仅要受限于地形、地质环境，还需充分考虑游览过程中资源的分布、景观的布局等，对山地的影响包括道路及其周边的植被和土壤等
		特殊交通	点状	封闭式的索道属于点状，对山地的影响主要集中于上下站点；滑翔、跳伞、漂流码头等也属于点状分布
	服务区	厕所、商店等	点状	山地旅游地一般面积较大，内部基本的服务设施需要零散分布，以满足游客不时之需。多为商服用地
		服务中心	点状	具有集散、导游、食物供给等功能的集中服务区域，设施建设较多，对自然地域改造较明显。多为商服用地

"自然生态地域"受到人类活动影响微小，"游客"与"地"之间并非直接接触，但是可以通过大气、水分等改变原有的生态环境，这种变化幅度不会太大，且速度较慢，很难在短时期内出现明显的质变，如全球气候变暖对滑雪旅游地积雪的影响。[①]"自然社会地域"是当地居民与山地自然环境长期共存而形成的复合系统，尽管有人地关系，但旅游活动对地的作用不大。"旅游活动地域"内"人"与"地"之间相互作用较为明显，直接反映出旅游驱动下的山地景区最直观和深刻的变化。

4.2.2.2 空间拓展过程

自1984年点轴系统理论提出以来，点轴开发模式作为增长及理论的延伸，不断被应用于社会经济发展之中，包括旅游业。其理论的核心思想在于：区域经济发展的增长极数量不断增加，增长极之间因生产要素的联系加大，通过交通、供应链等相互连通，形成轴线，进而使轴线周围因吸引力的增大形成新的增长极。[②]这一理论不仅适用于宏观区域经济发展的分析，在微观领域一样适用，是对经济发展的空间扩散过程及规律进行的高度凝练，为我国早期经济布局和国土空间开发的优化布局和调整提供了

---

① HOY A, HÄNSEL S, MATSCHULLAT J. How can winter tourism adapt to climate change in Saxony's mountains? [J]. Regional Environmental Change, 2011, 11(3):459-469.

② 陆大道. 关于"点—轴"空间结构系统的形成机理分析 [J]. 地理科学, 2002,22(1):1-6.

科学依据和指导，具有实践和理论双重创新意义，[1] 标志着中国人文与经济地理学进入现代研究阶段。[2]

　　旅游拥有经济外壳和文化内涵，[3] 从这一层面来说，旅游属于一种经济活动，其发展的空间规律同样适用于经济活动运行的规律。相比其他研究领域，点轴理论在旅游方面的应用较为广泛。[4] 区域旅游业发展的空间轨迹具备点轴扩散的条件，但是与区域经济发展却具有根本的不同：区域经济发展轨迹是由"点"进而形成"轴"，从而在轴线周围形成更多的点；区域旅游发展是因旅游地之间的交通连接，形成了两点之间部分区域经济的发展，并非一定是旅游的发展，因为旅游业必然依赖于旅游产品，轴线上未必有适宜开发的旅游资源。可达性作为旅游发展的必备条件，使交通在旅游发展中占有重要地位。交通节点上具有良好资源条件的旅游地就会被相应地带动，"因线带点效应"是区域旅游发展的重要空间扩散方式之一，[5] 具有独特和垄断性的旅游资源则具有"因点带线效应"。

　　旅游驱动下的山地景区综合分析，应着重以旅游景点、旅游道路、旅游设施及周边区域为重点，分析其在山地景区空间演化中的相互关系，阐明山地景区人地关系地域系统格局变化的一般规律。

　　①山地景区人地关系要素的空间形成及表现

　　山地景区属于微观尺度的区域范畴，"面"是以山地环境为基底的旅游地空间范围内的区域，"点"是旅游资源和游客旅游活动过程中停留的点，多为提供吃、住、游、娱、购等服务的场地，以点状或斑块状形式存在；"轴"是内部旅游交通线路和游径为主要内容的廊道状结构。

　　游客的旅游活动是伴随停留及游玩于一体的多样化的行为方式，其空间移动轨迹是在点与点之间通过线的连通而变换。在点停留的时间和行为方式则由点的性质所决定。吃、住、娱、购等行为方式因人而异，对点的影响也不同，使人地关系要素的形成、要素间作用与反作用在同一旅游景区不同。山地景区内的餐饮和住宿设施多建设在景色优美、视野开阔的地方（如半山酒店），是游客旅游过程中必不可少的环节。山

①　李满春，姚梦汝，汪侠，等．基于引文分析法的"点—轴系统"理论研究述评 [J]．地理科学进展，2019, 38(2):164-174.

②　樊杰．中国人文与经济地理学者的学术探究和社会贡献 [M]．北京：商务印书馆，2016:10-24.

③　申葆嘉．旅游学原理——旅游运行规律研究之系统陈述 [M]．北京：中国旅游出版社，2010:59-67.

④　李满春，姚梦汝，汪侠，等．基于引文分析法的"点—轴系统"理论研究述评 [J]．地理科学进展，2019, 38(2):164-174.

⑤　娄思元．基于旅游者空间行为的边境区域旅游空间效应研究——以云南省德宏州为例 [D]．昆明：云南师范大学，2018.

地因其垂直高差，普遍存在具备此种条件的地方，但同时受到生态环境保护、地质结构和坡度等的影响，限制了其分布范围。娱乐、购物等点则对地貌的要求更为严格，一般设在地形相对平缓的地区，并与旅游其他服务设施集中分布，有利于建设施工和维护。因此，山地景区的基础设施和服务设施多集聚存在，即便是具有特殊旅游意义的设施，也需要考虑道路、供水供电等基础条件的配备。

旅游资源是支撑旅游发展的核心要素，山地旅游资源的分布较为普遍，具有多样性、多面性、广域性，春夏秋冬、上下左右、远近高低视角都会有不同的感觉，且不同人、不同的心境、不同时节对山体的感知更是千差万别。[①] 和其他旅游地相比较，山地旅游资源的分布具有了更多的机会和条件，分布范围更广，点状更为密集，分布形式更为多样。

山地景区内部交通也是严格受限于山地地貌和地质环境，使山地交通较为曲折，蜿蜒的山路也可作为旅游资源的重要展现方式，产生移步换景的美妙景观，山地道路本身也作为景观资源，如贵州晴隆"十八拐"，实现了缆车、电梯、溜索、飞行器等特种交通工具的旅游体验，充实了旅游活动的内容和方式，使山地旅游活动更加具有独特性。

②空间要素扩展过程

在山地旅游活动出现之前，地域系统内基本主要为居民和农业生产用地之间的人地关系。居民点较为分散，道路设施简陋，相互之间的沟通和联系较少，人地关系要素空间分布以点状人口分布和面状农田分布为主要特征。工业发展增加了部分基础设施建设，围绕厂区的道路开始修建和完善，增加了线状要素。同时，因为工业发展对山地经济和社会的促进作用，居民点之间的道路建设也开始便利。总体上，这一阶段主要是以线状要素的增加为主。

旅游活动在山地内逐渐展开，以旅游资源、游客吃和住为主要服务功能的设施设备点开始增加，在居民点及附近地域逐渐展开，集散中心等具有综合服务的功能区利用山地地域内较为缓和的地貌开始逐渐形成，出现旅游要素的集聚现象。居民点或商服用地因旅游从业人员增多和旅游建设项目范围扩散规模变大，相应的吃、住等配套设施和服务项目也增加。后期旅游业的开发更加追求项目和产品的质量，点和线的增加不多，大多为产品内涵的提升。

与其他区域经济发展的空间扩展不同，旅游在山地的空间扩展过程是一个点和线同时增加和扩张的过程，脱离了线的点无法与游客接触、脱离了点的线对于人口分布

---

① 冯德显 . 山地旅游资源特征及景区开发研究 [J]. 人文地理 ,2006(6):67-70.

稀疏的山地来说属于浪费资源，是开发中的不利举措。具有不同性质和功能的点，有产生吸引力的资源点作为核心要素，也有满足旅游流日常所需的基础设施点。景观属于体验性的内容，但是由于旅游体验形式的多样性，部分旅游资源并不是与旅游线路直接相连，而是具有一定的距离，特别是对于观光为主的旅游资源，往往远观才能体现山体各异的形态。

与点轴理论相同的是，山地旅游开发中点的作用起到关键作用。不同的是，点并非像经济发展中的要素的集聚，而是因吃、住、观或娱等某一要素或多个要素的产生促使旅游流阶段性的停留；线对点的带动作用动力来源于游客流动，而且受到山地海拔、坡度和地质环境的影响；线的功能不限于旅游活动，可为非旅游活动功能提供便利；由于旅游具有观光等形式，一些点并不在线上，点与线之间或有较大的距离；旅游业在山地的发展和拓展过程也不会像区域经济发展那样不断增加覆盖面，因山地自然环境的限制，其点和线的数量有限。

③人地关系空间扩展机理

因旅游发展而增加的点和线都是以往人地关系作用不明显或者以非旅游活动作为主要驱动力的小范围区域。点和线为旅游活动的正常开展提供了条件，出现了旅游为主要驱动的人地关系及其变化。点和线的不断增加，体现了山地景区人地关系中旅游要素不断增加的过程，是旅游人地关系在山地不断扩大和增强的表现。点涵盖文化和思想意识范畴内的人地关系要素，如居民、旅游从业者等，因此，点的内容、形式和内涵，又反映出人地关系的主要作用方式，利于人地关系作用机理判断。

旅游要素在山地的不均匀分布和要素之间相互依赖性，使人地关系的变化主要集中于以山地环境为基质的点和线中，面状要素变化因土地利用类型而发生改变，具有滞后性和阶段性。在人地关系演化分析中，不仅是对点、线和面的空间存在状态，更是对其形成机理和相互间关系等内涵的探索过程。

4.3 山地景区人地关系演化的综合分析

对于山地景区人地关系的变化历程，可以总结为：包括旅游资源在内的山地本底资源的资本化，加上外来资本的介入，山地人地关系地域系统内生产关系发生变化，出现了新的产业、社会关系和人地之间的作用；包括旅游在内新的发展要素介入，导致资本空间化，致使资本按照山地产业轨迹在山地扩散、人地关系空间重塑；空间价值重新发现，致使空间资本化，空间"孵生"新的生产力，旅游业成为部分山地景区的主导产业、人地关系的主要驱动力。

山地景区人地关系时空演化既表现在历时变化上，又在空间上显示出分异性和拓展性。人地系统演进早期趋于随机过程，后期则通过非线性的相互作用更多地趋于自组织性，整个过程实际上是高阶有序结构的形成。[①]要素新生、消失和变化直接带动要素之间的作用、反馈过程，直观反映在空间要素存在的状态。山地在海拔、坡度、地质环境为主要限制因素下的不同地域具有发展旅游的不同功能和条件，山地地域范围内包括旅游业在内的不同产业发展、系统综合演变以及旅游系统内点和线等要素分布和变化，是山地景区内部旅游人地关系系统和要素、时间和空间、静态和动态视角下的变化过程。时空相互交融，在旅游发展状态、山地经济、社会、环境等方面反映出旅游的驱动力度变化和人地关系的演化。

①山地景区的人地关系演化特征：旅游资源被发现和逐渐利用使得人地关系中出现了新的要素和新的关系，且这种要素和关系会随着旅游业的驱动催生新的要素和关系。人们对传统要素的依赖逐渐开始减少，人地关系从原始的低位不协调开始趋向协调，中间出现一些反复，作为过渡时期的动荡变化。山地景区的功能也发生了较大的变化，未来的功能定位更加多样化。尽管旅游业发展过程中基础设施修建等附带行为和对环境的忽视可能会影响山地旅游本身发展的持续性，[②]但总体上来说，旅游业的发展促进了山地社会和经济的发展，减小了山地社会的封闭性和经济的落后性，旅游属于环境友好型的产业，能促进生态、生活、生计的协调共生。

②山地景区人地关系在任何时代都具有区域分异性，这属于在时间横轴截面上的特征。在时间纵轴上，旅游业的发展使人类活动空间进行了大范围的扩展，包括点和线等要素，受山地自身海拔、坡度、坡向等自身地理环境的影响，扩散有限，符合点轴理论的一般解释。不同的是，大多无法在面上进行扩展，扩展范围有限，实现点—轴—面的发展模式不多见，也不现实。旅游要素和旅游活动的空间分异性持续存在，使人地关系在空间分布上具有动态和静态两种表现特征。

③山地景区人地关系评价的概念模型可以通过旅游驱动力、土地利用的变化以及山地社会经济，结合对其内涵解释得到进一步的分析和验证，能较好地体现人地关系要素及其相互作用与反馈的内容，无论在时间层面还是空间层面，都具有一定的可操作性，为时空演化的分析提供了基本框架。

---

① 毛汉英 . 人地系统优化调控的理论方法研究 [J]. 地理学报 ,2018,73(4):608-619.

② HAVLÍKOVÁ M, STUPKOVÁ L C, PLÍŠKOVÁ L. Evaluation of sustainable tourism potential of the principle Giant Mountains resorts in the Czech Republic[J]. Environmental & Socio-economic Studies, 2019, 7(4): 26-35.

第 5 章　山地景区人地关系演化的驱动力

旅游景区人地关系时空变化是以旅游为主要驱动力之一的地域系统综合变化，这一驱动力的形成，受到资源、政策、经济和社会发展、利益相关者群体、旅游活动本身等多要素的综合影响，直接作用于旅游活动，抑或对旅游活动的形成和发展基础起到加速或延缓的作用。

山地旅游具有独特的观赏性、活动性、休闲性和度假性等特征，山地的山体大小、坡度、海拔等地理条件、环境承载力、山地的人文环境等有其特殊性并影响山地旅游发展。分析驱动山地景区人地关系发生改变的直接动力，以及影响直接动力的间接动力要素构成，按照旅游景区和客源地的空间分布方式对旅游动力要素系统构成进行分析，通过山地旅游发展的主要动力因子，说明动力因子作用的主要表现形式，构建旅游驱动下的山地景区人地关系变化动力因子体系，是本章所要解决的主要问题。

5.1 山地景区人地关系变化的直接动力

旅游是游客的异地探新求异活动，是依赖于旅游资源、旅游基础设施、旅游服务和管理、其他服务和设施等的综合社会活动。作为驱动山地景区地域系统人地关系变化的主要要素，山地旅游的发展机制既有一般旅游发展特征，也有独特方面。山地环境在水平上有一定的分异，更多地在垂直高度上表现出梯度变化。高度每增加 160 米相当于增加 1 个纬度，即 110 千米，速度快、类型间距短，使在同一大小地域内出现了更加复杂的物质、能量的分布状态，从而孕育出相对封闭的边际区域，[①]形成自然、人文以及"人"—"地"间关系独特的地域系统背景，为山地旅游资源的形成奠定了优越的环境基础，也成就了山地旅游人地关系的复杂性和脆弱性。因此，从旅游活动形成的最基本要素来看，旅游资源和旅游市场作为拉力和推力是最为关键和核心的要素，形成了山地旅游业，是以旅游为驱动力的山地人地关系变化的直接动力。

---

① 钟祥浩,余大富,郑霖.山地学概论和中国山地研究[M].成都:四川科学技术出版社,2000:49-50.

5.1.1 山地景区人地关系变化的根本拉力—旅游资源

系统的发生与发展主要根植于系统内部，这是系统学著名的内生观点。[1]旅游资源是旅游活动的客体，因此，旅游景区吸引力的核心在于旅游资源。如果有其他要素对旅游者产生一定的吸引力，那么这些要素是以旅游资源的形式存在或具有旅游资源的性质。且旅游资源之外的其他要素本就可以通过旅游规划和开发的各种方式进行改善和补充，从而具有旅游吸引力。游客对山地植被和环境有着普遍需求，[2]山地自然地理环境和社会文化背景下的旅游资源是核心吸引力，最可以体现旅游景区稳定和持久的吸引力，具有以下特征：

①独特性。地理环境是形成旅游资源的基础和背景。山地地貌与其他地貌的根本区别就在于其相对高差和坡度，还有海拔和环境脆弱性。独特的自然风光与文化、宗教、气候与环境、清洁的空气、基于垂直高差的原始自然景观、登山过程中产生的畅快与巅峰感受、体育活动、高山冰川、佛光等等都是山地旅游的魅力所在。[3][4][5][6][7][8]"会当凌绝顶，一览众山小"的雄壮、"空山不见人，但闻人语响"的旷美、"江碧鸟逾白，山青花欲燃"的优美、"不识庐山真面目"的神秘等，不仅打动的是古人，更是唤醒现代人对山地独特美景的向往。这些旅游资源与惯常环境形成鲜明对比，突出了山地旅游资源的稀缺性，刺激游客对探新求异的需求。

②多样性。山地旅游是在山地地域系统内进行的基于山地特殊自然条件和人文环

① 刘静艳．从系统学角度透视生态旅游利益相关者结构关系 [J]．旅游学刊，2006,21(5):17-21.

② CHAKRABORTY A. Emerging Patterns of Mountain Tourism in a DynamicLandscape: Insights from Kamikochi Valley in Japan[J]. Land, 2020,9(4):103.

③ STROMA E, KERSTEIN R. Mountains and muses: Tourism development in Asheville, North Carolina[J]. Annals of Tourism Research,2015(52):134-147.

④ DORA V. Setting and Blurring Boundaries: Pilgrims, Tourists, and Landscape in Mount Athos and Meteora[J]. Annals of Tourism Research,2012,39(2):951-974.

⑤ HULL J S. Wellness Tourism Experiences in Mountain Regions: The Case of Sparkling Hill Resort: Mountain Tourism: Experiences, Communities, Environments and Sustainable Futures [C]. London: CPI Group Ltd, 2016:25-35.

⑥ EITZINGER C, WIEDEMANN P. Risk perceptions in the alpine tourist destination Tyrol-An exploratory analysis of residents' views[J]. Tourism Management,2007,28(3):911-916.

⑦ WOLF I D, WOHLFART T, BROWN G, et al. The use of public participation GIS (PPGIS) for park visitor management: A case study of mountain biking[J]. Tourism Management,2015(51):112-130.

⑧ 王世金，焦世泰，牛贺文．中国冰川旅游资源开发模式与对策研究 [J]．自然资源学报，2012, 27(8): 1276-1285.

境的一种多样化的旅游活动类型，[①] 按照前述山地旅游资源主要类型（表 3.1、表 3.2），可以看出，山地包括有除海洋之外的所有旅游资源类型，如多样的生物、少数民族文化、季节性景观、立体气候等，此外还有佛光、高山动植物、雪山和冰川等特有资源，形成了层次分明、类型多样、文化和自然兼具的旅游资源类型。[②] 这些旅游资源的分布根据每个山地的不同，或有所区别和偏重。山地地域综合体范围内以地貌多样为基底的旅游资源类型要远多于平原地区，以地质地貌多变为特征的自然地理环境又塑造了多样的民族及其文化，使山地无论是在自然旅游资源方面，还是人文旅游资源方面，都具有更为丰富的类型。山地旅游吸引力不限于山地地貌，还体现在山地自然与生态、娱乐、民族风情、山地环境、特色产业、地质和健身等方面。旅游地满足游客需求的属性或要素越多，越具有吸引力，[③] 这些旅游资源不仅对多种游客类型具有绝对吸引力，也可以满足同一游客的不同需求。

③广域性。一般旅游目的地或景区旅游资源多围绕动植物生活地、水域、特殊地理环境等分布。水和地理环境是动植物生活的必备条件，使平原地区大部分旅游地的旅游资源分布都较为集中，呈现一定的"逐水"和"逐生物"分布特征。山地旅游资源打破了这种惯例，其具有移步换景的优势，"横看成岭侧成峰，远近高低各不同"展现出山地地貌作为旅游资源的遍布性。无论是湿润环境下郁郁葱葱的森林植被，还是干旱气候下苍凉荒芜的石漠秃山，地貌和自然地理环境本身就可以作为旅游资源，且是山地最具特色的旅游资源之一，具有广域性。

④复合性。山地旅游资源并非全部为山地所独有，除特有资源之外，大部分山地旅游资源在其他类型地域可见，如湖泊、森林、草原、野生动物、河流和民俗文化等。除形态有所不同外，这些资源都是多种类型同时存在于同一山地地域中，具有复合性。

资源的禀赋状况提供了旅游产品开发的基础，从供需角度上，形成了强大的拉力。山地旅游资源的这些特征使其具有强大的吸引力，可以吸引不同年龄阶段、不同兴趣爱好的多样化的游客，可以满足游客在吃住行游购娱等基本需求之外的度假、休闲、娱乐、康养、生态、研学、会议和运动等旅游需求。大多山地旅游地都具有综合性旅游功能，如吉林长白山国家旅游度假区以度假功能为导向，对山地地域进行综合开发，形成酒店集群、休闲娱乐项目集群、体育运动、度假地产为主要功能的一站式旅游消

① 王娟, 明庆忠. 山地旅游研究的主要领域及建议 [J]. 桂林理工大学学报, 2017, 37 (4):723-730.

② 明庆忠. 走出中国资源环境困局的新思维: 山—海战略 [J]. 云南师范大学学报（哲学社会科学版）, 2011, 43(3): 44-51.

③ LEE C F, HUANG H I, CHEN W C. The determinants of honeymoon destination choice-the case of Taiwan[J]. Journal of Travel & Tourism Marketing, 2010, 27(7):676-693.

费聚集地。国内类似的山地旅游地不在少数，除长白山这种具有天池、中温带高山植被、雪地运动休闲等独特旅游资源的山地之外，还有一些非知名山地，凭借市场区位、服务功能等形成山地旅游综合体，且逐渐树立了自己的品牌和特色，如莫干山。

旅游资源是旅游业的基础，是客观存在的。山地旅游资源的特殊性使其旅游业发展成为可能和必需，是山地旅游人地关系产生的前提，也是人地关系演化必不可少的条件。

5.1.2 山地景区人地关系变化的直接推力——旅游市场

山地是拥有以重力势能为特征的多种能量形成的复杂动力系统，对其物质运动过程、方向和强度产生深刻的影响。[①]人类旅游活动作用于山地人地关系的力度和方式不尽相同，使山地地理过程有不同程度的变化，有些变化比较深刻，有些变化较为简单；有些变化不可逆，有些变化可以通过人类活动适当干预；有些变化是社会经济的，有些变化是生态环境的，这些综合表现于山地旅游发展对人地关系变化作用的范围、深度和力度。旅游发展中的人类行为不仅包括现实旅游者的旅游活动，还包括潜在旅游者所决定的旅游建设、营销等活动，共同对旅游地的环境和社会经济产生影响，作用于山地景区，成为引发人地关系变化的直接推力。（表 5.1）

从不同旅游活动类型的视角，可以判断直接作用于山地景区的行为对山地原有地理环境的影响。对于山地旅游的供应者来说，度假和休闲娱乐活动所需要的建设项目较多，对山地环境的作用力度（深度）最大；生态体验是山地普遍可采取的旅游活动类型，作用范围较广，但是力度不大。对于山地旅游者来说，观光是最为普遍的一种山地旅游形式，适用性较强，其对环境作用的范围最广；生态的特殊性和其相对封闭的环境也使生态体验成为山地重要的旅游体验类型；度假和休闲娱乐对资源和设施的利用最多，其对人地关系作用过程的力度也最大。

表 5.1　不同旅游活动类型通过项目建设和游览活动对山地环境的作用

山地旅游活动类型	建设活动		旅游活动	
	作用范围	作用深度	作用范围	作用深度
观光	+	+	+++	+
山地运动	++	++	+++	+
度假	+	+++	+	+++

---

① 钟祥浩，余大富，郑霖. 山地学概论和中国山地研究 [M]. 成都：四川科学技术出版社，2000:44-46.

山地旅游活动类型	建设活动		旅游活动	
	作用范围	作用深度	作用范围	作用深度
生态体验	+++	+	+++	+
探险	++	+	++	++
休闲娱乐	++	+++	++	+++
研学科考	+	+	+++	+
会议	+	+++	+	++
康养	+	+++	++	++

从不同山地地理条件下适用的多种旅游活动类型可以看出，山地景区人地关系演化的驱动力比其他地域系统更为多样和复杂。传统的度假和休闲娱乐等活动，对山地人地关系影响的作用有一定的深度，力度较大，比其他驱动力的作用过程更为透彻。

而观光、度假、探险、休闲娱乐和生态体验等旅游活动与生物和水体等资源分布、地貌形态等密切相关，基于山地高梯度效应的山地自然环境以及由此而形成的山地人文环境是旅游活动在山地分布的关键因素。它既是山地人地关系变化直接驱动力产生的根本原因，也是分析山地人地关系优化和可持续发展、综合性研究的基础。[1]

山地地理环境对这一系列影响的反作用，完全在于自身的环境容量，即取决于坡度、海拔和地质环境。坡度越大，海拔越高，地表剥离度越高，环境的稳定性越弱，对于人类活动的抗压性越小，增加了旅游活动和项目建设正常开展的风险性。

5.2 山地景区人地关系变化的间接动力

作用于山地系统的旅游活动及项目建设活动，会对山地系统内的人地关系要素产生直接影响，而旅游活动和旅游建设活动则由诸多因素所影响，起到推动或阻碍的作用，这些因素属于人地关系演化的间接动力。与直接动力不同，间接动力构成要素很多，可分为旅游景区地域系统驱动力和客源地驱动力两部分。将信息、交通、营销等普遍存在的要素分别融入景区和客源地中，以山地景区的自然地理、生态环境、社会文化、旅游资源和产品、旅游政策、经济发展诉求、旅游业的发展、旅游营销和信息

---

[1]　明庆忠 . 山地人地关系协调优化的系统性基础研究——山地高梯度效应研究 [J]. 云南师范大学学报（哲学社会科学版），2008, 40(2):4-10.

推广、旅游交通等为主要指标，构建山地景区动力要素子系统；从山地景区之外的经济发展状况、社会状态、市场需求、政治稳定、旅游业的发展及推广、国家和区域整体发展战略等方面，构建山地旅游发展客源地动力要素子系统。

5.2.1 山地景区地域系统动力要素子系统

驱动山地旅游业不断发展，且对旅游有推动作用的主要要素有山地经济发展、旅游营销和信息推广、交通发展、生态环境和其他产业的发展等，这些要素又由不同的指标构成，形成山地景区地域系统动力要素子系统。

5.2.1.1 旅游政策是不可或缺的保障力，更是引领力

旅游政策是驱动旅游业发展的重要动力，从制定、实施或评估的角度，以经济、财政、税收、社会、环境或多者协调为目标，由国家或地方政府及主管部门发布的针对旅游业发展的一系列法律法规、鼓励政策、规章制度、办法、措施和要求，围绕刺激需求、完善供给、优化环境、提高竞争力等展开，以促进旅游业和区域发展的协调与合作、市场营销、技术知识、产品多样化、服务质量等，是公共政策的一种具体类型，又是旅游业管理的依据和准则，[1][2][3] 具有一定的强制性。

从山地原有落后和封闭的社会经济系统角度，旅游政策对于山地旅游业的发展来说，不仅是传统意义上的"锦上添花"，更是"雪中送炭"，解决了很多其他要素难以跨越的，如资金、基础设施、人才等发展障碍。

①直接政策

旅游发展政策。一般由政府部门、旅游相关部门和组织等发布的直接以促进和发展旅游业具体举措为主要内容的规定和要求等属于直接政策。我国旅游景区的经营分属于不同的管理部门，如文化和旅游部、住房和城乡建设部、自然资源部等，并且由不同层级的部门交叉管理，山地旅游地因其资源呈现的多样性，也根据自身原有资源隶属于不同多个部门，多头管理。特别是对于具有多个头衔的山地景区来说，其建设和发展更是要综合多个标准，如自然保护区属于国土资源管理、国家森林公园属于林草局管理、风景名胜区归文化部管理等，造成在管理和政策推行方面有较大不同，较为复杂，但逐渐趋向于对经济、社会、环境的综合考虑。目前仍然在规划和建设过程中的山地景区需要综合多个管理部门政策和意见的普遍现象，加大了开发和规划以及

---

① 李锋. 国外旅游政策研究：进展、争论与展望 [J]. 旅游科学, 2015,29(01):58-75.

② 罗明义. 关于建立健全我国旅游政策的思考 [J]. 旅游学刊,2008,23(10):6-7.

③ 宋瑞，王明康. 欧美主要国家旅游政策内容分析 [J]. 杭州师范大学学报（社会科学版）, 2019, 41(1): 107-117, 130.

112

后期经营管理部门的工作量。旅游项目评审和日常监测仍处于多个部门各自为政的管理模式，导致很多旅游地不愿意申请头衔，多规合一还有较长的路要走。

山地旅游发展政策与山地社会经济发展以及生态环境保护密切相关，其目的在于促进三者之间的协调。由于利益相关者数量众多，且不同群体对旅游发展诉求的不一致，山地景区的旅游发展政策侧重点不一，但总体上推动了旅游业在山地的规范化发展和管理，有利于促进山地人地关系的协调发展，以及山地社会经济、环境、旅游业的宏观调控。

资金政策。大多山地属于经济较为落后地区，对于旅游业发展过程中所需要的交通、住宿、基础设施和服务设施等建设资金，财政支持力度有限。基础设施投资大、见效慢、利润少等，民间资本大多不愿意冒险投资，个人的投资力度有限，再加上山区大多远离城市，基础设施建设资金需求量比普通旅游地更大，只能通过旅游资金政策的扶持、鼓励和优惠，才能完成山地旅游前期的项目建设，为后期旅游的顺利推广扫清资金障碍。

人才和技术政策。山地社会较为封闭，开放力度不够，对外来人才和技术的吸引力有限，不利于先进的经营、管理和建设经验及技术的输入。在旅游经营和宣传方面缺乏对市场的认知和把控，在旅游建设方面缺乏对山地环境的控制和改善技术，在管理方面缺乏对旅游业人才发展和引进的对策。山地旅游人才和技术政策，有利于旅游发展方向的正确性和后备力量的稳定性。

②间接政策

影响山地旅游发展的政策不仅包括旅游政策，还包括非旅游政策，对旅游业的发展具有推动、支持和保护作用，制度、经济、环境、发展阶段等因素是其最重要的影响因素。[①] 正是由于旅游涉及诸多的行业和部门，新政策的制定往往必须兼顾多个领域。从政策的内容、制定过程和实施情况而言，很少有独立的旅游政策，多为区域政策的一部分，即地区经济发展政策的附属政策。对山地少数民族文化发展的引导政策可以较好地保护民族和文化资源，控制山地空气、水质、土壤污染的政策可以维持山地良好的环境，严禁对森林植被的破坏可以保证山地的生态平衡和可持续发展，鼓励山地其他产业和社会经济发展的政策可以促进山地经济结构更为多样和稳定，对山地居民的文化和技能培训可以提高当地劳动力的就业率、培育潜在旅游从业者和相关工作人员的素质。

阿尔卑斯山制定的山区政策包括单一部门、跨部门和综合政策 3 种类型，涉及经

---

① 李锋 . 国外旅游政策研究 : 进展、争论与展望 [J]. 旅游科学 , 2015,29(01):58-75

济、基础设施以及环境等多方面，加之欧盟为减少地区之间尤其是和弱势地区的差异所制定的一系列涉及山区农业、林业、交通、环境、投融资等方面的法案和计划，建立了一个面向山区经济可持续发展的综合框架，① 为阿尔卑斯山地区的旅游业发展提供了完备的政策支持，旅游业快速而健康发展。

政策制定应根据游客行为特征和反馈，作出调整和改变，以应对和减缓当地社会—生态系统的负面影响，促进旅游发展的"可持续性"。② 在政策导向正确的前提下，无论是与旅游业发展直接相关的支持政策，还是间接促进山地经济、社会和环境协调的政策，都对山地旅游业的发展起到积极的作用。

5.2.1.2 利益相关者的多样诉求相互牵制、耦合

欧洲是世界发达国家最为密集的大洲，但阿尔卑斯山区在旅游开发之前，一直都是经济较为落后的地区，与其他非山地地区形成鲜明的对比。20 世纪中期，旅游业成为这一地区人口复苏和经济振兴的主要推动力，以农业、乡村发展、交通等基础设施，以及一些保健服务为支撑，着力打造以旅游为主导产业的区域发展产业体系，对改善当地人的生活水平起到了关键作用，③ 旅游业作为山地社会经济推动主要力量的典范不断被世界其他国家所学习。④

我国的山地主要集中在西部地区，经济发达和人口集中区域主要在东中部地区，形成了明显的区域发展特征。由于政治历史、区位、人口数量和分布、文明发展史等原因，山地地貌起伏不平造成的不少山地荒漠化和石漠化严重、水土稳定度不高、泥石流等自然灾害多发、建设工程技术要求高等问题，以及山地地貌的隔离作用所形成的山地社会封闭和经济落后等问题，一直以来都是影响我国山地地区经济落后的关键所在，同样适用于东部地区的山地。2020 年全面建成小康社会的目标实现过程中，山区占有很大比例，成为重要的脱贫攻坚实践场地。⑤ 由于旅游业能较好地利用山地旅游资源，且较少对环境造成大的破坏，诸多山区将旅游业作为脱贫的重要手段。无论是脱贫，还是山地正常开发与发展，经济诉求都是山地旅游业发展的重要目标之一。在旅游业发展初期，部分山地将经济作为最主要的目标来发展旅游业，在促进经济发展的同时，也出现了一些环境污染和社会问题。

① 陈宇琳. 阿尔卑斯山地区的政策演变及瑞士经验评述与启示 [J]. 国际城市规划，2007,22(06):63-68.
② 李佳，陈佳，杨新军. 旅游社会—生态系统的运行机制 ——以西安市上王村为例 [J]. 地理研究,2015,34(5):977-990.
③ 陈宇琳. 阿尔卑斯山地区的政策演变及瑞士经验评述与启示 [J]. 国际城市规划，2007,22(06):67-72.
④ 邓伟，熊永兰，赵纪东，等. 国际山地研究计划的启示 [J]. 山地学报，2013,31(03):123-130.
⑤ 国务院扶贫开发领导小组办公室. 全国 832 个贫困县名单 [EB/OL].[2014-12-23]http://www.cpad.gov.cn/art/2014/12/23/art_343_981.html?from=timeline&isappinstalled=0.

因此，越来越多的组织和个人开始加大对除经济之外的其他利益的追求，但是旅游作为一种区域发展的重要推动力量，即便是在山地经济全面发展的时代也需要注重收益，表现在山区居民收入、产业收益和财政收入的增加。因此，山地旅游发展的经济发展诉求动力，从个人、集体和政府层面都获得了现实的支撑。（表 5.2）

此外，山地其他产业，也驱动了旅游业的进一步发展。餐饮、住宿和零售等服务业的标准化和个性化双向发展方向，极大地满足了游客的旅游需求，使基础设施更加灵活和人性化；产业融合不断拓宽自身的发展道路，"+ 旅游"产品不断推陈出新，山地凭借其特殊的农业景观（如梯田、茶园）、独特的产业（如工矿地）和产品（如中草药、民族手工艺品）等直接带动旅游业的发展。

表 5.2　山地旅游发展主要经济利益群体诉求实现路径

经济利益群体	旅游发展的经济诉求实现路径
山地居民	在以往就业和收入的基础上通过旅游业所提供的导游、向导、牛马车辆等租赁、食宿提供等方式增加多种就业方式、扩大收入来源、提高收入水平；综合利用山地资源，联合山地其他产业使各个产业之间融合，促进以家庭为主要形式的农业生产（土特产等）、工场手工业（当地特色手工艺品等）生产和销售；通过旅游业上游产业和下游产业部门提供的就业岗位获取收入
山地旅游企业	利用山地旅游资源扩大游客和旅游消费水平，以多样化的旅游业态促进山地形成旅游综合体，扩大旅游业在山地的规模，形成集聚效应，强化旅游品牌
其他企业	"+ 旅游""旅游 +"促进产业融合、相互促进、共享资源
政府部门	通过促进旅游业发展增加财政收入；以旅游业为引导吸引外来资本投入，扩大山地基础设施建设和完善；以旅游发展作为脱贫的主要方式，是目前中国山区采用较多的扶贫方式

5.2.1.3 旅游与山地交通的双向推动作用

外部交通是山地旅游地可达性的重要指标，内部交通则可以推动旅游活动的多样性、体验性和独特性，两者都是山地旅游发展的重要推力。

①交通发展与山地的产业发展相协调，才能更加有效地发挥对旅游的促进作用。交通是旅游实现的中介，没有交通，就无法完成游客从客源地到旅游地的流动，也无法实现游客在旅游景区内的游览。作为旅游正常运行的必要条件，交通现状发展将会对旅游业的促进和制约起到一定的决定性作用。并非交通越发达，越有利于旅游业的发展，在以旅游作为主导产业的区域，交通发展超出现实生产需求，会加重对道路修建和维护的人力和资金负担，反而不利于两者之间的协调发展，也有可能减少游客逗留时间。交通属于公共服务部门，具有综合产业构成的地区对交通的利用更加充分，

激发交通业的快速发展；以传统农业为主的山地地区对交通的依赖性不大，交通建设的需求动力不足。

②不同时期旅游业的发展对交通的需求不一。交通与旅游之间的关系在山地和非山地表现不一样。在平原地区，交通运输等方面较少受到地质地貌影响，建设相对较为容易，同样条件下的山地则需要较高技术和较大成本。此外，平原地区原有的交通基础较好，区域之间的通达性较高；山地地区的原有道路系统大多较为稀疏和单一，[①]是造成山地社会文化封闭性的重要原因之一。以游客游览为主要目的的新建交通线路多和旅游资源与旅游设施的位置相关联，特别是山地内部交通、以旅游业为主要驱动力的山地景区，以及新开发的山地旅游地交通，都主要以服务旅游业为主要目的、同时方便山地社会生活运转。在旅游业发展的早期，交通运输条件改善可以直接促进旅游经济快速提升，后期随着交通完善，其对旅游业影响力度的变化就逐渐减小。[②]

③交通对旅游的驱动作用表现于两者的双向驱动。旅游要素在山地的空间布局直接取决于山地旅游资源的分布、山地自然地理环境可开发的适宜性和便利性。交通系统优化助推旅游空间联通、旅游发展范围及其单元扩展，形成旅游要素空间格局；旅游产业发展获得经济收益，优化山地产业结构体系，为建设交通系统提供了资金，也为加速交通不断完善提供了需求动力；两者形成一个作用与反馈的循环体系，达到旅游促进交通、交通促进旅游的耦合协调、双向驱动的发展体系。[③④⑤]

④不同交通对山地旅游发展的推动作用不同。交通包括陆路、水路、空路等，是影响山地旅游发展的重要因素。[⑥⑦]传统的陆运交通严格受制于山地地貌和地质环境，在高寒山地地区还要关注气候因素，保证道路在不同季节的畅通与安全性。陆路是游客采用的较为普遍的通行方式，可以让游客更多地融入山地氛围之中，山地体验更为充分。在部分道路无法实现的山地旅游资源和服务设施之间以及可提供特殊交通体验

---

① 刘安乐，王成，杨承玥，等．边疆山区旅游城市的交通与旅游发展耦合关系——以丽江市为实证案例[J]．经济地理，2018,38(1):196-203.

② 吴磊，焦华富，叶雷．皖南国际文化旅游示范区旅游经济与交通耦合协调发展的时空特征[J]．地理科学，2019,39(11):1822-1829.

③ 刘安乐，王成，杨承玥，等．边疆山区旅游城市的交通与旅游发展耦合关系——以丽江市为实证案例[J]．经济地理，2018,38(1):196-203.

④ 蔡瀚赓．云南省边境地区交通与旅游耦合分析及其驱动机制研究[D]．昆明：云南师范大学，2019.

⑤ 明庆忠．边疆山区旅游与交通空间结构演变及效应研究[M]．北京：社会科学文献出版社，2017.

⑥ NEWPANEY R, Lee S K. Mountain Tourism Development and Impact of Tourism: A case study of Himalayan State Sikkim[J]. 호텔경영학연구，2016,25(7):329-349.

⑦ 李东．山地休闲度假旅游适宜度评价体系构建与实证研究——以伊犁地区为例[J]．干旱区地理，2015,38(2):403-410.

方式的区域，水运和空运则发挥出优势，为游客带来独特的体验，是山地旅游重要的吸引力之一。溜索、缆车、滑翔翼、漂流、热气球、游艇、山地火车体验等都是山地独特的旅游项目，在一些山地景区还是主要的收入来源。

旅游活动要求交通的不断发展，交通反过来促进旅游业的发展，这在以旅游为主导产业的山地景区表现较为明显。在多产业交互和综合发展的山地地区，交通的发展并非只受旅游产业所推进，交通发展之后的受益单位和个人也较多。越是在旅游业发展的早期，交通对旅游业的驱动作用越明显。随着徒步、自驾、体育运动等旅游活动在山地的兴起，以及交通工具的多样化和完善化，交通驱动旅游发展则是以交通作为特殊旅游资源等形式的作用，山地多样化的内部交通将成为山地旅游持续的吸引力。

5.2.1.4 旅游营销是山地旅游发展的催化剂

目的地及景区品牌树立、宣传口号的推出、形象塑造和提升、游客忠诚度的培育等是旅游地不断扩大自身影响力的营销方式和手段。[1][2][3] 旅游营销的途径是多样的，可以由政府、企业、组织和个人等牵头，通过网络媒体、旅游演艺、节庆和事件等不断扩大影响力。[4]

①营销主体的阶段性不同。在旅游营销的主体方面，政府在全局性的、战略性的和不具有直接产出性的营销投入具有优势，通过强有力的策划活动和热点盛事活动，对旅游项目，特别是旅游地整体的形象和产品进行较为整体和客观的推介，[5] 且在整体营销过程中，资金、信息、技术等方面不受限，较为充足。企业和个人等在营销过程中，因为资金和个人利益驱使的原因，更多的是对产品营销，无法较好地对目的地进行宣传，也无法更好地发挥地方旅游品牌和集聚效应。山地旅游地一般体量较大、项目众多、类型多样，且与地方自然和文化相互结合，具有鲜明的地域特色，旅游带动作用强。以政府为牵引的旅游营销，不仅可以深度结合地方文化和多项旅游资源，建立统一的信息平台，扩大营销的范围、力度和说服力，而且有利于以山地景区为品牌和核心的目的地整体形象的塑造。在旅游发展较为稳定和成熟的时期，企业则发挥自

① WANG Y, HUANG L, LI J, et al. The mechanism of tourism slogans on travel intention based on Unique Selling Proposition (USP) theory[J]. Journal of Travel & Tourism Marketing,2019, 36(4):415-427.

② KUMAR V, KAUSHIK A K. Achieving destination advocacy and destination loyalty through destination brand identification[J]. Journal of Travel & Tourism Marketing,2017,34(9):1247-1260.

③ KIM S, LEHTO X, KANDAMPULL J. The role of familiarity in consumer destination image formation[J]. Tourism Review, 2019,74(4):885-901.

④ 王国钦，曹胜雄，葛丽芳，等 . 两岸十家 SNS 网站内容与产品置入分析——以旅游营销为视点 [J]. 旅游学刊 , 2010, 25(7):40-46.

⑤ 池雄标 . 论政府旅游营销行为的理论依据 [J]. 旅游学刊 , 2003, 18(3):58-61.

主、灵活的营销方式，政府依然在宏观层面对包括山地景区在内的地方旅游进行宣传。政府、企业、个人是因不同目的而同时存在的营销主体，在不同时期和内容上发挥功效。

②营销内容的变化。山地旅游吸引力会随着时间和市场的变化而演变，[1] 对旅游营销提出新的要求；部分山地由于社会和经济发展阶段，以及区域发展的特殊性，在不同时期关注的发展目标不同，有其各自的营销重点，解决不同时期山地旅游形象和品牌建立、扩大和稳定市场、产品提升等问题，且营销的内容不断细化和具有针对性。对不同市场和不同区域，旅游目的地和景区采取不同的营销策略，进行本地旅游信息的推广。[2] 因为对经济利益追求的特殊关注，山地旅游营销内容大多经过形象塑造、扩大知名度、树立品牌、稳定市场等几个关键的营销节点，在达到山地旅游整体发展的基础上，对各个层次旅游吸引力的全面释放，[3] 不断结合本地的特殊产业，促进本地经济发展、民族文化保护和社会不断开放。由于山地旅游资源的多样化，山地内对游客具有吸引力的所有事物都可适当开发为旅游产品，旅游不仅可以采取直接营销的形式，也可借助山地农产品和土特产、山地体育赛事、康养设施等形成旅游融合产品，不断扩大自己的吸引力，达到一定营销的效果。充分关注游客内心情感，注重结合社会热点问题，整合运用社会媒体，充分发挥隐性营销的力量。[4]

贵州省的"山地公园省、五彩贵州风"旅游口号首先是由省级部门牵头，开始在全国和世界范围内进行宣传，并在贵州成立了"国际山地旅游联盟"。这种营销需要大量的资金和公关资源，企业难以形成营销大气候，影响范围有限。之后的营销则由地方政府、旅游景区和企业联合推出山地旅游产品，结合当下较为流行的山地运动、高空飞行等不断丰富完善贵州的山地旅游，发展产品体系，为整体形象打造和山地旅游品牌建设的立体化建构做足了工作。

因此，大多山地旅游营销的推动力量早期依赖于政府，后期则是政府、旅游企业和其他产业部门共同作用的结果，营销的内容和形式也更加多样化和灵活，与旅游市场和山地的社会经济相结合，针对性和目的性更强。

————————

① CHARLES A, DARNE O, HOARAU J F. How resilient is La Reunion in terms of international tourism attractiveness: an assessment from unit root tests with structural breaks from 1981-2015[J]. Applied Economics, 2019,51(24):2639-2653.

② 吕君. 面向北京地区的内蒙古旅游营销对策分析 [J]. 干旱区资源与环境, 2011, 25(6):201-205.

③ BOIVIN M, TANGUAY G A. Analysis of the determinants of urban tourism attractiveness: The case of Quebec City and Bordeaux[J]. Journal of Destination Marketing & Management,2019(11):67-79.

④ 谭业. 旅游隐性营销：新时代的旅游营销理念变革 [J]. 经济地理, 2013, 33(9):184-187.

5.2.1.5 生态环境是无形的山地旅游资源和山地旅游健康发展的标杆

生态安全屏障是山地具有的特殊生态功能，使山地生态系统结构与生态过程较少受到外界的破坏，形成多层次、有序化、稳定的、与自然和人文环境相协调、并对邻近或大尺度环境的生态安全起到保障作用的空间格局。[①] 山地生态安全屏障使其形成了较为独立的地域系统，自然地理环境与周边有较大差异。生态环境作为自然地理环境的重要构成，是山地自然旅游资源空间分布格局形成的背景及自然旅游资源独特性和吸引力孕育的摇篮，也是山地旅游重要的体验内容，为人们提供了清新的空气、丰富的动植物景观、凉爽或温暖的小气候等。

山地传统的生态服务功能包括水源涵养功能、水土保持功能、维持生物多样性功能，[②] 这一独立生态系统具有自身的运行规律，对山地周边的水文、大气、温度、植被和土壤等起到供给、阻隔、决定、影响等作用，形成了独特的生态氛围，也为人类的生产、生活孕育了丰富的土壤，形成了山地特殊的民族文化、风尚习俗、农业及特殊产业的生产内容和方式等，成为山地旅游发展的人文资源基础。山地是一个集生态、社会、经济于一体的系统，其经济薄弱，对环境变化敏感，[③] 要求在产业布局和发展中，要尊重和顺应山地生态系统的发展规律，尽量减少环境的变化。同时，还要关注原有山地系统内外部物质、能量和信息流动中不平衡性可能造成的生态危机和破坏，以免山地生态系统崩塌，或造成不可逆的变化。与其他产业相比，山地旅游业较好地契合了山地生态系统稳定和持续发展的需求，在其经济效益和社会效益的共同推动下，成为一般山地发展的重要形式。需要提出的是，山地旅游的生态发展之路并非任意和绝对的，即便山地旅游发展促使土壤、空气、温度等环境要素发生改变，[④⑤⑥⑦] 采取积极合理的方式，控制山地旅游发展强度，以生态旅游的发展方式，既可以保护

① 钟祥浩. 中国山地生态安全屏障保护与建设 [J]. 山地学报, 2008, 26(1):2-11.

② 荣月静，杜世勋，郭新亚，等. 太岳山地生态系统服务功能权衡协同关系研究 [J]. 环境科学与技术, 2018, 41(11):181-190.

③ LUTHE T, WYSS R, SCHUCKERT M. Network governance and regional resilience to climate change: empirical evidence from mountain tourism communities in the Swiss Gotthard region[J]. Regional Environmental Change, 2012, 12(4):839-854.

④ 吕连琴. 河南山地旅游开发问题与对策 [J]. 地域研究与开发, 2006, 25(3):60-64.

⑤ 平措卓玛，徐秀美. 珠峰登山旅游碳足迹及碳效用分析 [J]. 西藏大学学报 (社会科学版), 2016, 31(1):145-149.

⑥ BARROS A, MONZ C, PICKERING C. Is tourism damaging ecosystems in the Andes? Current knowledge and an agenda for future research[J]. AMBIO,2015(44):82-98.

⑦ DAWSON J, SCOTT D. Managing for climate change in the alpine ski sector[J]. Tourism Management, 2013, 35(4):244-254.

环境，又可以满足人们追求经济的目的，① 将山地的环境容量、地质地貌、水环境、动植物和大气环境等关键生态因子与旅游建设选址布局、道路交通、建筑设计等问题相结合，②③④ 可以在一定程度上避免环境恶化，使环境变化在可控范围之内。此外，通过旅游业促进经济多样化和网络管理可以增加山地旅游的稳定性和灵活性，也增加了区域对气候变化的弹性应对。⑤

因此，山地生态环境对旅游发展的驱动作用表现在：是自然和人文旅游资源形成的基础，也是旅游资源的重要构成；山地旅游是对山区环境破坏较小的生产方式之一，大多山地主动发展旅游业以促进区域经济和社会的进步；山地生态环境的发展要求也促使山地产业结构不断优化，使山地人文环境具有更加稳定的结构，利于旅游业的发展。

5.2.2 山地旅游客源地动力要素子系统

山地内外系统间相互作用、相互协调，不断进行物质流、能量流和信息流的交换，构成山区发展的全过程。⑥ 山地旅游的发展不仅依赖于旅游景区优越的旅游资源和生态环境、完善的基础设施、便利的旅游政策，也需要旅游景区之外的旅游市场持续供给。而旅游市场的形成和经济、社会、政治等大环境和氛围密切相关。山地旅游客源地动力要素子系统主要表现在较为宏观的层面。

5.2.2.1 经济发展为山地旅游市场产生和扩大提供了基础

①旅游是减少山地与非山地区域经济差距的方式之一。

二战之后，世界发达国家经济进入快速发展时期，发展中国家的经济开始逐渐复苏。自改革开放以来，中国经济发生了翻天覆地的变化，国内生产总值和社会生产领域不断创新高，中国经济增长取得了举世瞩目的成就，生产能力和发展水平不断提高，

---

① VALAORAS G. Conservation and Development in Greek Mountain Areas: Tourism and Development in Mountain Regions[C]. London: AMA Dataset Ltd,2000:69-83.

② 张晶 . 基于生态学的山地旅游度假区生活服务基地规划设计——以柞水盘谷山庄规划设计为例 [D]. 西安 : 西安建筑科技大学 , 2007.

③ 余存勇 , 山地旅游度假区规划控制研究 [D]. 重庆 : 重庆大学 ,2009.

④ NEPAL SK. Mountain ecotourism and sustainable development: Ecology, economics, and ethics[J]. Mountain Research and Development,2002,22(2):104-109.

⑤ LUTHE T, WYSS R, SCHUCKERT M. Network governance and regional resilience to climate change: empirical evidence from mountain tourism communities in the Swiss Gotthard region[J]. Regional Environmental Change, 2012, 12(4):839-854.

⑥ 冯佺光 , 钟远平 , 杨俊玲 . 山地生态经济集群开发特征与路径分析 [J]. 地域研究与开发 , 2012, 31(2):26-31,53.

经济结构逐渐趋于完善，创造了和谐的产业整体发展环境，为经济发展提供了良好的氛围，不断促进全国、区域和地方经济发展。我国经济发展区域差异较为明显，西部地区多山地、高原，连片特困区的 680 个县市，基本上位于山区，西部山区的发展是目前我国经济发展的重点工作之一。一方面，西部以山地为主要地理特征之一的区域经济发展诉求从未间断；另一方面，东部经济发达地区的社会文化需求有待满足和拔高，进而形成了以东西部因经济发展差异而形成的势能差。这种势能差在旅游领域表现为需求、供给和功能的不同分布，可以通过旅游活动在一定程度上得以缓解。

②经济总体发展水平增加了人们的旅游消费需求。

从外部经济发展的角度来说，只有足够强大的经济实力，才足以支撑旅游市场的持续、稳定。近年来，我国贫困山区旅游扶贫工作得到进一步实践和落实，成为中国特色扶贫道路上的靓丽风景。国家统计局公布，2019 年中国国内生产总值超过 99 万亿元，按可比价格计算，比上年增长 6.1%，符合 6%~6.5% 的预期目标，这一增长数值在世界上较为突出，显示出中国巨大的经济发展潜力和旅游消费坚实的经济后盾。文化和旅游部统计数据显示，2019 年，全国人均可支配收入增长 8.9%，恩格尔系数降至 28.2%，包括旅游消费在内的服务消费持续提升。[①] 作为拉动内需的重要手段，随着黄金周、带薪休假、传统节日、周末等公共假期的落实，旅游业的增长空间越来越大。

③经济结构的不断调整为旅游提供了良好的产业环境。

发达国家经济发展逐渐趋于平缓，发展中国家经济势头依然持续，产业结构更加细化和稳定。经济全球化和世界经济一体化加速了全球经济发展的竞合进程，强化了各经济体之间的联系，增加了世界和区域范围内资源优化配置的自由度，扩大了技术和信息流通的范围，形成了包括旅游业在内的产业整体大发展的局面：交通运输业的多样化、便利性和价格的降低使得时空不断压缩，减少了人员流通的限制，为旅游活动消除了联通障碍；网络、媒体等信息产业的全球化和智能化减少了地区之间文化沟通和理解的障碍，使山地的封闭性变小，其文化和发展状况能较为客观地展现在世人面前，增加了人们对边远山地认知的欲望；微信、支付宝等网络支付功能减少了旅游过程中现金支取的障碍，快递物流方便了旅游纪念品、特产的运输；文化、娱乐产业加大了对不同区域地方特色的挖掘，少数民族及其民俗成为山地重要的旅游吸引物。

随着世界经济的持续发展，旅游活动已不再是富裕阶层独享的文化体验方式，已融入社会各个群体。从供给层面上不断拉动消费需求，从需求层面上不断扩大、增强、

---

① 2019 年全国居民人均可支配收入 [EB/OL]. (2018-03-28)[2020-10-15] http://www.gov.cn/guoqing/ 2020-03/09/content_5362699.htm .

满足人们社会文化需求的产品种类、内容和品质，都需要包括山地在内的旅游业的不断发展。山地旅游正是顺应了时代经济发展的特征，因其旅游资源和产品的丰富、多样和独特性在未来显现出其更加巨大的魅力。因此，世界经济发展为山地旅游产生和不断发展提供了经济基础。

5.2.2.2 社会发展增强了山地旅游动机

①社会对旅游需求的增加。

根据马斯洛的需求层次理论，在人们基本的生存条件得到满足之后，就会有高级的需求产生。需求包括物质需求和精神需求，精神需求是通过满足人们的信念、价值观、审美等精神愉悦而得以实现。作为人们休闲、娱乐、度假等的异地体验活动，旅游因其经济外壳和文化内涵隶属于人类的高等级需求，是物质需求与精神需求的双重组合。中国即将进入小康社会，14亿人口的社会文化需求空间巨大。人民生活水平稳步提升，国家的主要矛盾从"人民日益增长的物质文化需要同落后生产之间的矛盾"转向"人民日益增长的美好生活需要和不平衡不充分的发展之间的矛盾"，教育、艺术和娱乐等领域的社会文化供给急需扩大和提升。与教育等刚性需求不同，旅游体验内容可以与社会发展相结合不断转型升级，是一种没有上限的需求，且日益表现出常态化、生活化和个性化。山地旅游满足了人们度假、休闲、娱乐、运动、康体、研学、亲子、科普教育和旅居养老等多种文化需求，实现其社会功能和价值。

中国拥有5000年的文明历史，也拥有独特优美的自然风光；西部地区有巍峨雄壮的高山，南方有秀丽多姿的连绵山地，东部有形态各异的名山大川；道教、佛教等文化名山比比皆是，山地民俗文化处处多彩；山地文明回望历史画卷，响应文旅融合发展机遇；山地旅游成为人们认知、审美、信念、理想和休闲等社会文化需求得以满足的综合实践场地之一，这也是山地旅游再次在中国兴盛的原因之一。

②社会稳定保障了旅游的正常进行。

和平与发展是世界的主题，局部地区虽有动乱，但是世界整体政局较为稳定，普遍奉行多边主义，相互间的博弈与竞争大多以经济方式存在。中国稳定的政治和社会环境为旅游活动提供了保障，是良好社会氛围的前提，消除了人们外出时对安全隐患的顾虑。除受到重大公共安全突发事件之外，旅游业都会保持一定的发展势头，持续增长。（表5.3）

表 5.3　中国旅游业近 15 年发展历程

	国内旅游人次（亿）	国内旅游收入（万亿元）	国际旅游人次（亿）	国际旅游收入（亿美元）	备注
2005	12.12	0.53	1.20	292.96	2003 年非典之后，旅游业逐渐恢复
2006	13.94	0.62	1.25	339.49	
2007	16.10	0.78	1.32	419.19	
2008	17.12	0.87	1.30	408.43	连续遭受金融危机、汶川地震等冲击，旅游业经受了前所未有的考验，奥运会的举办使其有所缓解
2009	19.02	1.02	1.26	396.75	
2010	21.03	1.26	1.34	458.14	旅游业明显复苏
2011	26.41	1.93	1.35	484.64	
2012	29.57	2.27	1.32	500.28	
2013	32.62	2.63	1.29	516.64	过境免签开始在部分地区实施，出境旅游持续走高使国内更加注重入境旅游发展
2014	36.11	3.03	1.28	1 053.8	国际旅游收入统计口径改变
2015	40	3.42	1.34	1 136.5	
2016	44.4	3.94	1.38	1 200	
2017	50.01	4.57	1.39	1 234	
2018	55.39	5.13	1.41	1 271	
2019	60.1	5.73	1.45	1 313	
2020					新冠疫情使世界旅游受到重创

注：数据来源于历年的《中国旅游业统计公报》。2014 年起补充完善了停留时间为 3~12 个月的入境游客的花费和游客在华短期旅居（纯粹旅游之外）的花费，将"国际旅游收入"由原来的 569.13 亿美元修订为 1053.8 亿美元。

可以看出，近 15 年以来，中国国内旅游人次和国内旅游收入一直保持较为稳定的增长，这与中国经济持续增长密切相关。国际旅游人次和国际旅游收入相对较为平稳，依赖于中国提供安全和稳定的政治及社会环境。社会和思想意识不断进步增强了人们出游的主观意愿，安全稳定的社会政治环境扫清了游客出游的顾虑，是山地旅游发展的助推器。

5.2.2.3 旅游市场趋势引导山地旅游发展和改革的方向

观光是中国传统的旅游方式之一，直至今日仍占有较大市场，山水风光游更是奠定了中国传统旅游形式的总基调。近年来，旅游消费需求出现了一些新特点，为山地旅游发展开辟了新天地。

体验性增强。随着旅游者旅游经历的日益丰富而多元，旅游消费观念的日益成熟，旅游者对参与体验的需求日益高涨，传统观光旅游产品已经成为最为基础的旅游产品，难以完全满足人们新颖和独特的休闲体验个性化需求。参与体验式旅游注重游客对旅游产品感受和参与的过程，更强调心理感知和理解，受到人们的青睐。山地有大量度假休闲、生态体验、亲子娱乐、科普探险、餐饮品尝及个性化的交通方式、户外运动等体验活动，内容丰富、个性突出，可满足游客多样化的体验需求。

深度游。日常生活中的高压及城市环境恶化促使人们追求身心的放松，越来越多的人愈加偏爱休闲度假。这部分诉求除扩大视野、放松心情外，也包括对文化深度体验的渴望。山地封闭环境下所形成的独特的民俗文化、历史遗迹、民族风情、农耕田园、自然氛围等可满足市场的文化体验诉求，打造自然山地与文化生态相契合的融合发展道路。随着经济收入提高、公共节假日增多和外出旅游条件限制条件减少，山地具备多样化旅游资源等发展条件不断发挥优势，延长了游客在山地旅游地停留时间，丰富了游玩方式和内容，扩大了对山地整体认知，加深了体验的内容。

健康游。康养是人民健康幸福的需要，也是国家和社会文明程度的重要标志。大众旅游新时代，人们普遍不再满足于走马观花式的观光旅游，更加重视对身心的调节，日益从身体的旅行转向身心的放松，康养旅游正当其时。我国康养旅游市场发展前景极为广阔，2016 年国家旅游局颁布的《国家康养旅游示范基地标准》，将康养旅游界定为"通过养颜健体、营养膳食、修心养性、关爱环境等各种手段，使人在身体、心智和精神上都能达到自然和谐的优良状态的各种旅游活动总和"。中国人注重康养文化，康养是人民生活从贫困走向全面小康和文明富裕阶段必然兴起的。2020 年新冠病毒疫情之后，以自然生态为主要优势的山地景区健康功能将会备受关注，必然成为人们追逐的对象。[①] 此外，随着中国经济社会发展特别是老龄化的快速到来，养老成为政府、社会、人民越来越关注的大事，中低山幽静的环境、清新的空气、缓慢的生活节奏等成为旅居养老的好去处。加拿大 British Columbia（不列颠哥伦比亚）省 Fernie 山地旅游的发展促进了生活设施的改善，再加上山地原有优美的风景和良好的生态环境，越来越多追求健康和生活质量的中产阶级搬迁到了山地景区旅居，使景区进入一种新

---

① 国际山地旅游联盟. 世界山地旅游发展趋势报告（2020 版）[R/OL].（2020-05-29）[2021-01-07].
http://www.imtaweb.net/xwzx/lmdt/20210107/20210107_623456.shtml.

的状态，环境、土地使用、人们的生活质量、经济和社会发生了一系列变化。[①]国外旅居较为常见，随着旅游地产的发展，国内旅居也成为山地旅游发展的重要方式之一。

旅游市场和时代文化的进一步发展和融合，促使新兴旅游形式产生，与其他旅游形式相比，山地具有更加多样和灵活的旅游产品，这一发展趋势对山地旅游的推动作用更为明显。

5.2.2.4 旅游业发展及推广为山地旅游提供了广阔的空间

国家统计局数据显示，2019 年，全国人均可支配收入 30 733 元，比上年名义增长 8.9%，恩格尔系数降至 28.2%，包括旅游消费在内的服务消费持续提升。[②]2019 年，旅游经济继续保持高于 GDP 增速的较快增长，对 GDP 的综合贡献为 10.94 万亿元，占 GDP 总量的 11.05%，国内旅游市场和出境旅游市场稳步增长，入境旅游市场基础更加稳固。[③]不仅中国的旅游市场前景广阔，整个世界都显现出旅游发展的巨大潜力。世界旅游城市联合会（WTCF）与中国社会科学院旅游研究中心共同发布的《世界旅游经济趋势报告（2020）》显示，2019 年，全球旅游总人次（包括国内旅游人次和入境旅游人次）为 123.1 亿人次，较上年增长 4.6%；全球旅游总收入（包括国内旅游收入和入境旅游收入）为 5.8 万亿美元，相当于全球 GDP 的 6.7%。[④]中外旅游业的发展势头迅猛，必然带动具有资源优势的山地旅游的发展。

山地旅游遍布世界各地，是当今国际旅游发展的重要方向之一，潜力巨大、前景广阔，已成为全球热。在欧美许多国家，山地旅游年均增长率达到 25%~30% 以上。近年来，中国山地旅游也取得了长足发展，越来越多的游客将山地作为休闲度假旅游的重要目的地。政府、企业及民间组织开展了现场、网络、电视、期刊、赛事活动、直播、网红打卡、微信公众号等多途径的推广和营销，并结合交通、住宿、餐饮、景区等联合推出优惠活动，不断细分旅游产品。旅游企业看好山地旅游发展的前景，不断结合旅游项目开发、规划和旅游产品，对国内外山地景区进行推广和营销。魏小安在"2018 国际山地旅游联盟北京论坛"中指出"山地旅游一定会成为下一步中国旅游

① WILLIAM P W, GILL A M, ZUKIWSKY J F. Tourism-led Amenity Migration in a Mountain Community: Quality of Life Implications for Fernie, British Columbia: Mountain Tourism: Experiences, Communities, Environments and Sustainable Futures[C]. London: CPI Group Ltd,2016:97-110.

② 统计局: 2019 年全国居民人均可支配收入比上年名义增长 8.9%[EB/OL].[2020-06-02]. http://m.gmw.cn/2020-01/17/content_33494666.htm.

③ 文化和旅游部: 2019 年旅游总收入 6.63 万亿元 [EB/OL] . [2020-06-02]. https://baijiahao.baidu.com/s?id=1660792211205158513&wfr=spider&for=pc.

④ 2019 年全球旅游总人次达 123.10 亿 全球旅游总收入达 5.8 万亿美元 [EB/OL] .[2020-05-02]. http://travel.people.com.cn/n1/2020/0109/c41570-31541264.html.

发展的热点"。

5.2.2.5 国家和区域整体发展战略推动山地旅游功能发挥

我国经济长期保持中高速增长，脱贫攻坚、民生改善等都取得新进展，为旅游业的开展提供了源源不断的市场保障。"十四五"规划围绕推动经济发展、增进人民福祉、防范化解风险等抓紧部署，区域社会经济发展、人民群众对美好生活的需求等成为未来急需关注的要点。由于山地旅游的多层次性、多样性和复合型等能满足大众和小众旅游的多样化和个性化需求，是推动西部山区社会经济发展、脱贫致富的重要方式之一，被诸多区域作为支柱产业或龙头产业。

文旅融合和全域旅游为山地旅游提供了新的发展机遇，在服务本地休闲娱乐的同时，丰富了山地旅游产品，增强了山区旅游产业发展的基础和结构，扩展了山地旅游业供给侧优质发展的空间。自从"十三五"，旅游业发展规划上升到国家层面，"关于促进旅游业改革发展的若干意见""关于提升假日及高峰期旅游供给品质的指导意见""国务院办公厅关于进一步促进旅游投资和消费的若干意见""关于促进交通运输和旅游融合发展的若干意见""关于实施旅游休闲重大工程的通知""关于促进自驾车旅居车旅游发展的若干意见""关于大力发展体育旅游的指导意见"等旅游发展利好政策频频出台，为山地旅游发展提供了政策保障和动力。

旅游作为世界沟通的桥梁、深化改革和扩大开放的重要工具，越来越散发出其政治魅力和功能。"横琴国际休闲旅游岛建设方案"出台、边境和跨境旅游试验区建设、"'一带一路'文化产业和旅游产业国际合作重点项目"发布等，为更好地发挥入境游对区域发展的综合带动作用、进一步推动社会经济改革、展现旅游发展在互联互通中灵活、深层次的对话作用、奠定政治及外交的民间基础等提供了良好的途径。尽管十多年来，我国旅游贸易长期处于逆差，但为平衡总贸易额、稳定人民币汇率、加大中国开放等方面作出了积极的贡献。

中国目前的经济和社会发展阶段促使山地旅游业的快速发展和崛起，以旅游方式加大山地与其他区域的交互和理解，促进区域整体的稳定与发展。

5.3 动力因子系统分析

旅游驱动力包括正向驱动和负向驱动，[①] 负向驱动属于制约因素，本研究不将其作

---

① 陈德广. 旅游驱动力研究——基于开封市城市居民出游行为的微观分析 [D]. 开封：河南大学，2007.

为驱动山地旅游发展的要素。

　　山地地域系统的变化由诸多因素共同作用形成，即使是山地景区，其人地关系变化的驱动力也绝非旅游业单一要素。旅游系统要素众多，一次完整的旅游活动需要多方支持。关键要素变化与互馈对人地关系格局形成的作用包括关键要素及其所导致的要素间相互作用、复合要素的影响过程与区域差异，决定了要素之间关系改变如何驱动旅游景区地域系统人地关系的形成和发展。因此，动力要素相互作用和趋向耦合的过程是推动山地旅游发展的根本原因，也是山地景区人地关系变化的主要动力。

　　通过对山地旅游发展动力系统的构成因子进行分析，认为山地景区人地关系演化的直接动力为旅游资源、旅游活动及其所引起的建设活动，间接动力包括旅游景区和客源地两部分，旅游景区动力系统包括山地旅游政策、旅游发展诉求、旅游交通、旅游营销、山地生态环境等，客源地动力系统包括社会、经济、旅游市场趋势、旅游业发展及其推广、区域整体发展战略等。

　　从发展阶段和区域特征等角度探究山地旅游动力要素在不同情况下的组合方式和内容、作用力度等，形成山地旅游发展动力要素完整体系，以此作为判断人地关系演化的主要因素，便于分析其作用机理。

　　①动力要素的综合作用。

　　由于旅游具有综合性，因此在发展过程中要受到多种要素的影响，涉及各个领域。推动旅游业发展的驱动力绝不单一，任一时期，旅游的发展都是综合要素作用的结果。（图 5.1）山地景区人地关系的变化也是在以旅游为主要动力之下的多要素综合作用的结果，缺乏必要条件和必要动力的旅游业无法开展。人地关系演变的规律与动力要素的组合方式及内容密切相关，有什么样的动力组合，就有什么样的人地关系变化，这种组合与山地旅游的发展阶段以及山地的区域特征直接相关。

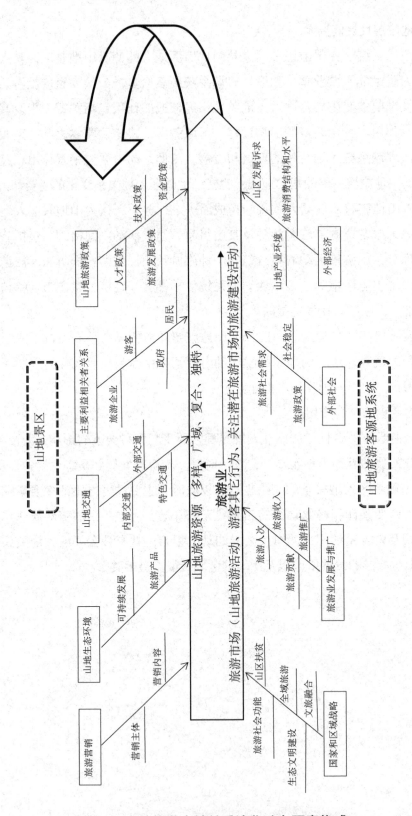

图 5.1 山地旅游人地关系演化动力要素构成

　　经济是旅游发展的物质基础和必要条件，社会政治稳定是旅游发展的安全保障，市场趋势引导旅游发展的走向，旅游发展及推广是催化剂，区域整体战略是旅游发展的政策背景，具有宏观把控性。客源地的驱动力须有保障，且这种保障是多方共同作用的结果。山地旅游发展的外部条件与其他旅游形式基本相同，只是在具体的内容上有所偏重。旅游市场发展趋势对不同旅游活动的作用方式不同，和其他旅游地相比，山地旅游资源丰富，具有更加灵活的市场应对策略。

　　②动力要素自然选择。

　　从人类社会发展的一般历程来看，农业是最初的生产方式，工业和服务业比例的增加是区域经济发展的重要标志之一。山地因地貌及其所影响的自然地理环境长期以农业生产为主，海拔和坡度等条件使农产品的产量不高，即便是特色农业也不易于规模生产，易形成连片贫困山区，形成了和周边地区相比较为封闭和落后的发展状况。第二产业较为依赖资源，对山地环境破坏较大，且需要较为先进的技术和人才，是一般山地所不具备的。旅游业改变了山地资源的利用方式，扩大了资源的利用途径，让景观资源得以开发，其价值得到实现。在三个产业的选择过程中，旅游业充分利用原有闲置资源，通过多层次人才利用方式增加就业率，减少人口流失，丰富就业结构，且不影响原有工业和农业的正常运行，甚至可以通过产业融合的方式对原有产业进行提质增效，扩大了收入空间。同时，因旅游业发展需要，山区的道路、水利电力、通信、卫生环境得到了改善和提升，也解决了基础设施建设过程中的资金短缺等问题，使山地的社会经济结构发生变化。

　　旅游业在山地的发展具有明显的产业优势，促进山区一、二产业向第三产业转型升级，并通过效益提升、对外交流合作、环境控制和优化等不断完善，形成了具有经济、社会、环境综合作用的发展动力，也是山区正确认知旅游业发展特征之后所采取的最优发展方式之一。人—地之间相互作用方式更加灵活，人地关系因山区居民生活条件和生态环境得到不断改善而趋于协调。

　　③动力要素的时代特征。

　　区域不同时段的人地关系主导驱动力有所差异，作用过程也不稳定。[①] 除旅游资源外，山地旅游发展的动力要素会随着山区本身和区域发展而不断发生改变。旅游政策会根据旅游业发展的状况实时跟进，及时进行调节，解决山地旅游发展过程中新出现的资金、基础设施、技术、人才等问题；营销策略也要结合当下较为流行、受众群体多、传播范围广的媒体和手段，并与旅游市场需求相结合，树立山地景区的形象；利

　　① 　商冉, 曲衍波, 姜怀龙. 人地关系视角下农村居民点转型的时空特征与形成机理 [J]. 资源科学, 2020, 42(4): 672-684.

益相关者的发展诉求不断得到满足，新的利益相关者，以及不同发展阶段对社会要素关注的重点变化也会改变旅游发展的轨迹，如政府对经济、财政、生态环境、民生改善及社会文化关注的变化。

除山地旅游发展动力要素的组合内容发生改变之外，组合方式也会改变。交通逐渐完善不仅减少了山地发展旅游的阻力，而且与旅游业形成互驱动力；政府和政策在山地旅游发展的早期以解决资金和技术等困难为主，发展过程中主要以宏观指引为主，发展后期主要以保障和监督为主，使旅游各要素之间的关系因发展目的而变化，改变了人地关系作用的方式。如大多新开发景区都是地方政府与大企业联合，既解决了资金、基础设施建设等问题，又采用了较为灵活的企业运营新方式。而以企业为主体的新景区开发，则多选在道路等基础设施较为完善或不需要"大兴土木"的地方，对原有土地的变更较少，对山地居民和社会的带动作用有限，建设活动对"地"作用的程度不大。

④动力要素的区域特色。

旅游在不同山地发展的基础条件不一，包括资源、生态环境等自然条件和政策、营销等人为条件，具有鲜明的地域或地方特色。具有较高美学价值的山地要在观光上大做文章，具有优良气候和环境的山地则要综合考虑区位要素开发度假旅游资源，区位条件好而资源一般的山地需开发休闲娱乐为主的旅游产品，边远、生态环境脆弱的山地则适宜探险和小众旅游产品开发，具有特殊农业及其他生产方式的山地积极利用"产业+"的旅游开发模式等。这些山地旅游资源的开发方式有不同的旅游发展主导力量，对山地自然、社会资源的开发和利用方式不同，当地社区也根据自身文化采取不同的应对策略，使山地人地关系变化的推动力量和作用烙上深刻的地域特征。桂林山地旅游形成了由企业、政府、居民、外部力量共同推动的驱动力体系，每一动力要素都占有重要的地位，其人地关系的变化由多方遏制；而玉龙雪山景区则是政府引领下企业管理的山地旅游发展模式，人地关系的变化则更多地掌握在政府手中，经济利益分配对人地关系的影响更大。

第 6 章　山地景区人地关系演化机制

人地关系地域系统要素之间以及要素与系统之间复杂的相互作用和反馈关系使人地系统的行为特征复杂化；[①] 社会发展不断赋予人地关系新的时代内涵，[②] 新技术、新因素的出现也不断改变着人地互动的方式、广度和深度，[③] "人"与"地"之间物质循环和能量转换的广度和深度都大大超越历史时期；[④] 人地关系系统内不断出现不同于以往的特征和演进态势，其综合认知是有效进行区域开发和管理，推进可持续发展的重要科学依据。[⑤]

旅游发展是多元范式下多要素交互反馈的结果。[⑥] 政策、理念转变、经济发展、市场诉求、消费转型等导致山地旅游兴起、不断产业化，旅游需求和供给、旅游资源与市场、山地生产与生活、人地作用与反馈、市场消费与经营管理、山地自然与人文等之间存在的对立、统一、综合、矛盾、博弈的相互关系共同推动人地关系在山地改变的方向、方式、路径和力度，并影响山地旅游项目的开发、旅游活动类型的开展，驱动着山地景区人地关系地域系统中旅游—山地相互耦合的进程、机制、效应等。本章从山地自然运行规律、山地旅游驱动力要素耦合的基础、内容和形式等方面解释山地旅游发展的动力机制，从而揭示其发展适应性、竞合、博弈等要素之间相互作用和山地景区人地关系优化机理。

---

① 樊杰 . 人地系统可持续过程、格局的前沿探索 [J]. 地理学报 ,2014,69(8):1060-1068.

② 陆大道，郭来喜 . 地理学的研究核心——人地关系地域系统——论吴传钧院士的地理学思想与学术贡献 [J]. 地理学报 ,1998(2):97-105.

③ 郑度 . 21 世纪人地关系研究前瞻 [J]. 地理研究 , 2002, 21(1): 9-13.

④ 刘毅 . 论中国人地关系演进的新时代特征——"中国人地关系研究"专辑序言 [J]. 地理研究 , 2018, 37(8):1477-1484.

⑤ 陆大道 . 关于地理学的"人—地系统"理论研究 [J]. 地理研究 , 2002, 21(2):135-145.

⑥ 王兴中，王怡，常芳 . 重新解读旅游动力机制与管理供给 [J]. 人文地理 ,2017,32(6):1-14,145.

6.1 山地景区人地关系自然运行的地理过程

自然系统的原生运行机制是"地理环境决定论"产生的根源，反馈作用则是"人地关系协调论"发生的土壤。[①] 对自然地理环境地域分异、人文利用功能空间匹配、适度规模与要素集聚、功能叠加与竞争共生、生态—生活—生产序贯选择、相互作用与空间组合等这 6 个地表功能分异的动力过程中，[②] 自然地理运行机理是基础。

在旅游活动进入山地地域系统前，山地的物质运动和能量流动按照重力作用和生物化学反应等规律运转。旅游活动改变了山地原有物质系统，以及山地地域系统整体结构、功能、运行机制等，甚至完全改变了山地人地关系演化的轨迹，致使山地发展方向和本质发生改变。

山地是以垂直地貌为典型特征的地域类型，其运行的自然动力包括山地势能、动能及热能等，随着高梯度变化而对山地自然地域产生系列影响，[③] 具体包括地质构造应力、坡面物质重力、径流冲刷力、植物固结力、斜坡梯度应力等。[④]

重力系统、水动力系统、风化营力系统和各种阻力系统是山地人地关系动力系统的自然构成。[⑤] 山地的势能主要由山地海拔、坡度和坡面物质决定，使山地物质在自身形状、大小、质量等特征下随重力作用由上而下运动，伴随着能量、水分等梯度变化。[⑥] 坡度越大、坡面物质越破碎；山地垂直高度越大，山体表面物质下滑速度越快；山地原有土壤以及赖以生存的生物环境不稳定性和山地环境的脆弱性明显增加，物质与能量流动相互转换的速度和程度也不断增大。由于所处纬度的不同，高梯度效应的变化同样具有地域分异的特征，这些要素对山地环境的影响基本上遵循温度随海拔数上升而下降、降水在不同海拔的多少和表现形式不同、植被主要由基带所在气候带及海拔和山地主要地质要素构成决定等规律。（如 3.1.1 所述）山地自然变化过程的复杂

① 龚胜生. 论中国可持续发展的人地关系协调 [J]. 地理学与国土研究，2000, 16(1):7-13.

② 盛科荣，樊杰. 地域功能的生成机理：基于人地关系地域系统理论的解析 [J]. 经济地理,2018,38(5):11-19.

③ 明庆忠，史正涛，邓亚静，等. 试论山地高梯度效应——以横断山地的自然 - 人文景观效应为例 [J]. 冰川冻土，2006, 28(6):925-930.

④ 钟祥浩，刘淑珍，等. 山地环境理论与实践 [M]. 北京：科学出版社,2015:72.

⑤ 钟祥浩，刘淑珍，等. 山地环境理论与实践 [M]. 北京：科学出版社,2015:51.

⑥ 明庆忠，史正涛，邓亚静，等. 试论山地高梯度效应——以横断山地的自然 - 人文景观效应为例 [J]. 冰川冻土，2006, 28(6):925-930.

性远不限于此，地形，特别是山地地域系统内多种地貌的相互组合方式又会进一步增加山地环境的多样性和复杂性。山地物质、能量的变化不仅不均衡，同一山地不同部位变幅差异也会有较大的区别。由于地质构造作用，山地岩石、土壤和地表物质在光、热、水的综合作用下分裂（图 6.1），并经过势能迁移形成生态岛和小生境，[①] 有其各自的地域系统运行过程和机制。

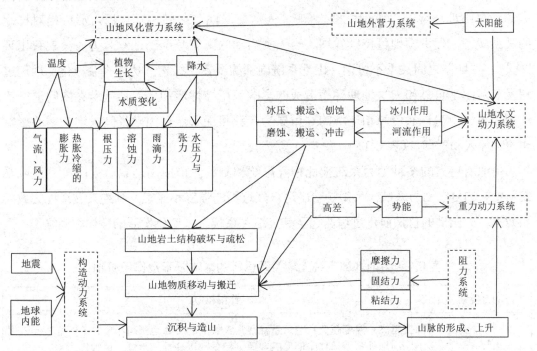

图 6.1　山地环境动力系统示意图

来源：本图根据《山地环境理论与实践》修改而成。[②]

并非所有山地都有人类活动，人地关系只有在有人类活动的山地地域才会表现得更加明显，既包括山地居民的日常生产和生活，也包括外来人口在山地地域内的活动。未有人类涉足的山地多为"山"与"人"之间潜在和间接的某种相互关联，在未来有相互作用的可能性。

山地自身地理环境是自然作用力，对人地关系格局演化具有基础作用；山区人类生产活动、生活方式、与科技发展相关联的经济活动力度和方式，以及山区发展的诉求促使人地关系内部发生改变，对原有变化起到了叠加作用；全球化与地方化形势下，地球圈层人类活动范围、形式和内容重新构建，使山区不再是封闭系统。旅游以山地系统外人流形式通过区位、资源、市场需求等直接作用于山地物质和能量流空间，促

---

① 程根伟，钟祥浩，郭梅菊．山地科学的重点问题与学科框架 [J]．山地学报，2012,30(06):747-753.

② 钟祥浩，刘淑珍，等．山地环境理论与实践 [M]．北京：科学出版社，2015:103.

使山地内外的物质、能量和信息交换发生改变，并形成开放、复杂系统。此时，人类的生产活动对山地景区人地关系的变化起到了主导作用。

在自然演化规律之下，人类通过不同类型和强度的活动对山地地域系统的演化产生叠加影响，加剧了人山关系物流和能量流循环系统的不完整性，[①] 改变了人山关系地域系统结构与功能，促进或改变了原有地理过程方向和内容。在这一过程中，当人类活动在山地环境的可承受范围之内，"人"与"地"之间相互作用，形成相对稳定的关系状态，促进山地可持续发展。当人类活动的影响超出山地承载力时，就会出现"人"—"地"之间关系不协调，山地系统内部的要素、结构、功能将会异化，地理过程及其对山地自然和人文地理环境造成的影响不可控性增加。包括旅游在内的生产活动规模更大，对自然资源和环境的利用更为广泛和深入，对山地景区人地关系的影响也更加深入和透彻。（表 6.1）

山地所特有的多种动力系统彼此相互影响和制约，形成山地景区人山关系地域系统所特有的复杂动力系统，[②] 影响着山地自然过程的强度和速率，制约人文过程的效能和效率。[③] 山地的自然演化过程奠定了其人地关系状态、变化发展的整体空间格局。

表 6.1　山地地域系统人地关系运行的影响要素及作用机制

动力要素		作用机制
动力基础	海拔	海拔越高，温度越低，空气越稀薄，人类活动分布范围越小；在不同海拔和气温下，山地外营力及其所促发的地理过程分别以冻蚀、水蚀、风蚀等为主
	相对高度	相对高度越大，地理环境及生物和景观等构成越丰富和复杂
	坡度	坡度越大，物质稳定性越小，生物生长条件越艰苦，环境脆弱性越明显，人类生产活动和生活更具有限制条件
	纬度	同样条件下，基带所在纬度越低，相对高度越大，山地具有高梯度效应越明显，生物及社会景观越多样，人类活动越活跃，"人"与"地"之间的关系越紧密
	地质	岩石解理是山地地表物质物理和化学特征形成的基础，岩性、岩石状态直接影响了山地地表物质的稳定性、土壤的营养及构成、生物生存、人类生产条件等

① 钟祥浩. 加强人山关系地域系统为核心的山地科学研究 [J]. 山地学报,2011,29(1):3-7.
② 钟祥浩,余大富,郑霖. 山地学概论和中国山地研究 [M]. 成都：四川科学技术出版社,2000:102-120.
③ 钟祥浩. 加强人山关系地域系统为核心的山地科学研究 [J]. 山地学报,2011,29(1):3-7.

动力要素			作用机制
动力源	自然	光	光是植物光合作用的必要条件，是生物、化学反应的催化剂，也是物质运动和物理变化的助推器，是山地物质流动、能量转换、生物生存、人类农业生产和生活等重要动力来源之一
		热	热量的垂直分布和山地空间阻隔限制生物存在和活动的范围；热量富集区，植被相对繁盛，动物由此而繁衍生息，人类活动相对丰富；由热量决定的小气候区进一步丰富了山地的生物多样性，形成了地理过程较为独立的地理单元
		水与风	水蚀和风蚀是地貌形成的重要外营力，在一定坡度、坡向、地表构成条件下，降水多少、径流大小、风向、风力大小等决定了山地生物和非生物环境；水源不仅影响生物的生存，也是生物类型的重要决定因素
	人类	日常生活	人类直接作用于其日常生活所必需的水、空气、土壤、食物（动物、植物、微生物等），减少了物质的存量、加速了物质循环的速度，间接影响山地其他地理要素
		矿业	直接改变山地地貌，增加环境的不稳定性，并在特殊地域引发自然灾害（如泥石流、崩塌等）；其所依赖的交通发展同样作用于山地地貌、地质环境以及人类生活环境；一定程度上促进了山地经济的发展，带动山地就业
		工业	工业对资源、能源的大量利用降低了空气、水、土壤等质量；工业发展带动山地经济发展，提高山区居民的生活水平、加快基础设施的完善；促进社会进步以及山地与外界之间的交流与沟通
		农业	种植业和畜牧业是山地居民生存之道；传统农业的规模化和新兴农业加快了对水、土壤等的利用；对于引入新物种或使用药剂的农业更是颠覆了原有生态系统的运行轨道，对"人"和"地"产生双向影响
		旅游	通过休闲、娱乐等活动，旅游增加了对山地资源的利用范围，改变了对山地资源的利用方式和强度；旅游全面扩大了山区的对外交流，改变了封闭的人文环境，促进了经济发展、人文社会领域的开放和进步；旅游同样造成了山地自然、社会和经济的正面和负面效应

注：山地人地关系的变化并非由独立要素决定，而是相互关联的多种要素共同作用。此表中人—山关系变化的机制依据地理环境主要构成要素，而非具有非线性特征的综合动力系统。

6.2 山地景区人地关系演化的多重动力耦合基础分析

人地关系系统以现代人地圈系统为基本对象，以人地系统耦合与可持续发展为研究核心，致力于探究人地系统耦合规律，以及人地协同体形成机理与演变过程。[1] 人类

①　陆大道,刘彦随,方创琳,等.人文与经济地理学的发展和展望[J].地理学报 2020,75(12): 2570-2592.

社会与地理环境两个子系统之间耦合过程是新时期地理学科发展的主要趋势，在空间、时间和组织单元上各不相同，[①] 人地系统要素在小尺度的相互作用是学科发展面临的主要挑战。[②] 旅游发展动力要素性质不同、大小不一，并非单一作用于山地地域系统，各动力要素在不同时空维度下相互作用，形成一个综合影响的合力，即耦合力，是旅游地复杂系统形成的本质联系，[③] 是驱动山地旅游业发展的主要机制。

6.2.1 耦合基础

旅游系统要素之间的作用与反馈循环形成的耦合力，使系统始终处于动态变化中，促使旅游地不断演化，为旅游发展提供了源源不断的动力。[④⑤] 因此，动力要素之间的耦合作用在推动山地旅游业发展过程中起到决定性作用，动力要素耦合是山地旅游发展的必然结果。

由于山地地质地貌的多变，难以有较大平坦的地面进行农业、项目建设、工业等的发展，产业布局受限而较为分散；地质环境的多样性、坡面物质的不稳定性等使产业发展增加了不确定性；山地与外界之间由于地貌和环境屏障作用较少沟通和联系，不利于产业和技术的交流和提升，对人才的吸引力度相应减小，延缓了山地产业发展的进程。因此，山地地域的产业多较为落后，很难进行高精尖产业的培育，大多以农业为主导产业或基础。此外，山地脆弱地质环境也使其在产业发展过程中，要较多关注生态环境，否则会产生不可逆、破坏力极大的环境恶化，摧毁人们生活、生产的家园，造成生命和财产损失。如山地因大量森林砍伐使坡面土壤稳定性减小和水土流失，增加了泥石流、崩塌和滑坡等直接自然灾害，以及植被减少、动物迁移、物种变化和环境恶化等间接生态灾害。

山地环境的特殊性使其在产业发展选择中，要综合利用自己的优势，避免环境恶化的发生。山地一般都具有发展旅游业得天独厚的资源优势，而且可以保护自然资源、

---

① LIU Y, DENG W, PENG L. Building a Framework of Evaluating Human–Environment Relationships: Considering the Differences between Subjective Evaluations and Objective Assessments[J]. Sustainability,2020, 12(1):167.

② LIU J, DIETZ T, CARPENTER S R, et al. Complexity of Coupled Human and Natural Systems[J]. Science, 2007,317(5844):1513-1516.

③ 杨春宇. 旅游地发展研究新论——旅游地复杂系统演化理论方法应用 [M]. 北京：科学出版社,2010:3-66.

④ 杨春宇. 旅游地发展研究新论——旅游地复杂系统演化理论方法应用 [M]. 北京：科学出版社,2010:3-66.

⑤ 徐红罡. 旅游系统分析 [M]. 天津：南开大学出版社,2009:43-46.

减小人们所处环境的脆弱性、促进社区和当地居民的发展等。[①][②] 和其他产业相比较，除基础设施建设之外，山地旅游业的投入较少，发展起步的准入门槛低、对技术和人才要求不高。山地地理环境的特殊性和山地旅游供需双方的推拉作用都表明，旅游业是山地发展的良好方式，是山地系统内外旅游供需协调、山地发展和旅游需求目标一致、山地自然条件和产业发展条件下的最佳选择之一。

在山地旅游发展的不同阶段，构成要素及其相互之间的关系会随着发展条件和目标不断调整，对山地的作用方式，以及山地相应的反馈作用使人地关系变化的幅度、方向和内容有较大差别。（如 4.2 所述）无论是山地景区的利益相关者，还是山地地域系统之外的群体，都具有利益聚焦的核心点，即有利于山地旅游业可持续发展的方式最为合理，在不同发展阶段的侧重点不同，具有一定的时代特征。如改革开放之后中国最早发展起来的一批山地景区，主要是以外事活动为主要目标而建设的；到了 20 世纪八九十年代，经济效益成为各山地景区纷纷追逐的对象，且激发了一大批山地景区的迅速开发和恢复；现阶段山地景区的开发目的具有多样性，经济利益依然是重要目标，但生态环境成为硬性指标，满足人民群众的社会文化需求成为新时代中国山地旅游发展的重要任务之一。无论是中国还是国外，无论是生产还是生活，人们越来越关注生活环境的优劣及其保护，山地旅游发展的主导要素越来越倾向于生态环境协调与旅游功能的实现，山地人地关系总体向好，要素耦合发展更多地趋向于可持续方向。

要素的增减和要素之间相互组合关系并非固定不变，随着旅游地域系统从低级到高级，从简单到复杂的不断升级，动力要素会出现新旧更替、重组等现象。除旅游资源较难改变之外，旅游产品、市场、政策、经济发展、社会文化、政策环境、生态氛围等都可以通过人为方式加以引导、干涉或直接改造。因此，山地旅游各动力要素耦合是一个动态协调的过程、相互作用的关系是可干预的，由此而决定的发展机制具有可调性，这是本研究重要的研究基础和实践研究意义之一。

6.2.2 多视角、多向度的多重耦合机理

形式与内涵耦合的驱动机理。知名山地景区自然景观出众，旅游发展条件千差万别。九寨沟开发以观光、度假、休闲等项目为主，因其所隶属的阿坝藏族羌族自治州

---

① YANG M, HENS L, OU X, et al. Tourism: An Alternative to Development? Reconsidering Farming, Tourism, and Conservation Incentives in Northwest Yunnan Mountain Communities[J]. Mountain Research and Development,2009, 29(1):75-81.

② ANAND A, CHANDAN P, Singh R B. Homestays at Korzok: Supplementing Rural Livelihoods and Supporting Green Tourism in the Indian Himalayas[J]. Mountain Research and Development, 2012, 32(2):126-136.

经济落后，位置边远，早期需要大量投入以道路为主的基础设施建设资金，且在资金和对外营销上较大地依赖政府，较多地关注地方经济的发展。美国经济发达、国民休闲旅游需求大，优胜美地国家公园凭借其红巨杉和冰川地貌等具有独特价值的资源，从最初的加州州立公园升级为国家公园，建设和管理经费进入联邦政府财政经常性预算，并有大量的社会捐赠资金，通过非营利机构管理、大量的志愿者参与、特许经营有限的活动和一系列管理举措等使优胜美地国家公园保持了良好的生态环境、持续的吸引力、稳定的社区发展，人地关系一直较为和谐，除增加了山地的旅游功能和旅游人地关系外，人与地之间作用与反馈关系未发生大的变化。

即便是在同一区域，山地旅游发展条件也各有千秋，山地地域系统内外部的驱动力要素稍有不同，就会连带其他要素相应地调整，形成各自的耦合动力系统。这一耦合力对山地旅游驱动的作用方式、内容和力度有所差别，有独立的发展模式，对山地系统内部自然环境和人文生活造成不同的影响，进而反作用于旅游活动本身，与其形成耦合的循环系统，具有人地关系的特殊性。因此，山地景区人地关系的耦合驱动力不仅是旅游和发展条件形式上的耦合，更是从山地旅游发展内涵出发对人地关系的一种梳理。

主导要素下的多重耦合机理。无论是哪一种形式的耦合，必然由主导驱动力作为引领。主导驱动力是山地旅游发展进程中，最需要解决的问题和最具优势的条件引发的，如旅游资源、资金、品牌建设、资源利用和区位条件等，直接决定了这一时期山地旅游的进展，是山地景区内外部发展条件共同作用的结果，更是山地旅游自身发展历程中不断成长、自我优化和调整的关键要素。主导要素决定了旅游发展过程中所采取的主要应对策略，其他要素以发展旅游为核心目标，相互协调共同发展。

对于一些资源品位有限的山地，其开发必定要有特殊的发展条件，如区位和市场、特殊产业等。（表 6.2）具有区位优势的山地需要多开发一些休闲娱乐项目作为临近市场周末和节假日游览地，一般建设规模较大，旅游活动体验性强，对山地原有生态系统影响较大。具有特殊产业的山地则需要开发产业融合类的项目，专为旅游服务的道路等基础设施建设投入不大，产业结构较为稳定，旅游作为其他产业的附属产业，对山地系统的作用力度被其他产业所冲淡。

表 6.2　山地旅游发展主导条件及其开发对策

主导条件	典型代表	发展策略
等级旅游资源	黄山、漓江山水	维持现有的发展状态，保护生态环境；控制游客数量在承载力范围内；积极开发四季型旅游产品
民族山寨	西江苗寨、丽江小凉山	积极引导社区参与，政府给予一定的政策和经济支持；培育社区力量，将本土民族食品、住宿、手工艺品等开发为特色旅游产品或商品；保护山寨文化，必要时可建立民族村寨博物馆
环境保护	黄石国家公园、雅鲁藏布江大峡谷	控制游客行径，宣传环境保护；小众开发和使用是其主要方向，生态旅游是重点市场；安排科研人员定期考察生态环境，严重控制区内旅游设施的修建
旅游市场	南宁青秀山、广州白云山	保持良好的环境，建设完备的设施，合理布局景观和道路，以此引导游客在指定区域游玩，从而加强对环境的控制；在环境可控地带可建设一定的娱乐设施，开发都市休闲娱乐产品；对邻近城市进行重点推介，创新娱乐项目
产业融合	罗马尼亚沃尔恰山、元阳梯田	加强原有产业的持续发展，积极探索"旅游+"产业融合发展道路，使原有产业和旅游业共同发展；创新旅游产品，丰富旅游体验内容，延长产业链；开发特色旅游商品
特殊功能	腾冲火山温泉、贡嘎山地震遗迹	配备良好的设施；重视对外营销，积极举办各类文娱；根据资源的特殊功能，衍生旅游产品；适时开发与主题相关的商品
特种旅游产品	珠穆朗玛峰	无须大量修建基础设施，内部交通宜可简单；安全监控、管理需谨慎，相关服务需标配；可在专业领域范围进行宣传，无须大范围营销；适合打造深度体验、高端的旅游产品；培育相关服务和管理专业人员

　　旅游政策的发布目标一般为解决具体问题或宏观策略的实施，是基于现状和发展趋势及前景之下的综合分析，是以多要素耦合为基础和前提的、具有一定强制执行力的原则和方法。其中，制度环境是旅游经济发展质量提升、调节旅游要素结构变动作用方向及程度的保障机制。[1]山地自然条件和人文环境长期共存，形成了较为落后的低阶状态。山地地域系统外部社会环境越稳定，经济发展水平越高，对旅游的需求越大，越能促进包括山地景区不断进行产品提升和创新，从而通过旅游建设、经营及游客旅游活动，刺激山地景区内部各动力要素发挥作用，不断催化旅游业的发展，具有动力要素的多重性和阶段性特征。

　　内外动力耦合。内部动力通过外部的旅游市场发力，缺乏内部动力的山地旅游无法营造良好的旅游客体环境和条件；外部动力通过内部动力起作用，没有外部动力的

① 刘英基，韩元军. 要素结构变动、制度环境与旅游经济高质量发展 [J]. 旅游学刊,2020,35(3):28-38.

山地旅游丧失了旅游主体及其存在的客观保障，两者共同驱动山地旅游的发展，使人地关系的内容、作用方式和反馈复杂化。

在旅游业的发展过程中，经济是发展的重要指标，表现在山地产业结构提升、居民收入增加、财政税收提高；社会是发展的重要构成，表现在山地开放进步、文化认同感增强、社区生活水平提高、基础设施完善；生态是发展的重要体现，表现在山地环境优良、系统稳定、生态和谐；三者协调耦合是山地旅游长远发展的基础，是人地关系和谐的表现，是判断人地关系是否健康发展以及问题所在的关键。以山地旅游生态、生产、生活之间的协调和耦合，不断追溯不和谐产生的根源，以此解决山地旅游发展中存在的"三生"问题，作为其协调的关键着力点，利于山地旅游最大地发挥其优势，与外部动力之间相互契合，实现其旅游功能。

6.3 山地景区人地关系演进的动力耦合形式及内容

新时期的人地研究迫切需要考虑人地关系的时空耦合模型。[1] 耦合是指两个以上的体系之间通过相互作用和影响，彼此联系，通过内在机制互为作用，形成一体化的现象，[2] 是描述系统或要素相互影响的程度，反映系统协调发展状况的定量指标。[3] 旅游系统属于多元复杂系统，可根据研究目的来划分子系统及其包含的要素。目前对于旅游系统内部耦合的研究主要集中于供需视角下的要素耦合，[4] 旅游系统外部耦合则集中于旅游与城市化、旅游与交通、旅游与环境、旅游与文化、旅游与产业之间的耦合。[5][6][7][8][9] 旅游人地关系是通过旅游活动与资源、社会经济、生态环境之间的相互

① 薛冰,李京忠,肖骁,等.基于兴趣点(POI)大数据的人地关系研究综述：理论、方法与应用[J].地理与地理信息科学,2019,35(6):51-60.

② 宋长青,程昌秀,杨晓帆,等.理解地理"耦合"实现地理"集成"[J].地理学报,2020,75(1):3-13.

③ 刘耀彬,李仁东,宋学锋.中国区域城市化与生态环境耦合的关联分析[J].地理学报,2005,60(2):237-247.

④ 马耀峰,刘军胜.基于供需视角的国内外旅游耦合研究审视[J].陕西师范大学学报（自然科学版),2014,42(6):76-84.

⑤ 蔡瀚赓.云南省边境地区交通与旅游耦合分析及其驱动机制研究[D].昆明：云南师范大学,2019.

⑥ 黄夏斐.广西旅游产业与区域经济的耦合关系研究[D],广州：华南理工大学,2019.

⑦ 黎曙.云南省旅游经济与生态环境耦合协调发展研究[D].昆明：云南师范大学,2018.

⑧ 周成,金川,赵彪,等.区域经济—生态—旅游耦合协调发展省际空间差异研究[J].干旱区资源与环境,2016,30(7):203-208.

⑨ 张琰飞,朱海英.西南地区文化产业与旅游产业耦合协调度实证研究[J].地域研究与开发,2013,32(2):16-21.

作用和复杂的反馈机制而形成彼此影响的动态关联关系。[①]

山地人地关系变化是各种动力耦合作用下所形成的暂时平衡被打破，[②] 其演进由各种要素相互耦合形成。本部分从山地旅游活动的形成机理、发展目标、作用过程、实施主体、空间布局等角度，结合山地旅游发展特征，对山地旅游人地关系变化的动力要素耦合进行分析，研究山地景区通过旅游市场和山地发展目标耦合促进市场产生及规模扩大的机理；结合旅游本质，综合考虑山区发展现状，从而探析旅游利益相关者和旅游发展诉求的耦合；以旅游业和山地其他产业各自存在的基础，以及相互关联及作用，分析二者融合发展的过程；分析形成山地资源与旅游市场走向耦合于山地地域空间的状态，探索两者之间的空间一致性。

6.3.1 形成机理——资源与市场耦合

资源是一切可被人类开发和利用的物质、能量和信息的总称，它广泛地存在于自然界和人类社会中，是一种可以用来创造物质财富和精神财富的具有一定量积累的客观存在形态，如土地资源、矿产资源、生物资源、水资源、化石燃料、人力资源等。[③] 山地是既普通又特殊的地域系统，这一系统内有常规的土地资源、生物资源、矿产资源、水资源，同时也包括地貌、气候、山地人文活动等，这些无一不可作为旅游吸引物，被开发成旅游产品为旅游业所用（图 6.2），满足游客在吃、住、行、游、购、娱等方面的旅游刚性需求，并丰富了这些体验的类型和方式。

旅游资源是对游客具有吸引力的一切自然存在和历史文化遗存。[④] 随着人们旅游需求的逐渐个性化和多元化，单一观光已不能满足游客需求，以自然美为主要吸引力的旅游资源垄断地位被打破，多种体验产品轮番上阵，对不同年龄阶段、不同职业、不同性格喜好、不同消费能力的游客产生巨大的吸引力。

海滨、湖泊和河流地域系统的吸引力来自水体资源的观光及体验，森林地域系统的吸引力来自生态环境观光与体验。相比而言，山地地域系统有山有水、可静可动、自然环境和民俗文化保护较好，具有开展除海滨之外所有旅游活动的条件，最大程度地满足旅游市场的需求，其范围之广，非一般地域系统所能及。作为山地景区人地关系的主要推力，旅游市场推进山地资源转换角色，促进山地旅游业的发展。山地地理环境下的旅游资源与旅游市场总体需求的耦合度远高于其他地域类型，这一耦合力促

---

① 毛汉英 . 人地系统优化调控的理论方法研究 [J]. 地理学报 ,2018,73(4):608-619.

② 钟祥浩 , 刘淑珍 , 等 . 山地环境理论与实践 [M]. 北京 : 科学出版社 ,2015:72.

③ 沈满洪 . 资源与环境经济学 [M]. 北京 : 中国环境科学出版社 ,2007:3-15.

④ 保继刚 . 旅游地理学 [M]. 北京 : 高等教育出版社 ,2012:103.

使山地旅游业发展具有强大的外部拉动力，即山地旅游资源符合旅游市场对产品的需求，两者耦合于山地地域空间内，山地资源为山地地域系统内旅游业的发展提供了物质基础，旅游市场为山地资源功能的多种利用方式开辟了新航道。

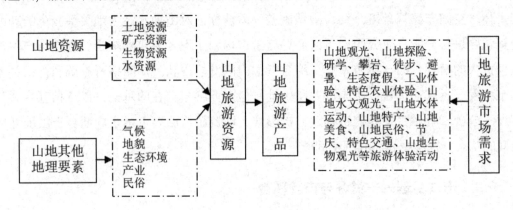

图 6.2　山地资源与山地旅游资源、市场的关系

6.3.2 发展过程——旅游业与其他产业耦合

随着区域发展内涵的扩大，可持续发展、生态文明建设和全面实现现代化成为区域发展的主要目标。[1][2]中国是山地大国，而大部分山地较为偏远和相对封闭，自然条件艰苦，生态系统复杂，形成诸多经济落后片区。[3]山地发展的目的就在于改变这种次要、被救济、被带动的状态，使自身的经济和社会文化等在环境可持续前提下获得发展。

旅游是山地发展最好的方式之一：①改变了以往传统的资源利用方式，在不经过资源采集、森林砍伐、矿产开采、炸山挖土等对山地原有生态系统严重改变和破坏的前提下，有效地使用非易地搬迁式的资源利用方式，促进山地经济的发展。旅游业的发展对山地物质搬迁和能量熵的单向流动起到了一定的缓解作用，这种非强制性和非政策性的资源利用方式并非一味追求生态环境的保护，充分考虑到社会经济收入和社会生活水平的改善，更能为山区居民所接受。同时还可以通过林业、畜牧业等的融合来促进旅游业的可持续发展。[4]②旅游业是经济发展到一定阶段的产物，需要强大的市场基础，同样也需要旅游景区有完善的服务和设施。旅游业的发展又会反作用于当地

①　陆大道，樊杰．区域可持续发展研究的兴起与作用 [J]．中国科学院院刊，2012, 27(3): 290-300, 319.

②　樊杰，王亚飞，梁博．中国区域发展格局演变过程与调控 [J]．地理学报，2019,74(12):2437-2454.

③　冯佺光，翁天均．山地经济：山区开发的理论与实践 [M]．北京：科学出版社，2013:18.

④　TAMPAKIS S, ANDREA V, KARANIKOLA P, et al. The Growth of Mountain Tourism in a TraditionalForest Area of Greece[J]. Forests, 2019, 10(11): 1022.

的服务和设施，促使其不断改善。通过旅游业的前向关联产业、后向关联产业等带动山地经济发展（图 6.3），路径多样，产业结构较为丰富，增加了整体经济发展的稳定性。再加上旅游市场的分化和细化，以及区域全面发展的诉求，旅游产业融合趋势明显，间接促进了其他经济部门的发展。③以旅游流为介质，深入山地地域系统内的人文社会领域，扩大山地系统的开放性，通过与山地社区居民直接接触及示范作用和文化交流促进山地景区内社会进步，嵌入山地社会的文化、教育、基础设施建设等，促进其他领域发展，使旅游业与山地社会经济的发展过程相互促进。

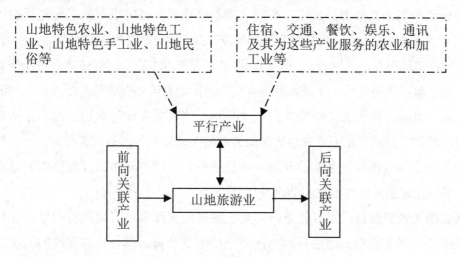

图 6.3　山地旅游产业体系

旅游业发展契合了山地经济发展的要求，很多地区将旅游业作为区域发展的支柱产业或先导产业，出台一系列政策，以扶持旅游业的发展。如贵州是中国著名的山地省份，山地、丘陵占全省总面积的 92% 左右，一直属于全国经济发展落后地区。2017年国际山地旅游暨户外运动大会发布了《国际山地旅游健康宣言》、国际山地户外运动大会落户贵州，贵州省人民政府办公厅发布了《支持黔西南自治州加快山地旅游发展的意见》等一系列措施促进了贵州山地旅游的发展。从 2015 年到 2019 年，旅游业对经济的直接贡献增长 4 倍，对其他经济部门的影响意义重大。山地发展的其他政策和相应措施改变也会引起旅游业不同方向的变化，对山地人地关系演进起到重要作用。

由于旅游业的包容性和非排他性，山地旅游业和其他产业发展出现冲突的可能性较小。在山地各个产业发展的过程中，"旅游 +" 和 "+ 旅游" 的融合方式不断出现，加大了旅游和其他产业之间的耦合力度，延长了各个产业链条，两者相互促进，对稳定山地产业结构，促进社会经济发展，起到积极的作用。

旅游业及其他产业的共同发展，增加了人—山之间相互作用的方式，同时也丰富了人—人之间联系的内容，符合山地旅游发展的社会经济目标，推动山地人地关系的内容不断深化，趋向稳定。

6.3.3 发展目标——利益相关者耦合

利益相关者是任何能影响某一活动行为、决定、政策、实践或目标的群体或个人。[1] 山地旅游发展过程中，有众多群体和个人以利益相关者的身份参与，有部分群体并没有直接参与到旅游的发展中，只是旅游业发展的间接相关者。山地旅游发展的主要利益相关者包括旅游者、社区、政府、旅游企业等，也包括一些景区监管和规划组织、专家学者团体等。[2] 各利益相关者在参与旅游业运行的过程中，有利益合作的过程，也有利益冲突的存在，[3] 这是利益"相关"的主要表现方式，具体体现在旅游规划、管理与营销、旅游环境伦理、社区旅游等。[4] 不同山地有着不同的地理条件和社会经济条件，塑造了具有不同利益主体构成的人文环境。而利益主体的角色、数目和构成、参与程度、职能、诉求等在不同旅游地和旅游地的不同发展阶段有较大差别。[5] 山地景区利益相关者之间围绕以发展旅游业为主要目的的各种冲突和协调，最终以利益耦合为纽带，共同促进旅游业在山地的健康发展。

利益相关者的角色。旅游者是山地景区旅游的实践者，所有利益相关者都是围绕旅游者的需求展开活动，通过各种方式不断增加其数量、延长其停留时间、提高其消费水平、促进其消费结构合理化、尽可能地满足其所有合理要求，目的在于通过旅游者获得各自的利益。旅游者也具有自身的利益，即通过旅游活动满足身心愉悦的体验需求，或特殊旅游目的。这些需求在游客的旅游计划和安排中都有预设，需要旅游目的地的各个群体通力合作，才能圆满完成。各利益相关者必须相互协调才能避免游客旅游活动中的不满，这是山地景区旅游发展中利益相关者目标耦合的基础和核心所在。

社区居民是社会环境载体，可以作为人文旅游资源的一部分，也是旅游经营者、管理者和监督者的重要构成，具有动态性和多重性。[6] 他们作为利益相关者获得的主要

① FREEMAN R E, KUJALA J, SACHS S, et al. Stakeholder Engagement: Practicing the Ideas of Stakeholder Theory: Stakeholder Engagement: Clinical Research Cases [C]. Cham: Springer International Publishing, 2017:1-12.

② 张玉钧，徐亚丹，贾倩 . 国家公园生态旅游利益相关者协作关系研究——以仙居国家公园公盂园区为例 [J]. 旅游科学，2017, 31(3): 51-64, 74.

③ 刘静艳 . 从系统学角度透视生态旅游利益相关者结构关系 [J]. 旅游学刊 ,2006,21(5):17-21.

④ 郭华 . 国外旅游利益相关者研究综述与启示 [J]. 人文地理，2008(2):100-105.

⑤ 王进，周坤 . 基于利益相关者理论的旅游地生命周期研究——以九寨沟为例 [J]. 首都经济贸易大学学报 ,2014(5):109-113.

⑥ 刘静艳 . 从系统学角度透视生态旅游利益相关者结构关系 [J]. 旅游学刊 ,2006,21(5):17-21.

利益，主要包括经济收入、社会基础设施便利化、生态环境优化、社会福利和公共资源等，是旅游可持续发展宏观系统中不可或缺的要素机制。[①]由于民主化进程、民间组织的发育程度、旅游发展阶段、土地所属等不同，不同区域社区参与旅游发展的形式、内容和程度也有差异。[②]

旅游企业在山地旅游发展中属于直接和主要的经营者、实施者。他们以追求经济利益最大化为根本宗旨，不断扩大经营范围和领域。有以山地景区开发和经营管理为主要业务的集团或大型企业主体，也有以住宿、餐饮、交通、零售为主要经营活动的小企业和家庭企业。没有旅游企业的参与，山地景区只有优良的旅游资源而没有完美的旅游产品，山地较为落后和简陋的接待设施难以满足旅游者对旅游过程便利化的需求，山地游览项目较为分散，无法形成完整和完善的旅游地服务体系。企业天生存在的逐利性使其在经营管理过程中，会关注山地的环境和社区居民文化发展，他们是山地旅游资源的重要构成，也是旅游服务人员的主要来源之一。直接参与旅游活动的方式和间接促进旅游发展的形式因旅游企业认知和能力有所不同，但都是促进旅游业在山地持续发展的必要动力。

地方政府是旅游发展的管理者、监督者和宏观决策者，在山地旅游发展过程中积极推进山地经济发展、居民收入增加和生活水平的提高、产业结构不断升级和稳定、社会福利和基础设施完善、生态环境稳定和安全等，是维系山地人地关系协调发展的主要推动者和管理者。没有政府参与，山地旅游发展早期的资金困难、社会推广等瓶颈问题较难解决，山地旅游发展过程中的环境监测、合法经营、质量管理等问题难以把控，山地旅游发展的目标无法确定。

利益相关者的耦合协调。山地自然地理环境使其社会和经济发展与外部环境之间有一定的差异，在旅游发展过程中，大多山地旅游地的居民较多关注经济发展，特别是能直接从住宿、餐饮、游览等经营过程中获得旅游收入。这种关注与政府的目标一致，可以解决一部分人的经济收入问题，提高一部分人的生活水平，甚至对一些山地经济发展起到绝对性的提升作用，如 1979 年邓小平同志"黄山讲话"提到"发展旅游要千方百计地增加收入"，成为黄山旅游发展重要的社会经济目标，使发展旅游与当地居民利益相一致，与旅游企业的出发点相协调，通过社区参与减少旅游经营中的地方文化植入障碍，并利用当地较为廉价和便利的劳动力。经济利益驱动下的山地旅游发展，其主导力量多元，是政府、社区和旅游企业共同追求的目标。

除经济利益耦合之外，社会发展需求也耦合。不同的是，社会发展需求大多以政

① 刘纬华. 关于社区参与旅游发展的若干理论思考 [J]. 旅游学刊,2000,15(1):47-52.
② 保继刚,孙九霞. 社区参与旅游发展的中西差异 [J]. 地理学报,2006,61(4):401-413.

府为主要动力，通过旅游业发展改善山区落后的社会现状，不断完善以道路、卫生、文化等为主要形式的基础设施和服务，从根本上解决山地居民生活便利和生活水平提升问题，完全符合社区居民的根本发展目标，与其具有高度的一致性。同时，通过旅游所构建起来的经济和文化自信，让山地社会结构逐渐稳定，文化自我认同和地方意识增强，反馈于山地旅游产品和产业环境，更进一步促进山地旅游吸引力的增加，满足游客对山地原生态文化的体验，提升了旅游产品的原真性。

环境发展目标同样存在耦合机制。由于环境功能不是直观表现在经济、社会等较为现实的领域，利益相关者较少关注环境的好坏，政府和非营利组织承担起山地环境保护和发展的引导和保障功能。从长远目标来看，山地环境良好是社区居民生活改善和政府保证民生不可分割的一部分，没有优良生活环境的生活改善是不完整的，也是不健康的。山地环境良好也是山地旅游产品独特性的表现之一（如 5.2.1.6 所述），良好的生态环境是旅游企业所向往的。

通过旅游发展，山地地域系统内生态环境和地方文化得到保护、经济发展、人民生活水平提升、社会开放进步、发展稳定等，充分体现了旅游发展形成的各种效应及其与山地发展之间的耦合关系推动了山地景区人地关系的进步。

利益相关者的对抗与冲突。利益相关者不同源，对旅游发展的价值和感知差异较为明显，[①]是利益冲突产生的根本原因。旅游发展的利益冲突主要来自机构组织、公共政策、权力、资源、利益、价值、关系等，[②]关系失衡会引发一系列产业发展问题，如经营策略不当、供需不平衡、旅游产品质量下降等。较少考虑到旅游发展的持续性和科学性，待环境和社会经济的不利影响反馈于旅游业本身时，会造成不可逆的变化，如自然和人文环境恶化引起游客的不满，使旅游景区形象大损。

在山地旅游发展过程中，政府部门要发挥监督、引导、保障和宏观决策作用，以减少山地旅游发展过程中的障碍，增加利益相关者的协调度；社区要通过旅游者、地方政府、当地旅游企业等不断加大自己参与旅游发展、经营、管理的能力，并增加收益的渠道；[③]旅游企业在追求经济利益最大化的同时，积极关注环境和社区发展的问题，以此为媒介争取政府的支持，谋求旅游更大的发展空间；游客属于消费者，其消费行

① LYON A, HUNTER-JONES P, WARNABY G. Are we any closer to sustainable development? Listening to active stakeholder discourses of tourism development in the Waterberg Biosphere Reserve, South Africa[J]. Tourism Management, 2017(61):234-247.

② ALMEIDA J, COSTA C, SILVA F N D. A framework for conflict analysis in spatial planning for tourism[J]. Tourism Management Perspectives, 2017(24):94-106.

③ 韩国圣. 山地旅游发展的社区能力研究——以安徽六安天堂寨景区周边村落为例 [D]. 南京：南京大学,2011.

为需要通过多方引导，不断建立生态环保的旅游消费方式，为旅游地可持续发展奠定市场基础，从而形成多方利益相关者相互耦合的发展目标，共同促进山地旅游可持续发展和人地关系和谐进步。

6.3.4 空间耦合

山地景区自然地理环境的形成、旅游要素的空间布局、系统内外供求等揭示了山地旅游在不同空间尺度和空间范围上的发展演化规律，透析了其耦合发展的地理基础条件和空间分布规律。

山地地域系统内外供需耦合。山地景区地域系统外的旅游市场与系统内的旅游供给具有耦合性。山地地貌、生物、小气候及其所形成的景观、环境与山外形成鲜明的对比，自然环境下的民族、风俗习惯、社会文化等也成为山地旅游资源及其独特性的重要构成，山地因地貌所造成的封闭性和对外沟通的不便性是旅游资源得以长期存在和保持魅力的秘诀。随着旅游市场的不断多样化和个性化，在常规旅游资源依旧保持稳定吸引力的同时，新兴旅游产品的需求量继续加大，如探险、体育、节庆、亲子等体验性强、专业化尺度大、基础设施需求不高、更加贴近自然和生态的旅游产品从小众市场走向大众生活。山地资源依托下的旅游产品生产不缺乏"原材料"，只需将旅游产品不断提升和拓展就可以完全满足市场的各类需求，甚至生产出诸如冰川观光、攀岩等垄断性的旅游产品。山地景区与外部旅游市场之间存在天然的耦合关系，不耦合内容会随着旅游业的不断提升得到较快改善，这一较大空间上的耦合，形成了山地旅游的供需双方，推动了旅游业在山地的深入开展，促进人地关系演化。

山地地域要素和旅游要素耦合分布。从自然地理环境形成来讲，只有具有一定相对高差的山地才可以形成高梯度效应，[①] 由此产生不同海拔独特的自然景观。这一规律在中低纬度的高山表现最为明显，垂直带谱多样，每个带幅的宽度不大，自然景观的垂直分异在较小的海拔差内呈现，山地旅游资源多样性特点体现得较为充分。这种分异不仅体现在资源的分布，同时对旅游要素在山地内的分布也具有决定作用，形成了具有各自旅游功能布局的区域。在生态环境较为脆弱的区域形成自然保护地带，景观独特、视野开阔的区域开发观光旅游资源，地势平坦、居民集中居住的区域以民俗风情旅游开发和基础设施建设为主，大范围自然保护核心区域作为生态保育区以保证山地环境的稳定性和山地整体氛围的基调等，达到山地各个空间区域"物尽所能""物尽所需"的效果。这种功能布局缩小了山地旅游活动的空间范围，减少了山地旅游开发

---

① 明庆忠. 山地人地关系协调优化的系统性基础研究——山地高梯度效应研究 [J]. 云南师范大学学报（哲学社会科学版）, 2008, 40(2):4-10.

的人力、物力和财力，有效地利用了山地自然地理要素的空间分布，降低了山地环境承载的总量，达到空间要素的耦合，是顺应山地自然环境的选择，也是旅游作为山地最优发展方式的重要原因之一，对山地原有人地关系破坏不大，且较好地利用了"天时"和"地利"。

旅游要素空间分布。在正常规划条件和理性规划思路下，旅游要素是按照山地自然条件合理布局的。（如 4.2.2.2 所述）基础设施、服务设施、旅游资源、旅游产品、旅游交通等以点和线为主要要素分布在山地不同地域，一定程度上扩大了山地旅游活动的空间覆盖面，且将旅游活动限定在较小区域，解决了旅游大范围开展所必需的空间大、体量大的要求，以及山地环境保护需要较大生态保护和缓冲区域的空间限定的双重问题。旅游要素以自然环境为依据的空间布局，符合景观生态学斑点、廊道、基质的一般规划要求，将旅游景观、要素等较好地融合在一起。

旅游要素在山地的分布，严格受制于山地海拔、坡度、地质环境以及生态保护政策等，除此之外，山地旅游规划者对山地旅游要素进行布局，加大了山地之间的区别，在地理环境要素和旅游要素耦合前提下，尽量保证山地景区的独特性。

6.3.5 山地景区人地关系形成和发展动力的耦合机制

旅游动力要素耦合促进旅游系统内部和系统之间相互依赖，走向有序和协调，促使旅游的供需合理、人地协调、利益共享和可持续发展，[①] 包括旅游景区地域系统内的要素耦合，也包括与旅游相关的、旅游地域系统之外的其他要素之间的耦合。耦合不仅是物理层面的相互协调，更是内涵的相互作用，是山地景区人地关系发展的动力所在。理解系统要素的耦合关系是解译、识别旅游系统的关键环节，[②] 要素或系统之间的耦合是推动旅游发展的重要动力。[③④]

山地旅游资源与市场耦合、山地旅游与其他产业耦合、山地旅游利益相关者目标耦合、山地旅游要素空间耦合等，促进人地关系要素之间相互作用机理、过程、目标等相互协调和统一，是山地旅游形成和发展的基础，也是山地景区人地关系演化的主要动力，推动其在山地地域空间内的地域分异和不同演化方式和路径。除山地旅游资源、旅游市场、旅游业之外，其他发展动力要素之间也存在耦合关系和机理。（图 6.4）

① 马耀峰,张春晖,刘军胜,等.旅游耦合——可持续发展研究新路径 [J].旅游导刊,2018,2(3):1-19.

② 宋长青,程昌秀,杨晓帆,等.理解地理"耦合"实现地理"集成"[J].地理学报,2020,75(1):3-13.

③ 杨春宇.旅游地发展研究新论——旅游地复杂系统演化理论方法应用 [M].北京:科学出版社,2010:3-66.

④ 何成军,李晓琴,曾诚.乡村振兴战略下美丽乡村建设与乡村旅游耦合发展机制研究 [J].四川师范大学学报 (社会科学版),2019,46(2):101-109.

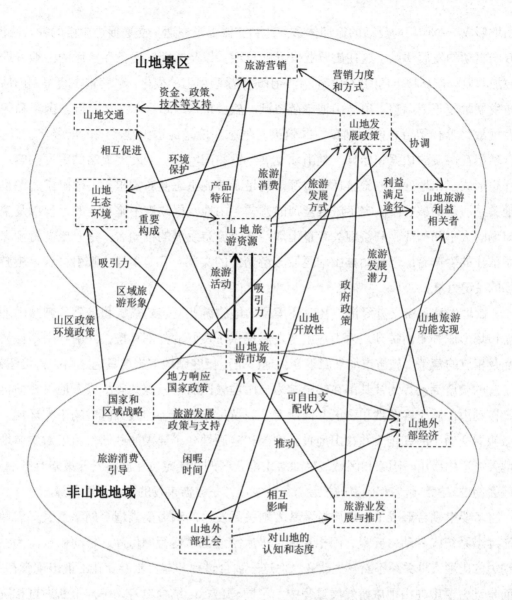

图 6.4　山地景区旅游动力要素耦合网络关系

山地景区中，山地发展政策是协调、引导旅游发展过程各方要素的中坚力量，制定和实施的主要内容以经济、社会、环境协调为目标，通过完善交通、采取适宜的营销策略、保证利益相关者之间的利益协调等促进旅游业和区域的持续发展与合作等，①②③ 与山地旅游发展要素与条件相互耦合才可以达到良好的效果。旅游与交通在

① 李锋 . 国外旅游政策研究：进展、争论与展望 [J]. 旅游科学 , 2015,29(01):62-79.

② 罗明义 . 关于建立健全我国旅游政策的思考 [J]. 旅游学刊 ,2008,23(10):6-7.

③ 宋瑞，王明康 . 欧美主要国家旅游政策内容分析 [J]. 杭州师范大学学报 (社会科学版), 2019, 41(01): 112-122, 135.

山地形成一个作用与反馈的循环体系，达到旅游促进交通、交通促进旅游的耦合协调、双向驱动的发展体系，这在旅游业发展的早期，以及前期发展条件落后的山地表现得更加明显。产品和市场的时代特征引导山地旅游吸引力的变化，[①]营销内容根据山地旅游发展阶段不断调整，须与山地旅游资源、旅游市场、社会和经济状况、国家和区域发展战略等相契合才能达到良好的效果。生态环境是促进山地系统内部经济、社会、自然相互协调的依据和标杆，是山地发展政策和国家与区域发展战略的重要内容，同样也形成了山地独特的旅游环境资源，满足游客的生态健康需求。山地旅游资源是人地关系演化的核心，决定了旅游营销的方式、山地发展政策中旅游业的定位以及旅游市场的大小和构成。利益相关者是山地经济及旅游发展的推动者，是以旅游资源为物质依托的生产者，不仅助推山地区域旅游功能的实现，且是引导、吸引、满足旅游市场的关键力量。

山地地域系统之外经济、社会环境是山地旅游业发展的前提和基础，刺激山地旅游市场形成并不断提升，为山地旅游发展提供了良好的外部环境，并引导山地旅游产品及相应的营销。旅游市场来源于客源地，是连接客源地与旅游景区之间的直接纽带，游客的旅游活动行为及其潜在的影响力与山地景区旅游资源共同构成人地关系演化的直接动力，属于客源地和景区共同所有。旅游市场作用于山地景区内的生态环境，刺激旅游交通不断完善，并在山地景区内部和客源地各个要素的共同作用下对旅游地人地关系产生作用。国家和区域战略除对山地景区的功能定位和旅游发展策略有影响外，还会促进或制约区域和国家的社会与经济发展，是旅游市场的社会经济保障。

多要素耦合形成了山地旅游及其人地关系发展的动力要素耦合网络系统。山地旅游地域系统内外动力要素之间相互耦合是旅游业正常运行的保障，推动以旅游为主要动力的山地人地关系不断发生改变。但这一耦合过程并非自旅游业在山地出现就存在，而是动力要素在山地旅游发展过程中为了同一目标，结合自身条件，不断通过相互间的调和而形成的。

需要着重说明的是，耦合是一个过程、目标和综合动力。山地景区并非时常处于要素耦合状态，其人地关系演化是一个动力要素趋于耦合的动态过程，这一过程中多有非耦合和反复状态，只有发展目标和效应相互耦合才能达到人地关系协调，动力要素耦合才能达到发展效益的最大化。

---

① CHARLES A, DARNE O, HOARAU J. How resilient is La Reunion in terms of international tourism attractiveness: an assessment from unit root tests with structural breaks from 1981-2015[J]. Applied Economics, 2019,51(24):2639-2653.

6.4 山地景区对旅游的反馈机制

　　旅游业在山地的发展，扰动了山地景区的要素、结构、发展以及人与地之间作用方式。这种作用力施加于山地系统，山地系统给予响应和反馈，形成一个闭合的系统动力结构。

　　旅游业发展的自我反馈。山地旅游发展动力因子共同作用，相互耦合（如6.3所述）促进旅游业发展，对山地经济、环境以及社会发展起到积极的促进作用。其中，旅游资源是山地旅游赖以存在和发展的根本要素，属于客观存在的物质，较难人为改变，但旅游产品是依赖旅游资源，并可以进行加工和改造的。旅游业在山地的发展需要旅游产品不断提升和改造，以适应多变的旅游市场需求，跟随时代潮流。由于山地旅游资源的广域性、多样性、复合性、独特性，山地旅游产品可提升和改造的空间较大，休闲、度假、亲子、研学、运动赛事、节庆等旅游产品应有尽有。山地景区可以在旅游需求不断变化和提升的时代，依然保持强有力的竞争力。桂林山水是广西知名的旅游品牌，在八九十年代开发的早期，是以观光为主要形式的山地旅游地，现阶段已经形成了一个综合性的旅游地，不仅打造了"20 元人民币"的网红打卡地，融入了"印象刘三姐"等具有浓郁文化的内容，而且将"西街"等具有现代街区风格的元素打造成为旅游目的地的重要品牌产品之一，形成综合性的具有多种功能的山地旅游地。山地旅游产品对旅游发展的响应和反馈，可以进一步促进旅游业的发展。但也存在一些追风行为，没有达到很好的发展效果。如玻璃栈道是近年来较为流行的体验活动，自中国第一个玻璃栈道（2005 年）在三清山修建以来，诸多山地景区发现了其中的商机，加快了国内玻璃栈道修建的节奏。特别是张家界天门山玻璃栈道的投入使用，更加刺激了一批大大小小的山地景区修建，这一不受限制的跟风行为减少了这种旅游体验项目的独特性、新颖性。由于早期大量的投资，以及需要长期的维护和管理，未来是否能够维持这种产品继续经营下去，还要根据产品的提升和市场的变化来判断。

　　山地生态环境保护与旅游发展的博弈关系。旅游发展过程中需要持续关注生态环境的变化，投入人力、物力和财力，一方面需要环境管理的人才和技术，另一方面因顾及生态环境而使一些旅游项目的投入增加、收入减少。山地景区的运营要尽量减少成本，增加收入，但又不得不以牺牲部分收入为代价维护环境。在这一博弈过程中，时而保护生态环境占优势，时而发展旅游占优势，但都不得不以保护生态环境为最终选择。如天山山脉东段（哈密市巴里坤）旅游发展早期为家庭经营模式，夏季避暑和度假旅游市场巨大，需求空间潜力大，但可开发区域有限。外地企业买断了一块区域的旅游经营和开发权，独自运营，与家庭式的经营共同存在。诸多哈萨克牧民也逐渐开始自主修建蒙古包或"羊房子"，主动接待游客，并同时兼顾牧业，一方面满足游客停留期间对羊肉的食用需求，另一方面可以保持原有的牧业收入。放牧区域缩小造成山坡和峡谷间草地面积减小，土壤裸露；牧民任意修建房屋破坏了景观整体性，房屋质量也得不到保证；旅游设施空间分布凌乱，游客行为难以管理，垃圾随处可见，环境恶化较为明显，游客投诉多，对市场的满意度造成了较大影响。山地生态环境保护与旅游发展的博弈最终以生态环境保护胜利结束，山地环境受损之后的反馈对旅游业提出新的要求，为此，政府取缔牧民任意放牧行为，将其限制在特定区域，不允许牧民私自接待游客，以确保山地草地的保护和环境安全，从而较小对山地旅游的正常发展造成负面影响。

山区产业对旅游发展的反馈。 经济发达地区旅游发展首先，一般是在基础设施较为完善的前提下自发产生的，山地一般与基础设施的建设同步进行，共同发展。旅游和其他产业之间的融合发展共同促进了山地社会经济的进步，双方可共用交通等基础设施，减少了产业承担这些设施建设、维护、管理的巨大费用。其次，旅游业的发展需要其前向关联产业的支撑（如 6.3.2 所述），同样可以带动后向关联产业的发展，从而稳定山地的产业结构。再次，山地特殊产业可以增加旅游产品和旅游经营方式，旅游业的发展也可以扩宽山地产业的经营范围和发展渠道，或较好地利用产业景观，采取"＋旅游"的发展模式，以增加当地收入来源。如龙脊梯田、元阳梯田等是我国西南地区著名的以山地、丘陵为主要地貌类型的农业生产景观类型，其在农业经营的基础上，积极发展旅游业，并通过观光、摄影、农家乐、民族风情体验、购物等形成了产品较为丰富的旅游综合体，吸引了大量的游客，大大增加当地收入，完善了社会基础设施和文化建设，促使原有外出务工的人员重新返回家园，在改善人民生活水平的同时保护了梯田文化，促进产业共融发展，形成自然与人文和谐共存的人地关系基本格调。

山地区位对旅游发展的反馈。 部分山地具有发展旅游业的优越条件，随着交通工具的不断改善，时空距离被压缩，空间距离不再是阻碍人们到达旅游地的主要障碍，以旅游为主要驱动力和主导产业的山地景区社会经济发展水平因旅游业的带动作用迅速提高，使其成为区域经济增长的楷模，逐渐摆脱"边、穷"地位。山地景区通过发展旅游业带动交通等外部联通设施完善，①改变山地偏僻和封闭的形象，以旅游带动经济，去除"贫穷"的头衔，使山地在区域整体中不再是落后的典型，而是具有特殊产业发展的地域。区位发生微妙的变化，促进山地因区位限制而耽误的其他产业逐步发展，形成良好的产业格局和经济区位。黄山位于我国安徽省南部黄山市北部，是安徽省也是我国最早开发的山地景区之一。1979 年正式对外开放之后，其旅游人次从 5139人次增加到 1990 年的 42 261 人次、②2010 年的 252 万人次、2019 年的 350 万人次，游客总人次逐年升高。由于黄山风景区旅游取得了较大的成功，周边歙县、黟县也凭借自己独有的资源开发旅游业，形成了黄山市以旅游业为重要发展路径的产业结构体系。巨大游客量增加了对交通的需求，G205、G3、S102 等道路为黄山游客提供了便利的陆运交通，屯溪国际机场国内外通航城市 24 个，2019 年游客吞吐量 86.96 万人次，在满足旅游需求的同时，便利了黄山市其他产业的交通运输需求，打通了黄山市连接周边区域的通道，提高了其经济区位优势。

山地自然和社会环境对旅游的反馈。自然要素因旅游活动及其相应的建设活动而改变，集中表现于土地利用类型，人文要素则因旅游的经济带动作用、就业提供、基础设施建设、对外开放度增加而发生改变。既有环境恶化、文化变迁等负面反馈，同时有环境保护意识和力度不断加强、山地旅游地社会文化生活不断丰富、基础设施完善、医疗卫生公共体系便利化和合理化等正面反馈。尽管双向反馈同时存在，但正面反馈更利于政府、企业、社区等通过旅游业发展获得相关利益并保持持续发展，因此具有更稳定的动力，是山地自然和社会因旅游发展的主要反馈表现。（图 6.4）

①　BRIDA J G, DEIDDA M, PULINA M. Tourism and transport systems in mountain environments: analysis of the economic efficiency of cableways in South Tyrol[J]. Journal of Transport Geography,2014 (36):1-11.

②　黄成林 . 黄山旅游旺季游客超载调控措施研究 [J]. 经济地理 ,1992,12(3):85-89.

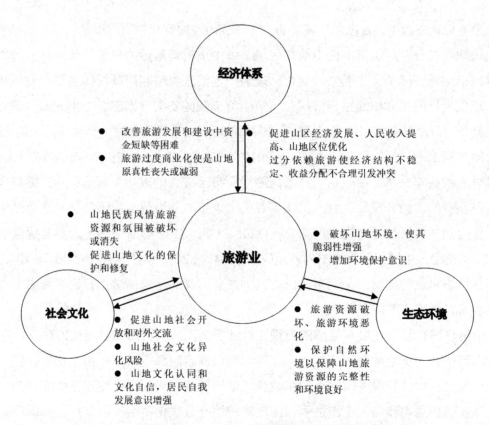

图 6.5　山地环境、社会文化和经济对旅游业发展的反馈

6.5 山地旅游人地关系协调与优化机理

人地关系是区域可持续发展由基础研究走向实践应用的理论基石，[①] 人地关系协调是区域可持续发展的根本保证。目前，针对人地关系协调发展的探索散落于由人地关系的状态、分类，到人地关系协调发展对策方面的分析，已由哲学思辨成功过渡到具有一定理论指导意义的实践研究。[②]

6.5.1 旅游与人地关系相互促进

①山地人地关系协调是可持续发展的表现。

山地人地关系可以是低位协调，也可以是高位协调，不能通过要素是否耦合来判断其是否可持续，也不能以生态环境、人类经济发展等单一指标来衡量。人地关系协

---

① 毛汉英 . 区域可持续发展机理与调控 : 地理学发展与创新 [C]. 北京 : 科学出版社 ,1999:87-90.

② 方创琳 . 中国人地关系研究的新进展与展望 [J]. 地理学报 ,2004, 59(s):21-32.

调具有目的性、整体性、动态性、层次性、优越性等特性，[①] 其必定是以山地地域可持续发展作为目的的和谐，在不同阶段、不同区域范畴、不同价值取向、不同人类对自然把控能力下会有新的内涵、意义和标准。

在工业革命之前，人类社会的发展都处于相对比较缓慢的阶段，对自然资源的利用大多属于初级加工，人类影响自然界的力度和范围比较小。工业革命带来了机器大生产，劳动工具不断改进，人类利用自然、改造自然的方式发生了翻天覆地的变化。但世界山地的发展明显落后于其他地域，直到 20 世纪中叶，许多山地地区的社会还处于封建社会阶段，甚至是奴隶社会或原始社会，人口素质差，交通、通信、基础产业不发达，难民和毒品有机可乘，山区人地关系中的"人"处于落后和极度不稳定状态。[②] 但各个地区开始对山地的认识有了革命性的变化，意识到山区可持续发展对国家全局稳定的重要性，并开展了相应的科学研究，提出了一系列发展措施，山地旅游业等作为促进山地协调发展的重要途径受到了普遍重视。[③] 山地人地关系开始多元化，多元经济改变了原本资源的低效使用、浪费和破坏，"人"对"山"的利用更多地关注生态环境是否被破坏，相应的强制性政策和措施推出。

山区发展的根本目标在于其经济、社会、环境的协调和可持续发展。和平原地区一样，山地需充分考虑水、土壤、空气等地理要素的变化。此外，作为以立体梯度为典型特征的特殊地貌区域，人—山之间关系的协调需要更多关注山地物质和能量的搬迁与流动（这些作为"地"变化的直接表现和过程，会导致其他地理要素发生质的变化），以及人类的需求与活动（人类活动越来越对环境的变化起主导作用）。按照人地关系的 4 种状态，[④] 极少山地人地关系处于混沌状态，大都逐渐趋向于协调，或从冲突转向协调。这种协调可以给山地带来较为稳定的发展环境、合理的资源利用方式、长远的发展前景，是人地关系持续发展的表现。

②旅游可持续发展促进人地关系协调。

地域系统内外的供需关系所引起的拉动力，是一种有序的作用力，促使由于市场发育和信息交流而引起的人流、物流、资金流、技术流的加强，导致人地关系地域系统结构的演进。[⑤] 针对旅游地和客源地来说，旅游发展的目标是不同的。山地资源和环境是旅游业发展的前提和基础，是旅游吸引力的根本来源。而在旅游发展过程中，旅

① 韩永学. 人地关系协调系统的建立——对生态伦理学的一个重要补充 [J]. 自然辩证法研究，2004，20(5):5-9.

② 钟祥浩，余大富，郑霖. 山地学概论和中国山地研究 [M]. 成都：四川科学技术出版社,2000:25-26.

③ 钟祥浩，余大富，郑霖. 山地学概论和中国山地研究 [M]. 成都：四川科学技术出版社,2000:99-100.

④ 方创琳. 区域发展规划的人地系统动力学基础 [J]. 地学前缘，2000(S2):5-10.

⑤ 毛汉英. 人地系统优化调控的理论方法研究 [J]. 地理学报,2018,73(4):608-619.

游活动和相应的建设活动又会对山地的环境、资源造成一定的影响。作为山地的主人，他们更加重视作为"资产"的环境和资源的可持续利用，这不仅是谋生、发展、致富的重要手段，也是其生活和生产环境的主要构成，更是旅游业具有"永续"发展前景和潜力的保证。作为山地产业的构成之一，旅游可持续发展是山地目的地人地关系协调的不可或缺的部分，山地人地关系协调是山地环境、经济、社会共同进步的保证，是山地旅游良好发展的前提和目标。

山区居民、游客、政府、企业等对环境和资源利用的认知因个人和群体经历、生活环境、知识水平、管理能力等有所差异，但对资源的可持续利用具有根本的需求。山地人地关系行稳致远，需要提升对客观世界的科学认知，特别是对旅游发展现状、前景、效应、机制等的准确定位，对"地理要素"基本状态的科学评价，对人类旅游活动及其建设活动在人地系统中的位置客观评价，能主动且科学地平衡"人""地"两类要素的博弈关系。[①]

山地通过旅游业自我强化的正反馈关系和自我调节维持稳定的负反馈关系之间的相互耦合，决定着人地关系的行为和区域发展的前途。[②]旅游业的可持续发展是扰动山地原有人地关系变化的重要力量之一，通过游客输入增加了山地系统的要素，以此形成以人流、物质流、信息流为形式的要素和结构变化，并引起以维持山地社会、生态稳定为主要目的、人类主动的调整活动。正反馈和负反馈之间因旅游和山地环境相互制约而必须协调发展，由此达到人地关系协调。

6.5.2 旅游驱动下的山地景区人地关系的优化对策

优化山地地域系统人地关系，首先要明晰山地景区旅游发展的根本目的，才能让系统沿着目标前行。不同尺度下发展主体、受益主体所关注的发展内容和方向不同，需要综合判断各尺度下山地景区旅游发展的目标，以此作为人地关系优化的主要依据。

①宏观尺度——发展价值的同一性。

山地景区旅游发展不仅是山地本身的发展历程，同时也是作为区域整体一部分的山区及其所在更大空间范围内的地区共同进步的过程。从山地本身来说，旅游发展是山地经济、社会发展的途径，甚至是一些山地发展的唯一路径。在发展过程中，到底是以经济为主要目标，还是兼顾环境和社会并不是一个难题，山地发展的价值归属必定是经济、社会、环境协调的共同发展，困惑在于如何协调三者之间的关系。

旅游属于社会文化活动，但以经济方式在运行，发展过程必然涉及生态、生活、

---

① 程钰. 人地关系地域系统演变与优化研究 [D]. 济南：山东师范大学，2014.

② 方创琳. 区域发展规划的人地系统动力学基础 [J]. 地学前缘，2000(S2):5-10.

生产。这"三生"无法避免，脱离了任何一方或任何一方受到损害，旅游活动都会因缺乏资源、产品、服务等无法正常运行。这在非山地地区同样适用，不同的是，山地因为特有的坡度使其在发展过程中环境更脆弱，旅游对生态环境的依赖性更强，在某些情况下属于旅游资源的重要构成。即在山地景区旅游发展过程中，"三生"之间的关系更加紧密，相互间的牵制作用更加明显，只有"三生"协调才能充分发挥旅游业的效应，促进山地全方位进步。也只有将"三生"协调共进作为山地旅游景区发展目标和同一价值，才能围绕这一主题，面对山地景区旅游发展中出现的各种问题，遵照最根本的原则灵活处理。

山地景区旅游开发是对原有山地资源新的利用方式和生态环境的一次改造，必然会对原有系统造成一定的影响。无论是开发过程中的土木工程，还是旅游活动中人们的饮食起居、游玩停滞，都会影响到山地的水、空气、土地、植被、当地居民等。但不能以"不触及"和完全保护作为硬性规定，而剥夺山地发展的权利。一方面，山地原有社会系统需要发展，要找到合适的发展方式，旅游是山地最好的发展方式之一（如6.3.2 所述），甚至可以促进环境的优化；[①]另一方面，即便是没有游客的到来，当地居民与山地生态环境之间的相互作用方式也存在可圈可点之处，部分没有旅游业发展的山地，因重工业或其他不可持续产业的发展而导致水源、空气污染严重、环境恶化等，如一些居民为增加收入不断砍伐山地林木，造成水土流失严重；再者，没有人类居住的山地，在履行其生态保育功能的同时，有机会体现观光、度假、休闲娱乐等其他价值，旅游发展潜力可以释放。因此，旅游业的发展并不违背山地"三生"要求的。

但在发展过程中，必然会出现三者不协调或冲突的情况，旅游介入山地系统，势必会对环境造成影响。[②]由于山地处于偏远地方，对于发展中国家来说，结构化限制因素很难改变；游客、企业、政府部门和环境部门等利益主体对可接受的环境最大变化标准不同，[③]只能通过增强个人环保意识和促进主客之间的矛盾得以缓解，并在山地实行生态旅游为主的发展模式，培育当地经济独立性，提供培训、交流机会和资金，促进公平与安全。[④]发展价值同一性的确立，可以极大地提高"三生"协调的自主性，如

①　PRICE M F. Patterns of the Development of Tourism in Mountain Environments[J]. GeoJournal, 1992,27(1): 87-96.

②　BARROS A, MONZ C, PICKERING C. Is tourism damaging ecosystems in the Andes? Current knowledge and an agenda for future research[J]. AMBIO,2015(44):82-98.

③　NEEDHAM M D, ROLLINS R B. Interest group standards for recreation and tourism impacts at ski areas in the summer[J]. Tourism Management, 2005,26(1):1-13.

④　NEPAL S K. Mountain ecotourism and sustainable development: Ecology, economics, and ethics[J]. Mountain Research and Development,2002,22(2):104-109.

奥地利高山居民在旅游业发展最初只关心经济收入，人们对环保和发展的科学认知意识不断增强，90年代将社区福利、社区发展和环境保护作为共同关注的对象，使旅游业得到了稳定和持续的发展。①

宏观发展目标的确定有利于旅游景区发展过程中政策和发展战略的制定、发展过程的评价和发展效果的鉴定，只有人地关系协调才是山地景区旅游发展的最好状态和合理模式。

②中、微观尺度——旅游产品展现山地旅游内涵。

在目标实施过程中，如何凸显山地景区旅游的发展优势，使其与其他旅游形式相比具有竞争力，以旅游带动山区发展，则是中微观尺度上旅游产品内涵不断展现的过程。

山地旅游产品的提升表现在产品内容的不断多样化、产品形式的生态化，不断满足旅游市场变幻的发展趋势，形成足够大的旅游凝聚力，推动山地地域系统的升级、人地关系从低位不平衡转向高阶协调。从旅游主体来讲，能够满足探新求异、精神愉悦、身心健康等需求的旅游产品具有强大的吸引力；从旅游客体来讲，能极大地利用和发挥资源和区域优势，为山地发展作出实质性经济贡献的旅游产品更容易被当地人所接纳和推广。山地旅游是在山地进行的旅游活动，是以登山和山地环境体验为主要形式的综合性的旅游活动，其内涵不仅表现于旅游活动的发生地，更在于旅游形式和内容的广域性、多样性、综合性、独特性，甚至是垄断性，是山地面对旅游主体具有的吸引力，以及和其他旅游地相比具有的竞争力。云南省属于典型的山地省份，山地、丘陵占国土面积的93.6%。2020年，云南省文化和旅游厅主办"大滇西旅游环线半山酒店建设培训"线上直播平台，借机加快建设因形就势、融入自然的高品质半山酒店，如茶园酒店、梯田酒店、森林酒店、温泉酒店、峡谷酒店、雪山酒店等，以此凸显云南省山地旅游的特色，形成山地住宿旅游形象。半山酒店是旅游产品的独特形式，有效、合理地利用自然地貌，顺应自然"天人合一"的理念，从住宿角度充分体现山地旅游独特性。

只有突破仅在空间和区域层面上对山地旅游进行界定，挖掘山地旅游内涵，将传统旅游传统和新兴要素融入山地旅游中，才可以充分展示山地旅游的魅力，从主客相互耦合到推动旅游业的发展，从而促进山地以旅游为驱动力的经济、社会、环境共荣。

---

① KARIEL H G. Tourism and Society in four Austrian Alpine Communities[J]. GeoJournal,1993, 31(4): 449-456.

第7章　旅游驱动下的玉龙雪山景区人地关系演化及机制

改革开放以来，旅游业逐渐兴起，由"外事活动"转变为具有经济外壳和文化内涵的旅游业。旅游业的发展不仅改变了区域经济结构、增加了当地人的收入，同时对旅游地的社会文化和环境也造成一定的影响。山地作为具有自然审美和文化沉积的综合体，对中国人具有特殊的意义，是中国最早和最具代表性的旅游景区，见证了新中国成立后中国旅游业发展的历程。

玉龙雪山景区作为中国最早开发的山地景区之一，展现了旅游对山地景区发展的驱动作用及其人地关系演化过程。自1984年被批准设立省级自然保护区，1993年正式开发，到现阶段成为丽江、云南乃至全国知名的山地景区，玉龙雪山景区经历了较长时期的发展过程，旅游地人地关系要素、结构发生了很大的变化，既有阶段性的时间演化过程，又有空间格局分异。本章重点分析旅游驱动下的玉龙雪山景区人地关系演化过程及其动力机制，并结合第4章到第6章的理论研究进行实践验证和规律探讨。

7.1 研究区概况

玉龙雪山景区位于云南省丽江市北部玉龙县（27°03'20"~27°40'N，100°04'10"~100°16'30"E），处于青藏高原和云贵高原过渡地带，是长江第一湾东侧屏障，南北长达35km，东西宽13km，主峰扇子陡海拔5 596m，峭壁崭岩，雪线以上（4 800m）山体有较大的积雪面积，冰川广泛散布在5 000m以上山体间，是中国最靠近赤道的一座雪山，也是欧亚大陆距赤道最近的海洋性冰川区。[①]雪峰尖峭，云雾缭绕，有15座5 000m以上高峰，呈北北东—南南西走向一字排开，形成了高耸雄伟而宽阔的巨大山体，大部分山峰终年积雪不化，如一条矫健的玉龙横卧山巅，故名"玉龙雪山"。玉龙雪山冰川公园是我国开发最为成熟、保护力度最大，也是目前我国唯一能通

---

① 杨少华,薛润光,陈翠,等.滇西北玉龙雪山生物多样性现状及其保护对策 [J].西南农业学报,2008,21(3):863-869.

过登山索道到达进行观光的现代冰川旅游景区，^① 在冰川雪山旅游区中极为罕见，形成了独特的以雪山冰川为核心吸引物的国内外知名极高山山地景区。

7.1.1 研究区范围

本书所研究的玉龙雪山景区主要为丽江玉龙雪山省级旅游开发区所包含的牦牛坪、云杉坪、蓝月谷、冰川公园、甘海子及其影响最为密切的甲子村和玉湖村，原因如下：

第一，丽江玉龙雪山国家重点风景名胜区由古城景区、玉龙雪山景区、泸沽湖景区、老君山——黎明景区和金沙江游览线组成，但古城景区、老君山景区、泸沽湖景区并非为以玉龙雪山为主体的山地综合体的构成部分，与玉龙雪山景区相距较远，且实现独立经营管理，与玉龙雪山景区由上市公司管理和运营的模式有所不同，因此不将玉龙雪山国家重点风景名胜区其作为本研究主要范围。

第二，山地人地关系的变化是系统内外部综合作用的结果，要素体系庞杂。旅游活动对山地综合体的影响体现在山地的自然和人文环境。即便是在主体景区之外的山地社区，也因旅游业发展受到直接或间接的影响。玉龙雪山景区内有 19 个自然村，即大具乡甲子村的 18 个自然村和白沙乡 1 个彝族村，有纳西族、藏族、彝族、苗族、汉族等 5 个民族。甲子村位于玉龙雪山景区东麓，是玉龙雪山景区社区的直辖社区、玉龙雪山景区旅游开发区影响最为直接的山地社区，在旅游发展的不同阶段，以不同方式参与到旅游的经营、管理、收益等环节，且通过参与旅游的活动对玉龙雪山景区环境和旅游产业本身施加了比较明显的作用，是玉龙雪山景区人地关系中"人"的主要代表，体现在社区、旅游从业者和政府等层面的作用与反馈。2016 年，甲子村通过玉龙雪山景区旅游发展实现脱贫，是旅游促进山地社会经济发展和人地关系改变较为典型的案例。玉湖村位于玉龙雪山脚下的缓坡地带，在自然地理条件上是玉龙雪山综合体的一部分，行政区划上隶属白沙乡。全村分为上村、下村和文华村 3 个自然村，均为纳西族。2004 年成立了玉湖村旅游开发合作社，重点开发了"沿着洛克足迹、走进玉龙雪山"为主题的骑马徒步生态观光旅游。目前已形成以玉湖旅游合作社为主，以村民自发参与的旅游客栈、旅游餐饮、旅游购物为辅的旅游产业格局，与甲子村的旅游反哺村民的模式有所不同。此外，全球气候变暖下玉龙雪山雪线不断上升，加大了人们对冰川旅游资源的关注，"冷湖"工程主要在玉湖村实施，具有重要的生态功能，形成了和甲子村具有一定差异性的人地关系类型。本研究将这两个不同的村落作为人地关系变化的个案进行对比，以探讨其时空变化及其主要动力作用的异同。

---

① 王世金，何元庆，和献中，等.我国海洋型冰川旅游资源的保护性开发研究——以丽江市玉龙雪山景区为例 [J]. 云南师范大学学报 (哲学社会科学版),2008(6):38-43.

　　第三，玉龙雪山东坡缓，西坡陡。山体西侧地质构造及地貌条件极为复杂，崇山峻岭，山陡谷深，且人烟稀少；东坡山缓地平，是人烟相对稠密和交通相对发达区。补给冰川的气流来自东侧，故而山体东坡降水丰富，高山积雪容易获得补充，发育了总数 19 条冰川中的 15 条，面积 10.9km²，占全山冰川总面积的 97%。2006 年修订的《玉龙雪山景区详细规划说明书》（目前仍在使用）中，重点对牦牛坪、云杉坪、冰川公园、蓝月谷、干海子等景点进行布局。就目前玉龙雪山景区游客的分布来看，这些地方接待了绝大部分游客，成为旅游活动直接作用的密集区域，也是旅游开发、规划和项目建设活动的主要实施区域，使人地关系变化相较其他区域较为明显和更为直观。依赖于这些区域的旅游活动和旅游产品分属不同类型，具有各自典型的旅游产品和自然地理环境特征，在山地综合体旅游发展中具有不同的功能和定位，是开展人地关系演化空间分异的适宜案例。

　　研究区人地关系演化主要体现在玉龙雪山东坡中南部，包括以玉龙山为载体的山地地域范围内所有自然要素和人文要素，拥有国家自然保护区、旅游开发区、居民区等功能区（玉龙雪山自然保护区、玉龙雪山国家级风景名胜区、玉龙雪山省级旅游开发区、玉龙雪山冰川公园等的范畴，可通过图 7.1 来表示），是生态功能和社会文化功能的重要载体。研究区内自然环境和人文活动各要素之间相互联系、相互作用，形成以旅游为驱动力的较为稳定的状态，是典型的山地旅游景区地域系统。

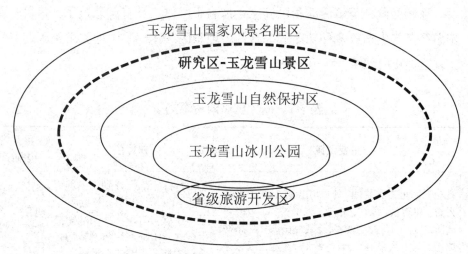

图 7.1　研究区范围界定

7.1.2 旅游发展条件

7.1.2.1 旅游资源丰富

玉龙雪山景区属横断山系北段高山峡谷区，既有巍峨壮丽的高山冰川，又有秀丽多姿的峡谷风情，形成了多姿多彩的山地地貌景观。从海拔1 600多米的金沙江河谷（下虎跳峡）至5 596m的山顶，高差达近4 000m，与南麓的玉湖村（海拔2 700m）相对高差近3 000m。玉龙雪山景区位于印度洋暖湿气流影响的季风气候区，使垂直高差下山地局部气候差异相比干旱区和高纬度区更大，海拔每升高100m，平均气温递减约0.86℃，从河谷至山顶依次出现亚热带、温带、寒温带、亚寒带、寒带等山地垂直气候带，从而为多样性的生态环境及生物提供了共同存在的温床，组成了明显而完整的山地植物带谱，[①] 成为玉龙雪山景区旅游资源形成的重要基础。以冰川、湖泊、河流、瀑布跌水等多种形态和白、蓝、绿、黑、透明等多种色彩相互结合，形成绚丽的水文景观。特别是较为稀有的冰川雪山，成为诸多游客青睐的神圣境地。玉龙雪山景区不仅充分显示出山地旅游资源丰富多样的特性（表7.1），且具有冰川等独特的山地旅游资源，主峰扇子陡海拔5 596m，发育有19条海洋性冰川，具有绝对的资源优势，为山地旅游产品开发提供了丰富的素材。形成了以冰川地质景观、雪山森林草甸、原生民族村寨、世界奇峡风光和高原水体景观等为特色，以生态旅游为主，融专题旅游、特种旅游、休闲度假、节事活动和民族文化体验于一体，具有游憩娱乐、审美、研学、会展、旅游经济与生产等多种功能的综合性山地景区，体现了山地旅游资源的多样性、独特性、复合性和广域性。

表7.1 研究区旅游资源类型

资源类型	主要资源	独特性	可开发的旅游产品
山体	雪花村附近古夷平面、4 000m以上冰川角峰、刃脊、粒雪盆、冰坎、冰斗、冰川槽谷、羊背石、冰阶、"U"型谷、蚂蟥坝及其侧碛垄、终碛垄、冰碛丘陵、大漂砾、云杉坪冰碛盆地、云杉坪、牦牛坪石海等	从金沙江干热河谷到山顶现代冰川积雪带相对高差世界罕见；古冰川与现代冰川地貌交相辉映；山地地貌类型较为齐全和完整；出露五个地质时期的地层	观光、摄影、研学、亲子、徒步、攀岩、体育、科考、探险等

---

① 杨少华,薛润光,陈翠,等.滇西北玉龙雪山生物多样性现状及其保护对策[J].西南农业学报,2008,21(3):863-869.

资源类型	主要资源	独特性	可开发的旅游产品
水体	白水河和黑水河河段及蓝月谷瀑布、季节性湖泊、季节性的小型冰斗湖、为了增加储水量和蒸发量而建的人工湖、牦牛坪瑶池、玉湖，冰瀑、冰斗冰川和悬冰川等	白色、蓝色、绿色、黑色等独显特色，固态、液态等各成一体，天然、人造等错落有致，静态、动态等动静有别	观光、度假、摄影、研学、亲子等
生物	植物 58 科 150 属 518 种，珍稀濒危植物 20 科 28 属 34 种，其中中国特有属 28 个、云南特有种 574 种；杜鹃 56 种、报春 60 余种、龙胆 50 余种、兰花 70 余种、百合 20 余种、绿绒蒿 8 种、山茶 5 种；国家一级重点保护野生植物 2 种，二级 9 种；哺乳动物 31 科、73 属、102 种，鸟类 18 目、47 科、330 种，两栖爬行动物 41 种；珍稀濒危哺乳动物 23 种，国家一级重点保护野生动物 2 种，二级 18 种；国家一级重点保护鸟类 1 种，二级 29 种	名贵药材尤为丰富，素有"药材王国"之称；干热河谷稀疏草原至寒带寒冻荒漠的动物、植物、微生物共聚一山；以丽江和玉龙雪山等名称命名的植物 139 种，作为种子植物模式标本产地的植物 800 种，是少有的植物标本模式的集中产地	研学、生态旅游、观光、摄影、购物等
生态环境	从山脚（河谷）到山顶完整的中亚热带、温带到寒带的山地垂直自然景观、清新的空气、良好生态环境、杜鹃、龙胆、报春、百合、兰花、绿绒蒿等花卉地、野生动物栖息地、草原与草地、林地、冰雪等亚热带区少有的天气与气候现象	7 条自然景观带，我国西部亚热带区域内最完整和最具代表性的高山垂直带自然景观	避暑、徒步、登山、度假、休闲、亲子、研学、体育赛事等
人文环境	印象丽江剧场、冰川博物馆、高尔夫球场、玉柱擎天、洛克故居、玉湖村、雪松庵、人工湖、90 年代登山营地、马场、中草药、古道、纳西族、彝族和藏族等节日和民俗	高尔夫俱乐部是亚洲唯一的雪山高尔夫球会，拥有 18 洞 72 杆 8548 码世界最长球道	度假、休闲、亲子、购物、会展等

来源：本表根据文本资料和实地调研整理所得。[1][2]

7.1.2.2 环境脆弱

坡度增加了山地物质和能量流动的重力作用，使坡面物质极易流动，特别是在水流等外力作用下，更加不稳定，甚至会造成滑坡、泥石流、崩塌等自然灾害，这是山地环境脆弱性的主要表现之一。玉龙雪山垂直带谱带幅较一般山地窄，在同样大小的区域范围内高梯度效应增加了环境类型的数目和生物多样性，[3] 属横断山系全球生物多样性密集区域。垂直带幅窄使生物适生范围小、种群小、数量少，生存空间相对较小，

---

① 冷泉 . 玉龙雪山省级自然保护区保护价值及效益评价浅析 [J]. 农业开发与装备 ,2019(03):64-66.

② 杨文宏，和加卫，黄杏娥，等 . 玉龙雪山乡土树种资源调查 [J]. 江西农业学报 ,2019,031(005):41-48.

③ 明庆忠 . 山地人地关系协调优化的系统性基础研究——山地高梯度效应研究 [J]. 云南师范大学学报 (哲学社会科学版), 2008, 40(2):4-10.

环境变化对其生存具有较大的影响力度，生态系统更加脆弱。对于山地所独有的濒危物种，更加依赖特殊的山地生境，一旦破坏将会出现不可逆的悲剧。玉龙雪山在南北长 35km、东西宽 13km 的范围内分布有 7 个植被型、13 个植被亚型、33 个群系、濒危植物 20 科 28 属 34 种，生物环境脆弱性明显。

玉龙雪山有北半球最靠近赤道的冰川，雪线会在一定程度上因为人类活动增加、降水量减少和全球气候变暖等上升，[①] 影响大气和水循环、物质流动等自然条件，同时对冰川景观造成影响，降低旅游业效益，还有可能引起自然灾害。[②]1957 年至 2017 年间，玉龙雪山物质亏损明显，冰川退缩 64.02%，白水河 1 号冰川每年后退 12.5m，其末端海拔每年上升 10.83m，冰川年物质平衡为 - 0.42m 水当量。[③④] 尽管玉龙雪山冰川变化主要是全球气候变暖，而非旅游活动造成的，但冰川变化对景区核心吸引物之一的扇子陡造成一定的威胁，一度引起旅游业界及冰川科研机构的关注。[⑤⑥⑦⑧]

再者，位于高海拔地区的植被较难恢复，松树一般几十年成材，云杉在自然条件下 10 年以内年平均长高 3~5cm，10~20 年年平均长高 20~30cm。玉龙雪山植被较为丰富茂密，以适宜高海拔地区生长的松杉等耐寒植物为主，一旦发生火灾，将会直接减少植被覆盖率、降低山地空气质量、破坏生物景观、影响动物生存环境等。1999 年 3 月玉龙雪山森林大火严重威胁到玉峰寺的开放，2000 年山林火灾受害森林面积 228.06hm²，2005 年收费站附近发生火灾面积 133.3hm² 等，除个别属于高压电引起外，大部分为村民偷伐木材、采挖草药、偷猎用火和游客乱丢烟头等人为活动引发。[⑨]2012 年起，玉龙森林消防大队驻防玉龙雪山景区，玉龙雪山景区核心区没有发生一起森林火灾，但破坏森林的行为时有发生，一旦超出承载力将会造成严重和长远

① 杜建括，辛惠娟，何元庆，等 . 玉龙雪山现代季风温冰川对气候变化的响应 [J]. 地理科学 ,2013, 33(7):890-896.

② 鲁芬 . 旅游景区生态化水平测度研究 [D]. 昆明 : 云南师范大学 ,2017.

③ WANG S, CHE Y, PANG H, et al. Accelerated changes of glaciers in the Yulong Snow Mountain, Southeast Qinghai-Tibetan Plateau[J]. Regional Environmental Change,2020,20(38):1-13.

④ 燕兴国 . 玉龙雪山白水河 1 号冰川物质平衡与表面运动速度研究 [D]. 兰州 : 西北师范大学 ,2018.

⑤ 杜建括，辛惠娟，何元庆，等 . 玉龙雪山现代季风温冰川对气候变化的响应 [J]. 地理科学 ,2013, 33(7):890-896.

⑥ 鲁芬 . 旅游景区生态化水平测度研究 [D]. 昆明 : 云南师范大学 ,2017.

⑦ WANG S, CHE Y, PANG H, et al. Accelerated changes of glaciers in the Yulong Snow Mountain, Southeast Qinghai-Tibetan Plateau[J]. Regional Environmental Change,2020,20(38):1-13.

⑧ 宁宝英，何元庆，和献中，等 . 玉龙雪山冰川退缩对丽江社会经济的可能影响 [J]. 冰川冻土 ,2006,28 (6):885-892.

⑨ 杨少华，薛润光，陈翠，等 . 滇西北玉龙雪山生物多样性现状及其保护对策 [J]. 西南农业学报 ,2008, 21(3):863-869.

的影响。

7.1.2.3 社会经济条件薄弱

丽江拥有丽江古城、金沙江虎跳峡、老君山、玉龙雪山、泸沽湖等知名景区，形成了旅游集聚效应，是国内知名的旅游区和云南省的旅游品牌之一。玉龙雪山景区作为国家级风景名胜区和丽江旅游的拳头产品之一，也分享到区域旅游品牌的惠泽。玉龙雪山景区距丽江三义国际机场仅 43 公里，丽江机场 1995 年正式通航，2019 年旅客吞吐量 717 万人次；距丽江古城 15 公里，丽江火车站每天发出十几趟列车，并从 2018 年起逐渐开通了临近主要城市的动车组，方便游人集散。丽江一鸣音公路的不断完善，更是方便了玉龙雪山景区游客的自由行径。此外，玉龙雪山景区位于丽江市西北部，不仅可以从丽江市区自驾、租车，还有多路公交车通勤，外部交通较为便利。

但从更大空间范围来说，玉龙雪山景区因地处横断山区，西北部是迪庆藏族自治州，西部是怒江傈僳族自治州，南部是大理白族自治州，东南部是楚雄彝族自治州，东部是四川省，与省会城市昆明之间总行程里数 500km，近距离经济发达地区少，外部区位并不具有优势。

玉龙雪山景区在旅游开发之前，鲜有游客到来，地方对旅游认知和利用程度不够。1993 年成立玉龙雪山旅游开发公司，开始解决旅游开发中的资金和管理等问题，从此开启旅游快速发展历程。甲子村和玉湖村是与玉龙雪山景区旅游发展较为密切的两个村落，但由于早期经济较为落后，主要以农业畜牧业为主，基础设施严重不足。因此，玉龙雪山景区旅游开发的早期阶段，并不具备良好的经济基础，主要基础设施建设和项目投资主要来源于银行借贷和政府投融资。两村自主经营旅游项目（玉湖村并不在开发区范围之内，国内外团队旅游收益有限；甲子村大部分村落旅游资源并不突出，只能从事"易地经营"旅游项目），获得一定的收益，增加了部分农户收入，但并没有完全改变整体贫穷的状态，村容村貌，以及公共设施和服务方面依然有较大的改善空间。

7.2 玉龙雪山景区旅游人地关系演化的阶段性

7.2.1 玉龙雪山景区旅游人地关系演化阶段划分依据

功能转换和人地关系要素、空间要素重构是区域发展的重要内容，[①] 是人地关系演

---

① 杨周，杨兴柱，朱跃，等．山地旅游小镇功能转型与重构的时空特征研究——以黄山风景区汤口镇为例 [J]．山地学报，2020,38(1):118-131．

化阶段划分的重要依据，表现于人地关系要素之间的主要矛盾及其解决方式。（参见4.1.2内容）玉龙雪山景区经历了旅游业从无到有，人地关系从低位不协调到趋向协调，其演化驱动力从农业主导到旅游业驱动的过程。

7.2.1.1 玉龙雪山景区旅游业发展历程

旅游业对玉龙雪山景区地域系统人地关系的影响是全方位的，不能仅凭旅游业发展的状况来划分人地关系演化的阶段，需要结合旅游对社区社会、经济以及环境的影响等综合判断人地关系变化的历程。按照山地景区旅游人地关系演化评价的概念模型，对玉龙雪山景区人地关系演化的旅游驱动力以及环境、经济和社会文化等系统构成及其要素演化过程逐一分析，探究其规律。

玉龙雪山景区是中国最早开发和最知名的山地旅游地之一。1984年被批准建立自然保护区，1988年被列为国家重点风景名胜区；1992年玉龙雪山旅游开发办开始成立；1993年经云南省人民政府批准成立省级旅游开发区、成立丽江旅游事业管理委员会以及玉龙雪山旅游开发总公司、成立中外合资的云杉坪旅游索道公司（1994年11月8日正式运营）；1995年完成基础设施建设，成立丽江玉龙雪山省级旅游开发区管理委员会（简称管委会）、玉龙雪山旅游索道公司（中外合资）成立；1996年二星级涉外宾馆雪花山庄投入运营，玉龙雪山旅游索道正式动工（1998年底正式投入运营）；1997年底组建玉龙雪山旅游服务中心；1998年云南省旅游局批准"玉龙雪山冰川公园"立项；1999年牦牛坪索道投资兴建并运营，同年开通"丽江旅游网"；2000年玉龙雪山国际高尔夫俱乐部正式奠基；2001年旅游区被评为首批全国AAAA级旅游景区，玉龙雪山旅游开发总公司资产重组，设立了以玉龙雪山旅游索道公司和云杉坪旅游索道公司为主体的拟上市的玉龙旅游股份有限公司；2003年成立玉龙雪山旅游管理委员会；2004年总公司改制为玉龙雪山旅游开发有限责任公司，在深交所上市；2005年成立景区投资管理公司、"玉龙雪山办事处"，开启环境综合治理工作；2006年，印象丽江大型实景演出公演，玉龙雪山国际高尔夫俱乐部承办第七届全国高尔夫总经理联谊会，实施旅游反哺农业重大举措；2007年，玉龙雪山景区成为首批全国AAAAA级旅游景区，旅游区实行环境综合治理，累计拆除500多栋约12 000平方米不符合规划的违规建筑及5幢星级酒店；2008年，推行"大玉龙"景区整合，云杉坪旅游索道完成改建并试运营；2013年批准设立冰川国家地质公园（主要地质遗迹范围224.3km²），玉龙雪山游客综合服务中心建成并投入运营，业务拓展至餐饮及商业街的运营和管理。在整个发展过程中出现一些负面影响，2006年开始针对旅游经营管理全面整改，并对社区展开帮扶，直至2016年，玉龙雪山景区所辖的甲子村社区因旅游反哺贡献而逐渐脱贫，2018年甲子村脱贫出列。

作为人地关系演化的主要动力，玉龙雪山景区旅游业经过近三十年的发展，取得了辉煌的成绩，旅游接待人数从 1994 年的 4 700 人次增长到 2019 年的 502 万人次，2019 年门票收入达到 3.75 亿元（表 7.2），已成为宣传丽江的重要窗口和享誉海内外的山地旅游地，取得了较好的经济效益、社会效益和生态效益。总体上来说，游客量初期增长幅度较大，后期放缓，门票收入持续保持增长势头，个别年份因公共卫生事件、项目建设和完善等稍有影响。

表 7.2 旅游开发以来玉龙雪山景区旅游年接待人次和门票收入

年度	游客量（人次）	门票收入（亿元）	年度	游客量（人次）	门票收入（亿元）
1994	4 700	0.0006	2007	1 830 000	1.41
1995	44 600	0.004	2008	1 883 415	1.54
1996	46 000	0.005	2009	2 294 129	1.79
1997	138 400	0.014	2010	2 320 303	2.09
1998	205 300	0.027	2011	2 957 919	2.43
1999	523 000	0.209	2012	3 142 888	2.70
2000	722 500	0.289	2013	3 295 401	2.92
2001	1 100 000	0.404	2014	3 563 447	3.27
2002	1 350 000	0.48	2015	3 831 120	3.94
2003	1 300 000	0.48	2016	4 078 193	4.14
2004	1 800 000	0.99	2017	3 668 547	4.11
2005	1 880 000	1.4	2018	4 324 624	4.12
2006	1 890 000	1.43	2019	5 020 000	3.75

注：此数据主要为玉龙雪山旅游开发区管委会的门票统计结果，不包括玉湖村数据。

整个历程不仅是旅游业全面发展的过程，也是旅游驱动下的山地综合体人地关系演变的过程。由于旅游业在玉龙雪山景区人地关系发展过程中具有巨大的推动作用，且这种作用不仅影响玉龙雪山景区产业结构的变化，还对社会结构、环境等造成深远的影响。

7.2.1.2 旅游驱动下的玉龙雪山景区环境变化

目前，利用土地利用类型转移矩阵来测算区域，特别是城市、乡村等的耕地、交通、林地、土地利用类型变化的技术已比较成熟，主要采用矢量化的遥感数据，通过地理信息系统工具，对土地利用变化所反映的环境和社会发展状况进行分析。[1][2][3] 作为环境变化的综合指标之一，土地利用变化是区域人地关系演化评价概念模型中的重要因素。（如 4.1.2 所述）玉龙雪山景区 1993 年开始开发，2006 年开始加大环境整治力度，都是对原有土地利用类型的转化开始。本研究通过对 1992 年底、2005 年底和 2019 年底三个时间节点研究区土地利用类型转移矩阵分析来判断玉龙雪山景区旅游人地关系在"地"方面的阶段变化和空间分异表现。

①数据收集过程。

a. 数据来源。

Landsat 系列卫星公认的优势是免费易获取、空间分辨率相对高、时间分辨率 16 天，且卫星系列数据处理及研究等各方面比较成熟，综合考虑认为适用于本研究。本研究的卫星影像数据主要获取渠道为 Landsat-5、Landsat-7 和 Landsat-8，为美国国家航空航天局（NASA）/ 美国地质调查局（USGS）Landsat 联合的地球观测卫星数据。（表 7.3）

表 7.3　研究区 1992 年、2005 年、2019 年土地利用类型卫星图来源

卫星	时间	空间分辨率	产品级别	出处
Landsat-5	19921227	30m	1 级	USGS 官网
Landsat-7	20060101	30m	1 级	USGS 官网
Landsat-8	20200102	30m	1 级	USGS 官网

注：由于冬季和夏季温度、风力、日照及降雨补给的不同，玉龙雪山景区冰川具有季节变化性。分别选取研究区 1992 年、2005 年和 2019 年冬季卫星云图，对土地利用类型进行划分，并尽量选取云层较少的卫星图片，以增加精度，便于矢量化处理。因此，图片选取的时间接近，但并非在一年中的同一天。

b. 数据预处理。

利用遥感数据处理软件 ENVI 的辐射定标工具，依次对 Landsat 系列数据进行辐射定标；对上述定标结果依次进行 FLAASH 大气校正；然后对定标结果依次进行研究区矢量裁剪。

由于 2003 年 5 月 31 后，Landsat-7 的扫描仪校正器出现异常，本研究 2006 年 1

① 朱邦耀，石丹，毕馨予. 基于土地利用转移矩阵的吉林省中部城市群 LUCC 分析 [J]. 吉林师范大学学报 (自然科学版),2019,40(1):128-132.

② 乔伟峰，盛业华，方斌，等. 基于转移矩阵的高度城市化区域土地利用演变信息挖掘——以江苏省苏州市为例 [J]. 地理研究 ,2013,32(8): 1497-1507.

③ 刘瑞，朱道林. 基于转移矩阵的土地利用变化信息挖掘方法探讨 [J]. 资源科学 ,2010,32(8):1544-1550.

月 1 日 Landsat-7 卫星影像出现条纹, 严重影响目视解译判读质量, 因此本研究利用 tm_destripe.sav 插件依次对 Landsat-7 影像的 1、2、3、4、5、7 波段进行去除条带处理。采用 ENVI 的 Layer Stacking 进行多波段合成, 再利用 ENVI 编辑头文件工具, 加入缺失的属性进行修改, 最后对处理结果进行上述辐射定标、大气校正和裁剪等操作。

　　c. 目视解译。

　　依次对三年影像做目视解译处理, 矢量化处理主要通过 ArcGIS 中编辑器工具完成, 具体可分为研究区范围—构建矢量图—勾勒土地利用形状—出图, 完成玉龙雪山景区几个阶段的土地利用类型矢量图。(图 7.2、图 7.3 和图 7.4) 按照《土地利用现状分类 GB/T21010-2017》, 土地利用现状分类一级类共 12 个, 玉龙雪山景区旅游开发中, 旅游活动、旅游建设以及村民因旅游开发而改变的社会经济行为主要涉及耕地、林地、草地、商服用地、住宅用地、水域及水利设施用地和其他用地, 因此, 按照这 7 类将研究区土地利用类型进行划分。其中, 商服用地主要为零售商业、餐饮、旅馆、娱乐及其他商服和旅游项目建设用地(本书统一称为特殊用地), 其他用地主要为空闲地、裸土地和裸岩石砾地等(本书统一称为裸地)。

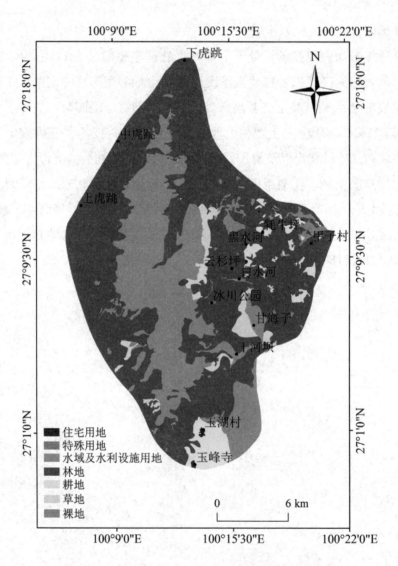

图 7.2　研究区 1992 年土地利用类型矢量图

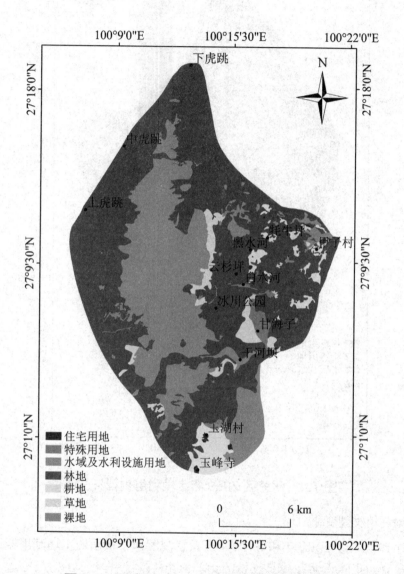

图 7.3　研究区 2005 年土地利用类型矢量图

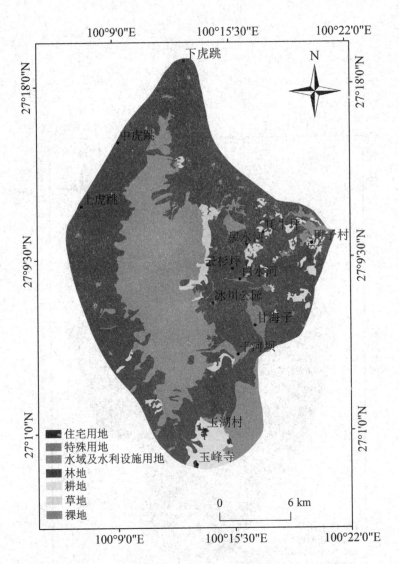

图 7.4 研究区 2019 年土地利用类型矢量图

d. 土地利用类型变化。

依次对 1992 年、2005 年和 2019 年三景目视解译矢量图做土地利用变化计算，具体为两景矢量图相交—新建字段计算面积—导出 excel 计算变化转移矩阵，由此可以较为直观地看出三个阶段土地利用类型的变化。

②环境变化。

构建玉龙雪山景区 1992—2005 年、2005—2019 年土地利用类型变化转移矩阵。（表 7.4 和表 7.5）

表 7.4 1992－2005 年土地利用转移矩阵（单位 km²）

1992 年 / 2005 年	草地	耕地	林地	裸地	水域及水利设施用地	特殊用地	住宅用地	总计
草地	12.25	---	0.01	0.13	0.06	---	---	**12.45**
耕地	---	16.31	1.34	0.12	---	---	---	**17.78**
林地	0.01	0.20	261.18	3.71	1.05	0.12	---	**266.27**
裸地	0.16	0.45	11.49	64.84	8.05	---	---	**85.00**
水域及水利设施用地	---	---	1.99	4.33	44.22	---	---	**50.55**
特殊用地	---	0.03	0.47	3.47	---	0.15	---	**4.1**
住宅用地	---	0.22	0.11	0.04	---	---	0.80	**1.17**
总计	**12.41**	**17.21**	**276.61**	**76.64**	**53.38**	**0.27**	**0.80**	**437.33**

　　通过表 7.4 可以看出，从 1992 年到 2005 年，研究区土地利用类型变化较大，其中林地变化最大，共 15.4km²，主要转化为裸地，面积达 11km² 以上，生态环境恶化严重。裸地变化次之，主要演变为水域（积雪为主）、林地和特殊用地（建设用地），面积分别为 4.33km²、3.71km² 和 3.47km²。这一时期，特殊用地的主要来源为裸地、林地和耕地，面积分别为 3.47km²、0.47km²、0.03km²，总建设面积增加了近 4km²。特殊用地占用裸地面积最大，选址较为合理，较少破坏原有生态。水域变化面积也较大，主要转变为裸地和林地，转化面积分别为 8.05km²、1.05km²，大部分由全球气候变暖下的冰川退缩引起，因此，裸地增加的面积较大，较难控制。草地、特殊用地和住宅用地向其他类型转化的面积较少，其中，住宅用地没有向其他类型转化，原有居民区较为稳定。原本面积就不大的耕地也向其他类型转化，最为突出的是，耕地转化的最大类型是裸地，达 0.45km²，因此，土地荒废是这一阶段耕地变化的最大特征之一。

表 7.5　2005－2019 年土地利用转移矩阵（单位 km²）

2005 年 / 2019 年	草地	耕地	林地	裸地	水域及水利设施用地	特殊用地	住宅用地	总计
草地	7.18	---	0.46	0.39	0.10	---	---	**8.13**
耕地	---	17.09	0.66	---	0.01	---	0.01	**17.77**
林地	4.89	0.17	256.51	6.03	0.86	---	0.02	**268.47**
裸地	0.35	0.11	7.38	68.17	13.62	---	---	**89.63**
水域及水利设施用地	0.03	0.01	0.97	10.39	35.96	0.01	---	**47.38**
特殊用地	---	---	0.19	0.02	---	4.10	---	**4.31**
住宅用地	---	0.39	0.10	---	0.01	---	1.14	**1.64**
总计	**12.45**	**17.78**	**266.27**	**85.00**	**50.56**	**4.11**	**1.17**	**437.33**

通过表 7.5 可以看出，2005 年到 2019 年期间裸地的变化最大，主要转化为林地和水域，面积分别为 6.03km²、10.39km²，裸地也有部分转化为草地和特殊用地，对裸地的开发和利用与上阶段相比有所下降。水域面积依然减少较多，变为裸地和林地，面积分别为 13.62km²、0.86km²。尽管在玉湖附近建设多个小的水面（图 7.5），以增加空气湿度、降低气温（冷湖效应），但冰川消融趋势依然无法改变。与裸地向水域转换的面积相比可以看出，人工增加的水域面积并没有缓解冰川消融这一问题。和前一阶段相比，林地变化面积较大，减少 9.76km²，同时增加 11.97km²，增加的面积主要来源于裸地和草地，面积为 6.03km² 和 4.89km²，除特殊用地之外是其他类型都有向林地的转化。林地和裸地的变化数据体现出此阶段生态恢复的力度较大，林地恢复举措取得了一定的成就和明显的效果。这一阶段特殊用地增加面积不大，主要来自林地，面积为 0.01km²，说明研究区新增旅游建设项目较少，旅游发展属于内涵式提升阶段。原有住宅用地依然较为稳定，稍有增加，有 0.02km² 的林地和 0.01km² 的耕地转为居民区。耕地面积变化不大，稍有增加，弃耕从旅的状况有所改善。

通过土地利用类型阶段变化可以看出，冰川消融是玉龙雪山景区一直以来环境变化的重要表现，特殊用地从空白到快速增加又逐渐稳定的过程，体现了玉龙雪山景区旅游业发展和项目建设的过程，森林从最初的乱砍滥伐到后来的林地面积不断增加，展现出人为改善环境的良好举措和效果。

7.2.1.3 旅游驱动下的玉龙雪山景区社会经济变化

在土地利用类型上，居民地的面积变化不大（表 7.4、表 7.5），属人类活动区，是社会、经济等人地关系要素变化的主要体现区域。按照山地景区人地关系演化评价概念模型，旅游对山地自然环境的影响可以通过土地利用类型反映，对山地社会文化方面的影响通过居民反映。玉湖村和甲子村人地关系的变化，除耕地面积的略微变化外，主要在于两村的人口、基础设施、生活状态、就业、产业结构等。

玉龙雪山景区旅游业的发展直接造福了旅游企业和个人，对当地社区社会、经济发展也起到了推动作用。经济方面，表现于居民收入增加、生活改善，以及通过旅游企业缴税直接增加地方财政收入，间接解决旅游发展中出现的资金问题。2002 年玉龙雪山景区索道票价上涨，提高部分的 50% 上缴当地财政专户，由政府安排专项资金用于玉龙雪山景区生态环境保护。2006 年起，管委会以"旅游业反哺农业"的方式向社区居民提供直接资金和间接投资等，以带动当地经济收入的提高，作为控制社区居民参与旅游直接经营的补偿方式。社会文化方面，对白沙（玉湖村所在乡）、龙蟠、大具（甲子村所在乡）、鸣音、奉科、宝山等 6 个乡镇实施资源补偿及保护环境、建设基础设施等措施，对部分乡镇产业扶持、改善村容村貌，并在教育、文娱等方面给予支持。玉湖村是玉龙雪山景区南麓的以旅游业为主导产业的纳西族村寨，甲子村是玉龙雪山景区所辖社区，近年来两村落通过玉龙雪山景区旅游发展受益的渠道有所不同，有各自的人地关系发展特征。

①玉湖村。

丽江市玉龙纳西族自治县白沙镇玉湖村（又名雪嵩村）位于玉龙雪东坡南麓的缓坡地带，可从玉龙雪山景区大门步行到达，被称为"玉龙雪山第一村"。全村共 392 户，1 573 人，均为纳西族。玉湖村因玉湖而名，植被覆盖率达 95% 以上，古树四处可见，有玉柱擎天、洛克故居、纳西族传统文化和民俗、木氏土司遗迹、养鹿场、登山古道和寺庙遗址等古迹，且可远观雪山，具有一定的旅游资源开发条件。

较高海拔山地地理环境形成了较为贫瘠的土地，不利于农作物的生长，种植业和养殖业的收益很低，村民常年在温饱线上挣扎。毁林开荒、偷砍盗伐现象层出不穷，周边生态一度遭到毁灭性的破坏，"吃粮靠返销、穿衣打补丁、住在木楞房、出门靠双腿、花钱靠借贷、生产靠救济，看山愁、看水愁，'有女不嫁玉湖村，进城让人瞧不起'"成为昔日玉湖村的名片。

随着改革开放和农村土地改革，玉湖村的农业有了较大发展，粮食增产解决了农民吃饭问题，但靠"天"吃饭的行径无法让村民致富，经济依然较为薄弱，交通、水电等基础设施落后，居民文化水平和技术技能有限，村寨旅游资源处于玉龙雪山景区的阴影区，知名度较低，旅游业无从兴起。

2000 年左右，随着丽江旅游兴起，旅游人次不断增加，零星有了到玉湖村游玩的游客，玉龙雪山景区旅游发展形成辐射效应，给玉湖村旅游发展带来了机遇。此后，村民逐渐开始看到发展旅游的商机，围绕石屋、古树、纳西文化、洛克故居、玉湖、古道、骑马等展开一系列的旅游自主经营活动，也开启了以旅游为重要发展动力的人地关系新篇章。

2004 年，玉湖村按"资源共有、利益共享、人人参与、户户受益"的模式成立玉湖旅游开发合作社，重点开发了"沿着洛克足迹、走进玉龙雪山"为主题的骑马、徒步生态观光旅游。群众以户为单位轮流参与，把总票价收入划分为促销费、马匹所得、管理人员工资、办公经费、基础设施建设基金、教育基金、特困救济金和年度农民分红款等八部分。目前已形成以玉湖旅游合作社为主，村民自主经营的集客栈、餐饮、购物为辅的旅游产业格局，全村参与旅游近 400 人，牵马服务人员年人均收入近 3 万，其他客栈、餐饮、旅游购物年接待人数 5 万人，收入达到 80 余万元，二十三公里彝族村民家家养马参加"印象丽江"演出，一天收入 2 000 多元。2019 年全村共接待海内外游客近 9 万人，全村经济收入从 2003 年的 234 万元增加到 2019 年的 1 700 万元，旅游总收入从 2003 年的 18 万元到 2019 年突破 1 000 万，村民人均纯收入从 2003 年的 937 元增加到 2019 年的 11 320 元。

目前，村内主道畅通，主次干道均为水泥或弹石路，已建成环村道路，户均一辆小轿车；村民旅游服务观念增强，农家乐、民宿、牵马服务、旅游运输、种养殖产业成为村民谋生方式；以发展旅游为目的推进玉湖村历史建筑及基础设施修缮、维护、复建工程，保护恢复历史风貌、传承民族文化，修建停车场、安装太阳能路灯、栽植行道树，村容村貌整洁卫生，乡风文明，人居环境改善；教育方面，2007 年开始，设立教育保障基金，改善了教学设施设备等条件；医疗卫生方面，配有卫生室，全村村民农村合作医疗参保率 100%，新型养老保险参保率 95%。玉湖村先后获得"中国传统村落名录""中国宜居村庄""省市级纳西族传统文化保护区""云南省首批旅游特色村""云南省民族团结示范村""省级文明村"等美誉，形成协调的人地关系。

②甲子村。

甲子村位于玉龙雪山旅游开发区东侧，共有 19 个自然村组，637 户，2 480 人，和玉湖村不一样，甲子村隶属于管委会所辖社区，村落位于玉龙雪山旅游开发区的建设部分，但其地理环境相比玉湖村更为严峻。玉湖村位于玉龙雪山景区大门（收费站）附近，因区位优势享有玉龙雪山景区旅游开发带来的道路等基础设施福利。甲子村主村落与景区核心区虽相距不远，但除位于开发区的部分村落外，大多位于深山谷底，即便是旅游开发二十多年，蜿蜒曲折的山路也并不完善，部分地区还有道路破损等问题。雪花村深入牦牛坪，与其他村落相距甚远，依托景区开发有了发展旅游的契机。

与玉湖村拥有部分旅游资源不同，甲子村主村落主要以农业生产为主，房屋建筑等与他地并无差异，人文旅游资源特色不鲜明。因此，尽管都是玉龙雪山景区山地综合体的一部分，甲子村因发展条件更为艰苦而形成了与玉湖村不同的人地关系发展模式。

甲子村村民开展旅游经营相比玉湖村要早，早在 20 世纪 90 年代初就有村民在景区内经营骑马、照相、租售衣物等服务，甚至举家搬迁到白水河附近，改变了以农业为主导的人地关系模式。旅游增加了本地居民的直接收入，一些村民弃农从旅，农田荒弃。这一阶段从事旅游活动的甲子村村民收入增加，未从事旅游活动的村民生活依然艰苦。由于旅游经营活动并非在最初的居住地进行，大多在玉龙雪山景区白水河附近，村里的基础设施并没有得到改善，村民人口数因搬迁而减少，村民的文化、教育等水平依然处于较低水平。

2006 年旅游整改活动将景区内分布在白水河、云杉坪、牦牛坪 3 个景点的村民遣散回原地，并将部分村组易地搬迁，割断了其旅游收入来源，但同时以旅游反哺农业、产业扶持、分红等方式为村民提供就业途径，增加直接收入，在脱贫和社会福利等方面作出重要贡献。管委会多年来出资扶持发展核桃等林果、重楼等药材，以及牦牛养殖等特色农牧产业，扶持养殖公司，组织农业培训，有效促进增收，农牧业和农田使用得到全面恢复发展；提供帮扶资金成立甲子村甘子甘坂婚纱摄影有限公司，每个村民每年以股东身份获得分红；社区群众有 703 人在景区就业，平均每户 1 人，并为社区居民及景区就业人员开展技能培训等。

甲子村建档立卡贫困人口 87 户 328 人，贫困发生率为 13.62%。按照村落与玉龙雪山景区的位置关系和村落发展情况实施有差异的旅游反哺工作，通过三期（每期 5 年）有差异化的旅游反哺农业补偿，使村民获得了较为公平的、实实在在的利益，得到了居民的认可。[①] 2016 年实现脱贫出列，村民年人均纯收入达到 2 万元以上（其中年人均反哺资金 1.1 万元），存款和固定资产在 200 万元以上的有 50 多户，在城区购置房产的 100 户，60% 以上的农户有家庭用车，社区群众收入在全县乃至全市名列前茅。玉龙雪山景区社区已入选全国"景区带村"旅游扶贫示范项目。

基础设施方面，完成农田水利、道路桥涵、活动场所、环境整治、民生保障、社会事业为重点的基础设施项目建设。完成青松桥涵、联合一组、牦牛坪至青松一组、

---

① 陈海鹰,杨桂华.社区旅游生态补偿贡献度及意愿研究——玉龙雪山案例[J].旅游学刊,2015(8):56-68.

甘海子至大洋槽、一碗水、雪花村至波丽罗的道路建设和维护，实施了黑水一村、四村、黑水二组的人畜饮水工程，完成雪花村老年活动中心、联合四组和一碗水村活动中心建设，完成黑水三组太阳能路灯亮化工程。

教育方面，管委会资助重建了甲子完小，完善软硬件设施，奖励并加大补助新入学和家庭困难大学生的力度。2006 年以前初中以上文化程度的仅有 300 多人，目前，社区适龄青少年初高中入学、巩固率为 100%，大专以上就读生有 50 多人，其中 2 名研究生、1 名博士生，彻底改变了文盲半文盲占绝大多数、无高中以上文化的人口素质状况。

同时，通过文化设施配套和支持节庆活动，丰富群众文化生活。如出资给村民购买电视，开展"火把杯"篮球比赛，开展苗族"花山节"、彝族"火把节"等节庆活动，丰富了村民文化生活，增强其幸福感。完成黑水三村 19 户、黑水四村 15 户的就近搬迁和联合三村 47 户进城安置搬迁，建设黑水一村社会主义新农村示范村和雪花村藏族民俗旅游村。

旅游整改活动不仅仅是规范旅游活动本身，使景区的环境得到改善、经营和管理合理化，更是通过合理的"补偿"方式，让社区不仅在村民最主要关注的收入方面，更是在人居环境方面，得到了极大的提升，形成了"景""社"共同发展的人地关系协调状态。

表 7.6　旅游驱动下的玉湖村和甲子村社会经济演化对比（1993 年—2019 年）

	玉湖村	甲子村
人口	纳西族，人口总数变化不大，2003 年约 2 300 人 → 2019 年近 1 600 人	藏族、彝族、苗族、纳西族、汉族，2001 年 1 778 人 → 2019 年近 2 500 人，近年来总数变化不大
受教育水平	文盲半文盲占大多数 → 2019 年小学在校学生为 92 名，初高中在校生 36 名	文盲半文盲占绝大多数，无高中以上文化人口 → 重建甲子完小；2019 年适龄青少年初高中入学、巩固率为 100%，大专以上就读生有 50 多人，42 名大学生、2 名研究生、1 名博士生

	玉湖村	甲子村
社会福利	落后纳西村落 → 户均一辆小轿车，村内主干道全部硬化；垃圾统一清运率达100%，建成生物净化处理池；人畜饮水和农田水利灌溉设施不断完善；修建了停车场、管理房、环保厕所、景观水系；对村内不协调建筑进行改造，建设环村马道；新建了卫生室，配备了两名乡村医生；全村村民实现100%的农村合作医疗参保率，95%的农村新型养老保险参保率	落后 → 60%以上的农户有家庭用车；完成黑水三村19户、黑水四村15户的就近搬迁和联合三村47户进城安置，在城区购置房产的近100户；建设黑水一村社会主义新农村示范村和雪花村藏族民俗旅游村；完善了人畜饮水、道路硬化和维修、村组之间道路桥涵、活动场所等基础设施；每年举办民族节庆及文娱活动；实现100%的农村合作医疗参保率
人均收入	2003年937元 → 2019年超过9000元	1993年不到200元 → 2019年23500元
旅游收入/GDP	2003年18万/234万 → 2019年超过1000万/1600万	1993年开始发展旅游 → 2019年旅游反哺年人均7500-9000元/人·年，婚纱公司收入2000元/人·年，景区工作人员一般2000元/人·月以上
产业结构	无法自给自足的农业 → 以乡村旅游为主，种植业和养殖业为辅，实施"党支部+合作社+公司+农户"的旅游发展模式，以玉湖旅游合作社为主，以村民自发参与的旅游客栈、旅游餐饮、旅游购物为辅的旅游产业格局	落后农业 → 婚纱摄影、林果、药材种植和牦牛养殖等特色农牧产业共同发展，旅游服务则以村民参与玉龙雪山景区文艺演出、餐饮和住宿接待、交通运输及其他旅游服务工作为主要形式
旅游从业人数	零星参与 → 2019年超过400人	2005年300户左右（以户为单位） → 2019年超过700人（以个人为单位）

注：两村社会经济发展及阶段性转换的时间并不一致，与旅游资源和旅游发展条件相关。早期甲子村和玉湖村的社会经济发展并没有相关的数字统计数据，只有文字材料。作者于2019年1月和2020年6月，分别前往两村村委会、玉龙雪山旅游区管委会、玉龙雪山景区、玉龙县政府等进行数据采样和相关人员采访，据此总结数据如上。

7.2.1.4 玉龙雪山景区人地关系演化阶段划分依据

1992年之前，玉龙雪山景区处于以农业为主要发展驱动力的阶段，山地的自然地理环境对区域经济发展起到决定性作用，即便是林业，也无法摆脱对自然环境的依赖。1984年建成自然保护区，限制了对林木的直接砍伐，1988年建成风景名胜区，全国经济在改革开放的大背景下逐渐复苏，使研究区旅游业发展的外部社会经济背景较为有利，有了发展旅游的区域意识，本地居民跃跃欲试，有了从事旅游业的意愿和初步涉足。这一阶段人地关系的主要矛盾是脆弱和艰苦山地自然环境与人民贫苦和落后的社会经济之间的矛盾，在山地自然地理条件的客观性难以改变的前提下，原有的以种植业和森林砍伐为主的生产方式无法从根本上解决人民的温饱问题，更无法保障生态环境的安全。这种矛盾长期得不到解决，人民基本生活没有保障，山地社会封闭，基础设施落后，时常出现乱砍滥伐、偷猎等违法行为。玉龙雪山景区地域系统的主要功能依然属于落后农业生产地，人地要素相互间的关系及其空间分布与以往差别不大，处于低位不协调阶段。

1993年省级旅游开发区与丽江旅游事业管理委员会以及玉龙雪山旅游开发总公司成立，旅游业成为政府牵头的经济活动行为，大大激发了民间的旅游从业热情，旅游发展所需基础设施和项目逐渐开始建设。以公司运营为主、私人经营为辅的旅游业成为增加农民收入和当地财政收入的重要来源，大部分居民的生活因旅游业的发展有了较大提升，甚至走上脱贫道路，社会开放度增加，但社会保障并未得到很好的改善，大多社区不在旅游项目周边而没有享受到基础设施改善的福利。人们参与旅游经营的热情高涨，但是经验不足，在旅游快速发展的同时，出现了环境和景观污染等问题，影响到游客的旅游质量和景区的可持续发展。部分居民也因缺乏进入旅游业的契机和经验而始终处于贫穷状态，玉龙雪山景区仍属于贫困区。同时，社区居民自我意识的增强，使部分群体对公司经营有了不同的看法，出现本地居民有意阻碍项目建设和经营的事件。因此，本阶段人地关系演化的主要特征是旅游景区建立，旅游动力增强，成为人地关系演化的主要驱动力，人地关系的主要矛盾转化为旅游迅速发展与利益分配落地、旅游环境恶化之间的矛盾。

2005年逐步开启环境治理工作，开始拆除部分违规建筑，但是依然无法直面这些建筑存在的根本缘由，即对经济利益的极大追求。2006年起政府牵头实施的旅游反哺农业举措，使居民收入得到了一定改善，人地关系矛盾得到逐步缓解。一方面，企业通过对社区环境改善、集体经济的支持、特色产业的扶持等缓解了社区对旅游业的严重依赖，增加了企业的责任感；另一方面，也通过景观改善、植树造林、增加水域面积等改善了景区的环境。这一阶段人地关系的主要矛盾转变为山地自然环境的限制与社会、经济、环境协调发展之间的矛盾，旅游业的合理、健康发展及其所带来的经济、社会、环境利益是协调这一矛盾各方的路径，是驱动人地关系可持续发展的重要驱动力。

因此，根据山地景区人地关系的主要矛盾及解决方式（如4.1.2所述），旅游驱动下的玉龙雪山景区人地关系演化过程可以大致分为三个阶段：1992年之前的前旅游发展阶段，1993~2005年的早期发展阶段，2006年之后的有序发展阶段。

7.2.2 玉龙雪山景区旅游人地关系演化的三个阶段

①前旅游发展阶段: 1992 年之前

由于地质地貌的不稳定性、较为寒冷的气候、山地环境的脆弱性、土壤养分的易流失性, 玉龙雪山景区本身并不具备大规模生产粮食作物的条件。再加上山脉阻隔作用、边远的区位条件, 玉龙雪山景区居民以纳西族、苗族、彝族、藏族等少数民族为主, 人口一直以来就较为稀少, 经济和社会发展长期较为落后。人们主要以农业生产为主, 农业又受到自然条件的制约, 人们把控自然环境的能力非常有限, 属于靠天吃饭, 不仅严重依赖于气候、土壤、植被和野生动物, 且长期保持对山地的敬畏之情, 这也是"三多"传说产生的自然基础。玉湖村和甲子村地处高寒山区, 自然条件差, 不利于农业的发展, 经济基础落后, 基础设施无法得到改善, 形成了高寒山地贫困区, 当地居民在恶劣的自然环境条件限制下难以摆脱贫困。

1979 年改革开放是中国经济发展具有里程碑意义的重大举措, 以经济水平为重要支撑的旅游市场从此得以发展。但这一阶段玉龙雪山景区经济活动还是主要以农业生产为主, 人们通过传统种植业、森林砍伐、打猎等方式改变自然环境, 自然条件和环境变化对人地关系演化起到决定作用。旅游业尚未发展, 人地关系的变化处于早期的类似"自然演化"阶段。由于自然条件恶劣导致的贫困使村民将砍伐、淘金、打猎等作为增加收入和改善生活的方式, 生态环境一度遭到破坏。如 20 世纪 60 年代, 包括玉龙雪山景区范围在内的丽江开启大规模商业采伐, 之后的 30 多年提供商品材 $0.24 \times 10^8 m^3$, 高峰年各县财政收入 70% 以上来自林业, 天然林资源锐减, 1984 年森林覆盖率下降到 27%, 生态环境的负效应显现, [①] 人地关系开始恶化。

1984 年自然保护区的建立, 在一定程度上限制了人类活动, 人们在利用山地资源时, 受到政策的牵制, 但同时也发现和挖掘了玉龙雪山景区的生态价值和旅游价值, 点燃旅游发展的星星之火, 成为山地空间资本化的重要因素。政府开始关注旅游发展, 居民也尝试通过各种方式参与到旅游经营中, 旅游企业热情高涨, 积极寻求发展的机会。旅游收入、旅游机构和从业人数较少, 无法形成独立的旅游产业。人们想逐步通过发展旅游业获得经济收入提高, 人地关系出现转机。但人们参与旅游经营的经验缺乏, 管理方式欠缺, 发展目的不明确, 旅游发展对区域经济、社会的作用并未深入人心, 环境影响也未受到普遍重视, 旅游动力要素发挥的功效有待进一步提升。这一阶段并未出现独立经营的旅游企业, 再加上玉龙雪山景区本身的社会经济落后, 发展道

---

① 宁宝英, 何元庆, 和献中, 等. 玉龙雪山冰川退缩对丽江社会经济的可能影响 [J]. 冰川冻土, 2006, 28(6):885-892.

路并不明朗。当地居民成为旅游经营和管理的载体之一，"地"作为旅游客体，开始成为玉龙雪山景区发展的新型资源，人地关系网络尚未出现"旅游关系链"，"人"和"地"处于早期的以农业作为纽带的传统关系中。无论是村民的木材砍伐，还是粮食种植，玉湖村和甲子村都没有走上致富之路，"人"和"地"保持在一个低位循环状态，即生态环境恶化，社区人民生活较为贫困。旅游作为一种新的发展力量，尚处于初步探索的阶段，对社区脱贫和致富具有较大的吸引力，但认知度较低。

表 7.7　玉龙雪山景区人地关系演化第一阶段（前旅游发展阶段）的主要特征

人地关系	要素指标	评价指标
"人"	山地经济	以种植业和林业为主，温饱问题无法解决，有零星旅游经营活动
	山地社会	人口基数小，居民受教育水平低，社会封闭，以文盲半文盲为主，基本无公共福利等
"地"	山地环境	土地利用类型以耕地、林地、裸地、草地、水域为主，其变化的主要影响因子为森林砍伐和全球气候变暖
直接动力	推力：旅游市场	旅游市场不成规模，以零星散客为主
	拉力：旅游资源	旅游资源保存完好，但是未被充分认知和利用
人地主要矛盾	主要作用方式	农业
	需解决的主要问题	生计

②早期发展阶段：1993—2005 年

1992 年玉龙雪山旅游开发办成立，旅游发展蓄势待发。1993 年，玉龙雪山省级旅游开发区和丽江旅游开发公司建立，成为旅游业快速发展的引擎，景区利用云南省旅游开发基金 1 000 万元借款，先后完成了《丽江玉龙雪山风景名胜区总体规划》以及设计方案，启动区 3.5 平方公里水、电、路、排污、通信等基础设施建设逐步完成，具备前期开发条件。1995 年完成"六通一平"，道路、水电、通信等旅游基础设施和索道、游客中心、内部交通、住宿等服务设施不断完善，解除了人们游览和停留的瓶颈问题。玉龙雪山景区旅游资源不断被开发和利用，山地本底要素资本化。资本空间化同时进行，以开发区为核心建设基础设施，旅游开发区先后融资 2.3 亿元，开发了云杉坪旅游索道、玉龙雪山旅游索道、牦牛坪旅游索道、国际高尔夫球场等一批旅游项目的建设，先后成立了云杉坪旅游索道公司、玉龙雪山旅游索道公司、牦牛坪旅游索道有限公司、玉龙雪山景区高尔夫俱乐部、白鹿旅行社、风光图片社、玉龙旅游股份有限公司等旅游骨干企业，以门票和索道为主要收入的经营业务不断拓展，餐饮、文艺展演、内部交通、休闲娱乐、运动康体、会议度假等其他服务项目逐渐完善，"玉龙旅游"股份在深圳上市。

这一阶段中，旅游业的建设、经营、宣传获得了较大的增长，无论是基础设施建设，还是旅游收入方面，玉龙雪山景区的变化都呈现飞跃式发展态势。2001 年旅游区被评为首批全国 AAAA 级旅游景区，游客接待量首次突破 100 万人。旅游业的快速崛起让居民看到了眼前真实的利益，对发展的渴望刺激人们不断通过各种手段直接或间接地参与到旅游业发展过程，当地少量居民以村组为主要形式开始在一些景点开展自主旅游经营。甲子村村委会 19 个村组均以村小组为单位，主要集中在白水河、云杉坪、牦牛坪索道上下站，参与骑马、骑牦牛、租卖服装、数码照相和餐饮服务等旅游服务项目。玉湖村村民自主经营旅游项目的模式转向以"党支部 + 合作社"的旅游经营方式，逐渐开启旅游致富的道路。由于从事旅游服务业的收入普遍高于务农收入，受经济利益驱使，还有诸多村民自主开发业务，甲子村 300 多户居民举家搬至白水河（蓝月谷）、云杉坪、牦牛坪等地。民间旅游参与活动不断发展，收入大大增加。以家庭和个人为单位的非规范经营管理存在较大缺陷，影响到游客旅游过程的整体体验，在一定程度上限制旅游业自身发展，旅游产品质量和环境恶化引起关注，旅游整改迫在眉睫。相关管理机构就玉龙雪山景区旅游发展过程中存在的问题进行整治，但效果不明显。如 2002 年，丽江县委县政府（丽江 2003 年撤地立市，原丽江县分为古城区、玉龙县）就牦牛坪区域旅游经营存在的问题，与 35 位村民签订了《农民参与旅游协议书》，并划定了租马区、服务区、游览区等，强制拆迁不合法建筑 4 栋，但村民的生计并没有从根本上得到解决。在景区建设过程中，时常出现村民阻拦建设施工、正常经营等行为，同时依然存在大量的不合法建筑和旅游非法经营活动，农民生计及其所获得的利益是否得到满足成为玉龙雪山景区旅游健康发展和合理经营管理的核心问题。

表 7.8　玉龙雪山景区人地关系演化第二阶段（早期发展阶段）的主要特征

人地关系	要素指标	评价指标
"人"	山地经济	人均收入、旅游从业人数、旅游收入大大增加，旅游业占 DGP 的比例增大，旅游业成为主导产业
	山地社会	受教育意识和水平得到改善，社会公共福利依然较为落后
"地"	山地环境	冰川持续消融，旅游项目建设用地增加，森林破坏有所缓解，耕地少量荒废

人地关系	要素指标	评价指标
直接动力	推力：旅游市场	旅游人次大大增加，市场潜力大
	拉力：旅游资源	山地旅游功能从观光向休闲娱乐、运动康养、民俗体验、科研探险、会议、度假等综合功能转化，旅游资源的多样性、独特性、开发适宜性等优势不断被释放，景观资源遭到一定破坏
人地主要矛盾	主要作用方式	旅游业
	需解决的主要问题	发展

③有序发展阶段：2006 年至今

玉龙雪山省级旅游开发区管理委员会（1993 年，成立丽江玉龙雪山省级旅游开发区管理处，与玉龙雪山开发总公司实行一套人马，合署办公；1994 年分开办公；1995 年正式成立玉龙雪山省级旅游开发区管理委员会，负责旅游区行政经济管理事务）从成立之初的 1 个办公室几名工作人员发展到有 20 个部门科室、13 家企业、1400 多名员工的综合性机构，围绕旅游发展的经济收益开展环境和社会文化的改善活动，为玉龙雪山景区旅游持续发展作出了巨大贡献。环境协调目标已经成为玉龙雪山景区发展的重要构成和目标，2006 年起全面取消村民自主旅游经营项目，开启了玉龙雪山景区人地关系发展的新阶段，主要以旅游经营管理的不断规范作为行动指南，在违规建筑拆除、违章经营活动整改和取缔、植被和水面恢复、景观绿化、环境改善等方面进行全方位综合整治，并对此进行了适当的、有差异的、多样化的补助。就目前旅游人次和收入来看，这一活动对旅游人次和收入增长趋势影响不大，清除了玉龙雪山景区旅游长远发展过程中出现的政策、环境、经营管理等弊端和隐患，利于其健康发展。景区先后被授予国家首批 AAAAA 级景区、全国文明单位、国家地质公园、首批全国旅游标准化示范单位、首批全国知名品牌创建示范区、全国景区带村旅游扶贫示范单位、全国文明旅游先进单位等 80 项省部级以上荣誉和奖励，印象丽江公司被国务院评为全国民族团结进步模范集体。

表 7.9　玉龙雪山景区人地关系演化第三阶段（有序发展阶段）的主要特征

人地关系	要素指标	评价指标
"人"	山地经济	人均收入和从业人数较为稳定，旅游业为主导产业，婚纱摄影、种植业和饲养业等个体和集体经济不断兴起
	山地社会	受教育水平大大提高，道路、水电、通信、医疗卫生、社会保险等公共福利不断完善

人地关系	要素指标	评价指标
"地"	山地环境	冰川持续消融，森林砍伐得到有效控制，林地面积增加，耕地逐步恢复
直接动力	推力：旅游市场	旅游人次稳步增加，市场潜力大
	拉力：旅游资源	山地旅游功能的多样性和综合性较为稳定，景区有一定的品牌效应，旅游景观资源得到一定恢复
人地主要矛盾	主要作用方式	旅游+、+旅游
	需解决的主要问题	旅游主导下的"三生"共同发展

目前，玉龙雪山景区从业人员近 1 000 人，间接带动了周边近 2 000 名当地百姓参与旅游经营服务，旅游发展对当地经济和社会影响明显。从旅游统计数据来看，虽然其间受到不可抗力因素（如非典）、门票调整、索道整改、环境整治等多种因素的影响，旅游人次和门票收入仍然处于整体上升趋势。（表 7.2）从旅游活动形式来说，玉龙雪山景区从最初的索道开发，发展到现在的以三条索道、白水河、云杉坪、牦牛坪、冰川博物馆、印象丽江、高尔夫球场为核心的，并结合玉湖村和雪花村纳西族和藏族民俗文化、历史遗迹，集观光、度假、休闲娱乐、会展、体育运动、研学亲子、民俗风情体验等为一体的综合性的旅游地，旅游活动形式不断丰富和多样，体验性的内容逐渐增加，游客的满意度也随着景区整改得到改善。随着我国经济和社会结构的不断调整，旅游限制因素不断减少，作为北半球纬度最低的有海洋性冰川发育的山地旅游目的地，玉龙雪山景区凭借冰川体验及其多样化和独特的旅游体验功能，将会持续释放吸引力，满足游客大众和个性化的需求，潜在旅游市场将不断转变为现实市场，成为玉龙雪山景区旅游发展持续动力。

7.2.3 玉龙雪山景区旅游人地关系演化的阶段性特征

尽管玉龙雪山景区旅游人次和收入总体处于增加趋势，但根据人地关系的主要矛盾和解决的关键问题，可大致分为三个阶段（参看 7.3.1.3 内容），按照人地关系的协调性依次表现为人地联系的低位不协调阶段、摸索阶段和趋向协调阶段。

低位不协调。低位阶段的"低位"在于早期人与地之间主要通过农业相互联系，而高海拔山地造成农业生产的自然条件较为恶劣，主要以粮食作物为主，产量低，村民的温饱问题都无法得到有效解决。尽管有砍伐森林、打猎等方式作为谋生手段，但是对环境的破坏相当严重，即便是在严防严打的情况下，玉湖村村民淘金行为也无法完全避免，根本原因在于"人"的生存和发展需求受到限制，使人们不得不采取自己能力范围之内的方式和手段获得利益，对环境造成的破坏大多实属无奈，产生了非协调的人地关系。第一阶段人与地之间类似于山地环境的自然演化过程，即有什么样的自然条件，就有什么样的农业，但人的"求生"本能，使人地关系从"环境决定论"变为"可能论"。

摸索阶段。与土地、植被、矿产等传统资源不同，玉龙雪山景区优越的旅游资源具有利用方式的"非移动性""非消耗性"和"持续使用性"，且其经营准入门槛较低，能够适应早期全国旅游发展水平、游客需求低和村民经营管理能力较弱的情况。1993年，作为全国最早开发的山地景区之一，玉龙雪山景区在全国市场潜力不断释放的背景下开始被认识和开发，旅游业如雨后春笋，快速发芽生长，伴随政府牵头开发项目，以及村民的自发组织和个人经营活动。山地环境作为旅游发展的本底要素，作为可开发利用的资源被资本化，且旅游要素在山地的广泛分布扩大了资本空间，玉龙雪山景区成为旅游业为主导经济的活动空间。这在一定程度上有效解决了部分森林砍伐、盗猎等行为，缓解了环境恶化的问题（从事旅游经营活动的村民有限，有部分村民因"没有路子"、不会经营或个人原因仍然挣扎在温饱线）。同时，旅游无序开发，特别是村民自发组织的旅游经营活动，不仅破坏了景观，还降低了服务水平，出现强买强卖、低水平服务等现象，对景区整体的旅游发展造成负面影响。旅游整治措施随之出现，但无论是和村民签订退出旅游活动协议，还是强制拆迁景区非法建筑，都无法从根本上解决因限制村民自主经营旅游所带来的经济损失，甚至激化了旅游利益相关者之间的矛盾，出现村民阻拦高尔夫球场建设、与旅游经营企业发生正面冲突等现象。因此，这一阶段缓解了前一阶段的环境破坏问题，但是经济问题并没有得到全部解决，且甲子村和玉湖村的人畜饮水、道路、通信、教育、医疗、文化生活等依然处于落后状态，并且出现了旅游开发建设对环境新的破坏，人与地之间依然有诸多不和谐状态存在。

趋向协调。经历了摸索阶段后，2006年，管委会全面推动整改活动。对甘海子、白水河等景点的不协调建筑和设施进行整治和拆除，拆除不协调建筑500多栋，取消由800多匹马组成的骑马经营项目，2 700多名社区百姓撤出旅游服务业，恢复了近40万平方米的裸露区域的植被，种植了景观林木近25 000株（丛），采取建筑覆土、清理和规范户外广告以及实施"禁白"等措施，兴修12个"人工湖"约30万 m^2，建设白水河生态景观走廊，建筑6个水坝，恢复6个水面，充分发挥冷湖效应，购置25辆达标环保旅游大巴，将景区内各种旅游机动车辆更新为电瓶车、石油液化汽车、环保大巴车，成立专业森林消防队、安全巡逻队、环卫队、大巴车队、急救队，配有垃圾车、吸粪车、洒水车、清扫车，建成了丽江第一家污水处理系统，新建和改造完成若干星级厕所，景区内生活垃圾分类收集、集中处理和清运率、污水排放合格率、废油、废电池等危险品无害化处理、环境质量达标率均达到 100%，对景区内的非法经营活动和行为、非法营运车辆、商品价格等进行控制、整改和监督。其中起到决定性作用的是采取一定的补偿机制应对主要由甲子村构成的社区居民因取消旅游业降低收入而出现的社会问题，林果种植、牦牛饲养也通过反哺获得的资金和技术支持，成为社区的特色产业，部分荒地开始恢复种植业，为村民增收贡献力量。关注村民收入和社会经济福利问题，从根本上解决了旅游经营和管理转变出现的不利方面，使山与人之间、社区居民与旅游经营者、管理者之间减少了直接的冲突和矛盾，同时兼顾游客的旅游需求。这一阶段的人地关系开始从杂乱无序走向协调，"人"在人地关系走向中扮演着不同的角色，有主导者、管理者、实施者、受益者、环境保护者等，"地"则向其自然特性转化，兼顾旅游功能，"人"与"地"之间逐渐协调，达到共同发展的状态。

从玉龙雪山景区人地关系演化的三个阶段来看，无论是旅游开发，还是旅游转型整治是否成功，都取决于对经济利益的追求。玉龙雪山景区早期旅游开发是对地方经济发展的诉求，后期则关注社区居民的实在利益，将旅游发展的福利落实到地方。这不仅成为驱动旅游发展的动力，也是人地关系能得到有效控制和转变的关键点。对于包括山地在内的经济较为落后的区域来说，旅游发展的目的之一就是获得不同层次的经济利益，生态和社会环境改善保障旅游发展的基础，解决了旅游发展带来的环境恶化、居民反对和不支持等后顾之忧。

与现有旅游地生命周期理论相比，旅游景区人地关系演化可以从地域系统观点全面剖析包括旅游在内的区域整体发展状态，通过人地关系协调促进山地可持续发展，真正体现"生命"周期的内涵。玉龙雪山景区人地关系演化的过程是一个自然环境、社会经济和文化从低位不协调状态向高位协调转化的过程，旅游业也从初步进入转化为健康有序发展，展现了旅游地"生命"成长过程。因此，人地关系演化是旅游地生命周期理论较好的分析路径。

7.3 玉龙雪山景区旅游人地关系演化的空间分异

将玉龙雪山景区土地利用类型作为"地"对旅游活动响应的表现，揭示玉龙雪山景区人地关系演化的空间分异及其变化规律。

7.3.1 山地地质地貌背景下的人地关系空间分异层次

将 2019 年玉龙雪山景区土地利用类型图与玉龙雪山自然保护区图进行叠加，并添加道路信息（图 7.5），以此判断人地关系空间分异特征。

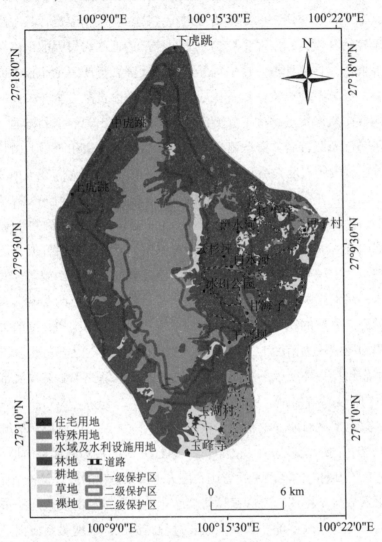

图 7.5　研究区与自然保护区关系图（2019 年）

①**东西坡**。从图 7.5 可以看出，玉龙雪山景区旅游项目建设主要集中在东坡中部以及雪山南麓地带，道路建设也是集中在各项目与玉湖、甲子两村之间，虎跳峡段则为相对较为独立的旅游资源。因此，人地关系演化过程中，旅游动力的直接作用主要集中在雪山东坡中部以及雪山南麓地带，即本书主要研究区，形成了人地关系空间分异的第一层次，即东西坡之间的差异。非建设区域也受到人类旅游活动的间接影响，如因旅游开发村民减少了对树木的砍伐；玉龙县乃至丽江市旅游业也受到了玉龙雪山景区旅游业发展的带动作用等，这些不作为本研究的内容。山地，特别是高大山地对气流的阻隔作用，都会使山地迎风坡和背风坡因温度、降雨、风力等形成不同的植被，

以及因外力剥蚀力度和方向不同而形成的具有差异性的地形及地貌景观，进而对旅游资源分布和项目建设起到基础作用。

②**海拔**。玉龙雪山自然保护区，主要保护对象为山地混合森林生态系统、珍稀动植物、冰川及其遗迹，范围以冰川为中心，向东西坡和南北山麓延伸，即保护区从一级到三级海拔依次降低。玉龙雪山山地主体大部分位于自然保护区范围内，限制了景区开发，一定程度上保护了山地脆弱环境。为了突出冰川资源的独特性，冰川公园范围延伸至一级保护区，并通过索道、栈道等方式杜绝旅游活动与冰川的直接接触，大大降低对雪山核心旅游资源的破坏，实现了保护区的经济价值。人类活动固然会影响冰川变化，但玉龙雪山景区冰川变化的主要原因在于全球气候变暖，人类旅游及相关活动对冰川变化的影响力度甚微。①②

由于玉龙雪山景区冰川属于海洋性冰川，纬度相对较低，山上寒冻风化地带比高纬度海拔要高，主要旅游资源分布海拔也较高。旅游项目建设部分主要集中在甘海子、牦牛坪、云杉坪和冰川公园，除冰川公园海拔在 4 500m 以上之外，其他项目主要集中在 3 400m（甘海子）~4 200m（牦牛坪）之间。资源条件是旅游项目建设地选择的决定性因素，更高海拔地区因空气稀薄而产生不同程度的高原反应不利于游客游玩也是重要原因。不同海拔高度对冰川和植被等资源的形成及保护，以及旅游活动的舒适性使旅游要素在山地一定海拔分布，人与地之间相互作用因旅游活动产生空间差异，是海拔所决定的山地旅游人地关系空间分异的重要表现，玉龙雪山景区人地关系因海拔产生第二层次空间分异。

③**坡度**。山地坡度越大，坡面物质越不稳定，加大了建设难度，增加了安全隐患，从图 7.2、图 7.3 和图 7.4 可以看出，研究区所有悬崖部分的裸地都未被旅游开发所利用。玉龙雪山景区内 25°以上的山地均为原生植被，未进行开发，达到了保护和利用兼顾的效果。云杉坪和牦牛坪景点、高尔夫球场、酒店以及甘海子所有的项目建设都选在山前平地，山前平地成为山地景观欣赏的主要地点。但山前平地的旅游资源却处于相对劣势，玉湖村与冰川公园相距较远，位于景区大门附近，人文环境体验和沿古道攀登玉龙雪山成为玉湖村旅游的主题。因此，坡度是山地旅游资源的重要形成基础，适量山前平地有助于项目建设。

与旅游服务项目不同，道路建设需要兼顾安全便利和景点之间的连通性，且可以较少受到地形的影响。山地不具备大片带状平缓地貌，因此，盘山公路成为山地景区

---

① 何元庆, 章典. 气候变暖是玉龙雪山冰川退缩的主要原因 [J]. 冰川冻土,2004,26(2):230-231.

② 院玲玲, 何元庆, 和献中, 等. 游客人体释放热量对玉龙雪山冰川退化是否有影响 [J]. 冰川冻土,2008, 30(2):356-357.

的特色和合理交通建设方式，且景区公路修建过程产生的裸露山坡都实施了山坡绿化工程。云杉坪、牦牛坪和冰川公园的特种交通采用索道方式，步行道全部采用栈道，既合理利用了山地旅游资源，又兼顾生态环境保护。

玉龙雪山景区人地关系空间分异的直接要素为旅游活动和建设项目的作用方式及力度，坡向、海拔和坡度是旅游活动方式赖以生存的旅游资源的存在基础。坡向和海拔是决定玉龙雪山景区旅游资源空间分布的最主要要素，坡度则在局部较小空间范围内起到更大的影响作用。

7.3.2 人地关系空间扩展特征

土地利用类型并不是相互之间无序转化，而是具有一定的特征，由土地利用类型演化可以判断人地关系空间拓展的特征，如下：

①过程波动和趋势明显。

从表7.4和表7.5的变化可以看出，林地的面积逐渐增加，无论是转向还是来源都主要为裸地；增加的特殊用地（建设用地）面积开始较为迅速，而后变化不大，增加的用地中，大部分来源于裸地；原有耕地持续保持，早期有部分荒废；住宅用地变化不大；草地增加不多，但在第三阶段有大量转变为林地；裸地在第二阶段有较大部分转变为建设用地，第三阶段有部分转变为水域；以冰川为主的水域则一直处于减少状态，与冰川持续消融直接相关；人工增加的水域面积不足以缓解减少的发展趋势。这些土地利用的变化，除了水域减少、居民区扩大、裸地增加之外，其他都为波动变化。但从整体上看，研究区开发建设尽量不使用林地，林地面积在人类自主行为下不断恢复和增加，因冰川消融而产生的裸地等转化为林地，耕地有所恢复，冰川等水域面积持续减少，除人工水域面积有所增加，人类利用自然的方式及其所产生的作用趋向生态环境不断优化，是人地关系协调走向的重要构成。

②自然主导和人类活动双向影响。

人工湖泊的增加也无法改变区域局部气候，冷湖工程在较小范围内起到了降温作用，全球变暖引起的冰川消融成为难以跨越的障碍。[①]未来玉龙雪山景区冰川是否会全部消融，直接影响到景区核心旅游资源的状态，是否会有新的技术控制或者扭转冰川的变化不能确定，但全球变暖这一趋势在短时间无法改变，自然条件依然是研究地区水域环境变化的重要主导力量。尽管在冰川变化上，人们的控制行为没有起到明显的效果，但在其他行为上富有成效，并且有双向影响效果。一方面旅游开发之初建设用

---

① 李开明，陈世峰，康玲芬，等.中国大陆型冰川和海洋型冰川变化比较分析——以天山乌鲁木齐河源1号冰川和玉龙雪山白水河1号冰川为例[J].干旱区研究,2018,35(01):12-19.

地尽可能采用裸地，减少了对林地、耕地的占用，裸地在生态恢复工程中成为人工造林的主要选择，景区内进行了近 50 多项大小型恢复改善生态环境工程，有玉龙雪山景区甘海子片区景观绿化整治、游客服务中心绿化改造、大索道挡土墙绿化、白沙防护林建设、甘海子区域生态围栏、甘海子景区景观改造边坡绿化、甘海子污水站旁野生花卉种植、印象丽江屋顶外围区域景观绿化等，这些行为减少了玉龙雪山景区旅游开发和居民森林砍伐等对山地本身植被的破坏。另一方面，旅游发展过程中，甲子村和玉湖村村民对旅游的认知有限，对经济利益追求最大化，出现林地减少、庄稼无人种、耕地荒废、学生不愿上学等问题；1999 年玉龙雪山景区周边隐藏着 40 多家非法采矿点，部分村民违反规定，非法采集矿产；非法建筑设施占用生态用地，并对山地整体景观造成破坏；旅游用马匹在云杉坪、白水河、牦牛坪等各景点肆意踩踏，破坏绿色草坪；村民举家迁至白水河、云杉坪、牦牛坪景区核心区附近，核心景区私自无章搭建经营房、住宿用房，视觉污染严重；三条索道延伸到自然保护区的核心区域等，这些行为在一定程度上改变了土地利用类型，带来生态环境保护压力，与前述行为共同作用显现出人类活动对土地利用的双向影响作用。

　　③空间扩展过程。

　　图 7.5 表明道路主要分布在景点和村落周围。在旅游发展过程中，甲子村和玉湖村内公路作为村落内部和对外交流通道并无显著增加，路面硬化和加宽是近三十年的主要变化。云杉坪、牦牛坪、甘海子及其之间的道路是在第一阶段旅游开发初期建设的，之后新建道路逐渐变少，新增景点也并不多，玉龙雪山景区旅游发展开始转向内涵式发展阶段，开发活动主要为旅游体验和服务项目的提升，如增加文艺展演项目、索道整改、内部交通生态化等。作为观光类旅游资源的点是客观存在的，但开发为旅游产品的景点或项目则是随着旅游开发行为而产生的，特别是提供旅游活动所需的吃、住、观（游）等体验活动的设施。玉龙雪山景区旅游开发中作为景点和道路的旅游要素基本上同时开始建设和开发，且表现出开发之初的快速性和逐渐缓慢，且这一变化并非持续和连贯，而是具有时段的，与项目建设的时间有关。但是面状的土地利用类型变化却不同，既有持续变小的冰川类型，也有波动变化的林地等。

　　从地理视角考虑旅游活动所依赖的点、线、面要素在空间上的变化，一方面，旅游资源是决定玉龙雪山景区道路增加和建设的最主要决定因素，旅游服务项目建设在甘海子，集中体现了集聚现象，也是旅游服务不断提升的内涵式发展，基本展现出旅游要素从点到线到面的发展过程。另一方面，人地关系也随着旅游要素的强化而产生不同的变化，牦牛坪、云杉坪和冰川公园属于生态林地和一级保护区范围内的资源，不仅必需栈道等特殊道路设施，且内部无法进行大面积的设施建设和扩展，自项目建设以来，人地关系就相对较为稳定。尽管踩踏对草甸植被有一定的破坏，[①] 已逐渐取代放牧干扰成为主要干扰因素，但主要集中在景区观景台和布设的游径，[②] 已经较大程度地减少破坏。人类活动具有主动性，空间范围较大，玉湖村、甲子村人地关系变化不仅体现在耕地等村内土地利用的变化，还涉及山体其他区域的土地利用类型。除建设区的地理要素和旅游要素的空间拓展之外，其他区域人地关系变化则受旅游驱动力的间接影响，或旅游活动并非主要影响要素，如冰川面积在玉龙雪山景区的持续减少是由环境自然变化起主要作用的结果。

研究区土地利用变化具有空间分异性，人地关系变化及要素的空间拓展同样具有空间分异性，与旅游活动直接或间接相关。由于山地脆弱环境，特别是冰川资源的特殊性，主导自然要素也是其重要的影响要素。

7.4 玉龙雪山景区旅游人地关系演化的驱动力

机制是通过时空变化过程分析得出的多重复杂因果关系。[③] 近 40 年来，玉龙雪山景区经历了旅游从无到有的过程，每一阶段因地理环境、人文条件和旅游发展主导因素等有所不同，人地关系协调呈现空间差异性和曲线变化趋势。在其演化过程中，各动力要素都起到了积极作用，要素之间的耦合推动人地关系不断演化，并走向协调。

7.4.1 玉龙雪山景区旅游人地关系演化的动力构成

玉龙雪山景区旅游地域系统及其外部环境所形成的人地关系演化动力要素众多（表7.10），从外部要素来说，中国经济快速发展，人民生活水平不断提高，社会安定团结，休闲娱乐需求不断加大，为旅游业的发展提供了坚实的后备力量。国家通过产业引导和旅游推广不断扩大内需，客观上促进人们对健康生活和休闲娱乐活动的需求不断扩大，并通过文旅融合、全域旅游、生态文明等不断完善旅游目的地建设。从内部要素来说，甲子村和玉湖村在旅游发展前异常贫困，居民生存的基本物质条件都得不到保障，旅游业发展具有坚实的社区发展诉求基础。无论是早期的自主经营或是集体经济，还是现在的以企业为主要运营和管理主体的公司模式，玉龙雪山景区旅游利益

① 张丽丽. 玉龙雪山牦牛坪高山草甸对踩踏干扰的响应 [D]. 昆明：云南大学,2016.

② 吕曾哲舟，黄晓霞，王琇瑜，等. 玉龙雪山牦牛坪高山草甸的干扰格局分析 [J]. 自然资源学报,2019,34(6):1223-1231.

③ YEUNG, HW. Rethinking mechanism and process in the geographical analysis of uneven development[J]. Dialogues in Human Geography, 2019,9(3), 226-255.

相关者主要包括社区居民、政府和企业三者。最初玉龙雪山省级旅游开发区管理处与玉龙雪山开发总公司实行一套人马合署办公，之后成立管委会负责旅游区行政经济管理事务，在旅游业发展的不同阶段协调利益相关者之间的冲突，保证了对外营销、旅游政策、交通、生态环境等各要素在发展过程中的目标相对明确，可以对各要素进行及时调整，简化了动力要素结构，以旅游业推动山地经济发展、社会结构深刻变革，促进山区人地关系不断走向协调。

表 7.10　玉龙雪山景区旅游人地关系演化动力因子

动力因子		主要表现
玉龙雪山景区	旅游资源	以冰川地质景观、雪山森林草甸、原生民族村寨、世界奇峡风光和高原水体景观等为特色，以生态旅游为主，融专题旅游、特种旅游、休闲度假、节事活动和民族文化体验于一体，具有游憩、娱乐、审美、研学、会展、旅游经济与生产等多种功能的综合性山地景区，充分体现了山地旅游资源的多样性、广域性、复合性和独特性
	山地生态环境	环境多样性突出，奠定了旅游产品的丰富资源背景，极高山环境塑造了以冰川为核心的旅游产品体系，独立山体形成了较为封闭和统一的自然、人文环境，人们主动植树造林、恢复植被、增加水域、拆除非法建筑、改造环保公共交通等改善了山地生态环境，促进了旅游环境的持续发展
	山地交通	玉龙雪山景区经济基础薄弱，随着外部交通和内部交通的不断便利化，推动旅游景区的开放度增加、游客的可进入性提高、旅游活动的范围扩大，特别是三条不同形式和旅游体验内容的索道，更是增加了交通作为特殊旅游项目的功能
	主要利益相关者	政府在玉龙雪山景区旅游开发的最初阶段解决了资金、公用基础设施建设等瓶颈问题，在旅游发展中后期不断调整工作重心，有效调节企业和社区之间利益分配、经济发展和社会协调以及环境可持续之间的关系；企业则较好地推进、完善旅游项目和改进管理方式，使旅游人次和收入保持较为稳定的增长态势；社区居民通过旅游服务、经营、管理等活动进入就业岗位、增加收入，在政企扶持下不断拓展集体经济和特色农业经济。利益相关者的关系趋于协调，为旅游发展提供了良好的社会和经济氛围
	山地旅游政策	通过政企联合、积极吸纳社区劳动力的方式，保障旅游建设中服务、经营、管理、监督等人才的合理分配，有效调动了社会各界参与旅游发展的积极性和主动性，通过资金、土地资源、人才、技术等政策导向，不断推动玉龙雪山景区发展建设的步伐
	旅游营销	通过上市公司、景区、旅行社、政府等在电视、网络及其他媒体，树立景区的旅游品牌和形象

动力因子		主要表现
客源地	旅游市场	玉龙雪山景区丰富的山地旅游产品能较好地满足旅游市场对多样化和个性化旅游产品的需求，市场发展潜力为玉龙雪山景区旅游发展提供持续动力，也引导旅游产品不断完善和改进
	国家和区域发展战略	作为国家发展的重要战略之地，部分山区可以通过旅游业获得社会经济的发展，玉龙雪山景区旅游脱贫是实践"绿水青山就是金山银山"生态文明建设的典型案例，并且在全域旅游和文旅融合等旅游发展背景下不断完善自己的产品体系，实现景区服务和管理的智慧化、生态化、人性化，展示地方特色和民族特色，推动旅游健康发展
	旅游业发展与推广	玉龙雪山景区旅游发展顺应了国内旅游业发展的整体趋势，旅游对区域经济、社会、环境的推动作用及具体的应对策略，为玉龙雪山景区旅游发展提供了良好的经验借鉴
	外部社会	媒体开放增加了人们对玉龙雪山景区了解的途径，国家稳定、民族团结、社会和谐等营造了安全的旅游环境和积极的旅游氛围，是玉龙雪山景区旅游人次持续稳定增长的保障
	外部经济	我国经济稳定增长，人们生活水平不断改善，消费结构发生改变，对旅游的需求总量和质量都有所提高，旅游发展的市场潜力巨大，推动着旅游景区等目的地的建设和旅游产品的提升，高铁、航空、房车等交通方式的常态化减少了游客前往西南边远地区山地旅游的经济压力和时空距离，同时，旅游业成为拉动内需的重要手段之一

7.4.2 政府在人地关系演化中的主导作用

建设资金缺乏、基础设施落后、发展经验不足是大部分山区在开发之初面临的实际困难，即便是在经济较为发达的欧洲地区，也依然存在类似的困境。玉龙雪山景区旅游开发前长期处于封闭状态，农业生产效率低，无法满足居民的正常生活需求，产业结构单一，除种植业和少量畜牧养殖外，林业对财政收入贡献最大，但对环境的破坏也很明显。区域经济发展落后的状况决定了玉龙雪山景区基础设施落后、建设资金不足，从而导致游客的可进入性低，旅游设施和服务不完善，旅游产品单一且低端。由于旅游开发初期品牌尚未建立、知名度不高，获得外来资本较难，所以 90 年代初的旅游开发建设资金，基本上来自银行借贷和政府投、融资，从而迅速、准确地解决了开发瓶颈问题。

到了玉龙雪山景区旅游发展中期，基础设施问题已基本得到解决，企业追求经济利益最大化的先天属性与山地居民长期经济落后下对经济利益的迫切诉求弱化了社会文化和生态环境改善的动力。伴随着旅游大规模开发和游客数量急速增加，当地居民收入增加，旅游被普遍重视，成为区域支柱产业和人地关系演化的主要动力，生态环境和旅游环境也因旅游开发和管理经验缺乏出现的经营无序而恶化。玉龙雪山省级旅游开发区管理委员会作为丽江市人民政府派出机构，以行政优势解决了第一阶段的建设资金问题，同时能关注旅游人地关系演化第二阶段存在的环境和管理问题，并从社区发展和人地关系协调角度进行调控，一方面限制个人经营旅游业的范围和形式使其规范运营，保障旅游业对区域发展的持续驱动作用，另一方面解决利益相关者的各种合理诉求，通过提供就业岗位、承担培训和教育、旅游反哺、鼓励和支持特色农业及集体经济等打消因旅游规范经营而产生的收入骤降等顾虑，从根本上解决了当地居民生存和发展、生态环境可持续之间的矛盾。

和企业相比，政府不仅关注区域经济发展，而且重视社会文化水平提高和生态环境维护，能较为客观地认知并把控人地关系的发展方向，并通过政策进行宏观调控，无论是力度还是作用效果都具有绝对优势。社区主体性的维持和塑造是地方社会持续和稳定发展的关键，[①] 只有解决好山地社区发展问题才能让社区积极配合并主动采取合理的旅游发展方式，从根本上保证山地人地关系协调。

以管委会为触手的政府部门在玉龙雪山景区旅游人地关系演化的三个阶段中所起到的主要作用不同，但基本上都是解决每一阶段的发展瓶颈问题，按照市场运行规律协调人地关系制约因素。对于山地这类具有较为优越旅游资源、脆弱生态环境、落后社会经济发展等的区域，政府在推动其旅游发展过程中起到的资金和政策支持、产业引导、关注环境、保障民生等人地关系协调作用，是企业和个人所无法代替的。

7.4.3 旅游资源是人地关系演化驱动力形成的核心

管委会在玉龙雪山景区人地关系演化中的主导作用，是以旅游资源为前提和基础的。玉龙雪山景区拥有北半球纬度最低的冰川资源，且可以通过索道直达，具有巨大的吸引力，是滇西北以山地高原、少数民族风情和历史文化遗存为主要特色的旅游资源重要构成。丽江玉龙旅游股份有限公司历年年度报告显示，索道运输的营业收入远高于其他经营收入，约占到总收入的一半。玉龙雪山景区有三条索道，分别直达冰川公园、云杉坪森林公园和牦牛坪山地公园，其中直达冰川公园的大索道接待人次远高于其他两个索道（表 7.11），旅游市场流向足以体现山地冰川在整个景区中的核心吸引力。

---

① 孙九霞，庞兆玲，王学基. 现代性拓殖与地方响应：少数民族盐业旅游社区的发展实践 [J]. 经济地理，2020,40(4):214-222.

表 7.11　玉龙雪山景区三条索道旅游人次（2015 年—2019 年 单位：万人）

	总人次	冰川公园索道	云杉坪索道	牦牛坪索道
2019 年	477.7	307.1	150.1	20.1
2018 年	369.4	269.5	83.1	16.8
2017 年	357.1	259.0	85.78 万	12.37
2016 年	401.0	267.5	125.2	8.3
2015 年	369.6	226.1	--	--

注：本表数据来源于丽江股份（002033）历年公开的年度报告。

此外，"印象丽江"于 2006 年 7 月开始公演，是张艺谋导演继"印象刘三姐"之后的又一大型实景演出，增加了景区的人文旅游产品体验内容，一开始就因为知名导演的明星效应自带光环，成为除索道之外的另一重要营业收入来源。旅游市场对索道和印象演出有较大兴趣，两者营业收入占景区总收入的 70% 以上。（表 7.12）独特的旅游资源与旅游市场相互作用形成旅游供给与需求的拉力和推力，是玉龙雪山景区旅游人地关系演化的直接动力。

表 7.12　玉龙雪山景区索道和印象演出收入（2015 年—2019 年 单位：万人）

		营业收入总计	索道收入	印象演出
2019 年	金额（亿元）	7.23	3.31	1.77
	占营业收入比重（%）	100	45.85	24.55
2018 年	金额（亿元）	6.78	3.90	0.97
	占营业收入比重（%）	100	57.53	14.25
2017 年	金额（亿元）	6.87	4.12	1.05
	占营业收入比重（%）	100	59.97	15.28
2016 年	金额（亿元）	7.80	4.55	1.65
	占营业收入比重（%）	100	58.33	21.15
2015 年	金额（亿元）	7.86	4.16	2.20
	占营业收入比重（%）	100	52.93	27.99

注：本表数据来源于丽江股份（002033）历年公开的年度报告。

中国山地广泛分布，大部分山地因旅游资源独特性不明显而难以形成较大知名度，旅游产品竞争力不足，市场规模小，旅游只是作为山区发展的动力之一，且影响力度和范围有限，难以形成以其为主要驱动力的山地景区。

7.5 玉龙雪山景区旅游人地关系演化机制

7.5.1 地理和旅游要素耦合是旅游人地关系存在的空间基础

旅游发展动力方面，地质构造及其所形成的地貌决定了玉龙雪山景区在旅游开发过程中，必定以冰川为主要吸引力的独特资源作为核心产品的构成之一，分布有大部分冰川的东坡必然会成为开发的重点；东西坡水热不均匀分布所影响的土壤环境使东坡的植被更为茂密，造就了相对西坡更为丰富和饱满的自然旅游资源；东坡山麓平缓，为旅游开发中的项目和基础设施建设减少了障碍；西坡以虎跳峡为界，其坡陡的地貌条件和人居环境相较具有平缓山麓和封闭谷底的东坡更为恶劣；东坡生存条件相对较好，居民大都居住于东坡中部谷底和南麓，构成了人地关系中"人"的要素。海拔也是玉龙雪山景区旅游开发重要的依据，不仅对资源分布有较大影响，还涉及旅游设施建设条件和游客游玩限制条件。玉龙雪山景区海拔 5 000m 以上是高寒气候，终年积雪，极强紫外线辐射，风力强大，无植物生长，空气稀薄，只适于冰川观光和探险科考；海拔 4 000~5 000m 属寒带气候，年均温 -5~0℃左右，气温日差极大，降水量大，风速大，气候多变，修建有索道，以冰川观光旅游体验为主；海拔 3 100~4 000m 属亚寒带气候，年均温为 0~7℃，年均风速小，植被为针叶林、草地、竹丛、杜鹃灌丛等，海拔 2 700~3 100m 属寒温带气候，年均温为 7~10℃，常年无夏，为古冰川遗迹主要分布区，植被为松、杉、草地等，建设游客服务中心、冰川博物馆、交通换乘点、印象丽江剧场、娱乐购物、餐饮休息等旅游服务和基础设施。因此，玉龙雪山景区旅游开发的方式和力度取决于旅游资源类型和地理环境的优越，是人—地作用方式的先决条件，地理要素和旅游要素在空间上的耦合实现了旅游产品在玉龙雪山景区的适宜和合理开发，最大程度地协调了资源有序利用和环境保护之间的冲突。协调人地关系的基础是环境条件，人类活动是关键因素，[①] 地理环境和人类旅游活动耦合是玉龙雪山景区人地关系可持续的关键。

---

① LIU Y, DENG W, PENG L. Building a Framework of Evaluating Human-Environment Relationships: Considering theDifferences between Subjective Evaluations andObjective Assessments[J]. Sustainability,2020, 12(1):167.

即便是在人类能动性不断增强的情况下，地理环境及其所决定的自然变动也会直接作用于旅游活动，启发人们对人地关系的再思考。如连续降雪造成索道不能正常运行、旅游活动暂停，雪崩、地震等不仅给当地居民造成生活的不便，同时影响到与收入直接相关的旅游业正常经营；全球气候变暖比游客带来的热量更多地影响冰川消融，① 会增加坡面物质不稳定性而形成崩塌，崩塌留下的堆积物也极易形成泥石流成为次生灾害，② 成为旅游活动的潜在危险。为此，在日常管理和项目建设、维护过程中，管委会较为关注玉龙雪山景区天气、气候等环境变化，使旅游活动能尽量顺应自然规律，并建成中科院玉龙雪山景区冰川与环境观测站，在对玉龙雪山景区环境进行监测的同时，为学术交流、相关人才培养等提供了平台。

玉龙雪山景区旅游开发和未来发展，是在尊重其地理要素分布规律基础上的资源有效和合理利用。凭借其独特的冰川资源，结合山地多样化的旅游活动，实现了地理环境、旅游资源及开发和建设要素在空间上的耦合，是人地关系形成和持续发展的基础。

7.5.2 旅游作用方式和力度是人地关系空间分异的直接原因

尽管山地旅游资源取决于山地地理要素，但整个人地关系的空间分异产生变化直接来源于旅游作用方式，空间分异并非完全和山地地理要素完全一致。

人地关系中"地"的要素变化直接取决于旅游发展需求。玉龙雪山景区山体体量较大，有多种山地旅游资源和独特的冰川旅游资源，分布较为广泛，是国家级风景名胜区，也是国家级自然保护区，具有重要的生态功能，旅游开发受到一定的限制，范围有限。因此，和其他旅游地一样，旅游开发中旅游要素的分布要综合考虑旅游资源、项目建设的地质环境、旅游要素之间的衔接等内容。尽管玉龙雪山景区旅游开发区基本上在自然保护区核心区之外，但生态保护压力较大。冰川公园海拔超过4 500m，陡峭险峻，常年冰雪覆盖，无论是温度、气压、风力，还是地形等，都不适宜常规旅游活动的开展。通过索道等特殊交通方式将游客带入冰川公园，不仅较大程度上减少了游客在攀登过程中与自然保护区接触的程度，较大程度地减少环境污染，减少了游客游览过程中对身体和时间要求的限制，也丰富了游客体验的内容和形式。而冰川公园项目正是玉龙雪山景区在众多山地旅游地中"傲骄"的资本，白水河1号冰川是我国可以直接观赏体验的海拔最高的冰川。除索道及其所依托的资源开发地外，甘海子是

① 院玲玲,何元庆,和献中,等.游客人体释放热量对玉龙雪山冰川退化是否有影响[J].冰川冻土,2008,30(2):356-357.
② 张宁宁,何元庆,和献中,等.玉龙雪山冰川崩塌成因分析[J].山地学报,2007,25(4):412-418.

玉龙雪山景区项目建设的集中地，是"地"变化最为明显的区域。（参看 7.2.1.2 内容）为了完善玉龙雪山景区旅游活动和相关服务，高尔夫球场、宾馆、餐馆、停车场、剧场、道路、游客中心、博物馆等建设项目逐一上马，甚至占用了部分公益林，蓝月谷水面扩建、裸地植被恢复是景观美化的重要举措，违规建筑拆迁、冷湖建设、环保车辆改用、森林防火、环境保护和监察是为了资源可持续利用、旅游可持续发展而采取的环境保护政策。因此，人地关系中"地"的变化并非完全与地理要素相一致，旅游要素及其决定因素也是玉龙雪山景区人地关系空间分异的重要影响因素之一。

玉湖村位于玉龙雪山景区大门附近，是丽江城区向北行经的必经之地，也是早年玉龙雪山科学考察以及更早期与北部区域经济社会往来重要通道的必经之地，留下诸多历史文化古迹和古道，与当地纳西族文化相结合形成了与以自然为主要特色的玉龙雪山"新"景区互补的资源特色，受到玉龙雪山旅游开发区的辐射作用，具有较为优越的区位、资源等旅游开发优势。甲子村大部分村组地处谷底，主要以山村风貌为主，无核心旅游资源、交通也不便利，只有村落附近可以依托的牦牛坪和蓝月谷等资源，这也是人地关系发展第二阶段中近 300 户村民举家搬迁到蓝月谷附近以从事旅游经营活动的主要原因。两个村落同样属于玉龙雪山景区山地综合体，具有相近的海拔，但却因为不同的区位和旅游资源使两者的人地关系相互作用的方式和协调关键点有所不同。玉湖村形成了以旅游业为主导产业，种植业和养殖业为辅的经济发展模式，人居环境和社会福利不断改善，生态环境与旅游业共生，人地关系协调；甲子村则主要以村民参与企业经营的旅游服务活动、种植业、养殖业等获得经济收入，还有一半以上的收入来源于旅游反哺、公益林补偿、村集体经济等，与玉湖村自主经营旅游活动收益不同。因此，人地关系中"人"的要素演化不同主要取决于旅游经营活动类型的不同，"地"只是基础要素。

7.5.3 利益相关者决定了人地关系内容和发展方向

玉龙雪山景区旅游利益相关者决定了人—地之间的作用方式和力度，以及人地关系的发展方向。无论是旅游开发前玉龙雪山景区人地关系的自然演化，还是开发后人地关系从低位不协调到高位协调的转化，人类活动都对人地关系的演化起到了直接和决定性的作用，体现了"人"在人地关系中的绝对主导地位。

玉龙雪山景区旅游发展的利益相关者主要包括社区居民、旅游企业、游客、政府、其他组织。旅游开发前长期的乱砍滥伐造成景区生态环境恶化。1984 年，玉龙雪山省级自然保护区及相应的管理局成立，旨在改变这一趋势。但政府这一举措并没有从根本上解决问题的根源，高山恶劣生存环境下的村民无法找到可替代的生产方式。1993

年起，旅游作为新兴产业，在玉龙雪山景区逐渐发展起来。玉龙雪山景区旅游不仅为社区经济社会发展贡献力量，同时也是丽江市旅游业发展的重要支撑，直接牵动区域旅游业的整体发展、① 环境保护以及社会经济的转型升级。在玉龙雪山景区旅游开发和经营管理中，管委会以政府为平台对景区的规划、开发、经营、保护、社区发展等进行综合管理，以此能较为客观公正地协调好各方利益，保证其旅游业的持续发展，关注旅游地因企业经营带来的非经济问题，建立了完善的巡护监测、防火、防盗、防捕杀、古建筑修缮、古树名木保护，以及景区内部的安保、卫生环保、生态交通、项目建设、购物、经营、租赁、售后等具体管理制度；实施"绿色交通""冷湖效应""森林消防""绿洲工程"四大环保工程，限定每年 500 万人次和每天 3.5 万人次的最大游客容量，并与中国科学院玉龙雪山冰川与环境观测站共谋保护之道；景区全年用于景观、文物、古建筑、生态系统、珍稀名贵动植物的保护费用达门票收入的 10% 以上；制定相关规划项目 30 多项，与中科院合作对玉龙雪山景区的冰川、冻土、水资源、环境变化等开展系列研究，结合旅游发展，使冰川自然资源转化为经济资源。玉龙雪山国家级风景名胜区管理局、玉龙山办事处等多个行政部门也通过旅游项目经营许可、林业、社区建设等参与到景区的建设中，与景区管委会相互监督，协调各方利益。

以景区管委会为最大股东的丽江玉龙旅游股份有限公司是玉龙雪山景区开发、经营和管理的主要载体，开拓了景区早期招商引资和项目建设的道路，开启了玉龙雪山景区以旅游为人地关系演化主要驱动力的历史。丽江玉龙旅游股份有限公司为代表的旅游企业以追求经济利益最大化为宗旨，推动玉龙雪山景区三条索道、文艺展演、餐饮、区间交通、高尔夫球场、住宿、摄影、娱乐等项目和设施的建设与整改，并通过公司改组、收购等途径稳固经营和管理业务。早期的经营注重新项目和基础设施建设，为旅游发展奠定了基础。玉湖村和甲子村村民也在景区开发带动下主动参与旅游中，与景区的规范化经营形成对比，一方面早期的家庭和个人无序经营损坏了整体旅游氛围，另一方面对环境和景观造成破坏，有损于玉龙雪山景区旅游整体形象。2006 年之前的几年，景区管委会对非法经营和建筑活动实施了整改，并主要和甲子村村民签订了拆迁协议，但效果甚微，社区居民（生产和生活）、旅游企业（经济利益）、游客（高品质旅游）、政府（环境良好和社区发展）、科研组织（环境和旅游共生）等之间利益无法协调，出现村民刻意阻拦和破坏景区项目建设等负面事件。经过多年磨合和摸索，2006 年景区管委会开启了旅游反哺农业的措施，从根本上解决了旅游有序经营和管理与村民需要通过旅游业获得收入之间的矛盾。村民个人经营活动退出景区，有利于企

---

① YUAN L, LU A, Ning B.Impacts of Yulong Mountain Glacier on Tourism in Lijiang[J].Journal of Mountain Science,2006,3(1):71-80.

业规范经营和管理，提高了景区整体的旅游形象，企业通过经营收入和景区管委会以及政府部门以资金、就业、职业培训等方式补助村民，村民得到稳定补偿之后安心返回农业耕作，并通过林果、饲养业，以及有赖于景区环境的婚纱摄影和旅游合作社等集体经济全面推动山地产业结构更加多元化，经济和社会更加稳定，人地关系协调共生。以政府为主导力量的景区开发和管理方式，解决了资金、政策等开发和建设问题，解除了后续经营和管理中对环境和社区不重视的隐患，是协调"多园并存"（自然保护区、风景名胜区、旅游开发区）多头管理限制的一种有效和合理的方式。

景区发展过程中，社区居民、旅游企业、游客、政府、科研机构等之间通过各自的利益诉求不断磨合，政府在博弈过程中起到了宏观把控作用，是利益相关者的核心力量，决定了旅游开发的力度和方式，以及旅游所惠及的群体，是人与山、人与人之间相互作用的管理者和引导者。

7.5.4 旅游动力要素耦合推动人地关系协调发展

玉龙雪山景区是中国典型的极高山山地综合体代表，自然条件不适宜农业生产，以少数民族为主要世居民族，社会较为封闭，经济落后，长期得不到发展。自 20 世纪 90 年代初，玉龙雪山景区就开始积极探索旅游发展道路，并取得了一定的成果。这一过程是山地自然要素、旅游要素、社会经济要素、政策要素和外部要素等相互作用和耦合协调的过程，推动山地旅游不断发展，促进人地关系走向协调。除了前述地理环境与旅游要素的耦合是旅游人地关系存在的空间基础、利益相关者之间的耦合和协调决定人地关系的内容和发展方向，还包括发展目标耦合、旅游业与其他产业的耦合、内外动力要素之间的耦合等。

发展目标耦合。发展不仅是经济的发展，同时包括社会和生态的发展，旅游业发展必然追求经济利益，也依赖于社会基础和环境。甲子村和玉湖村受高山地貌及其阻隔作用影响，长期处于社会经济落后状态，严重阻碍了区域社会经济进步。从 1993 年开始，玉龙雪山景区开始开发旅游业，大力建设项目，促进游客和收入的增加，为玉龙雪山景区以及更大范围的区域带来发展契机。在项目建设趋缓的背景下，村民生计、社会福利、旅游发展和管理方式等问题逐渐显露，景区管委会从本世纪初开始就逐渐开展旅游整治活动，直至 2006 年，通过旅游反哺等方式找到利于全面推行旅游经营和管理改制的有效手段，环境问题得到有效控制，社区居民生活和社会福利得到保障，人地关系进入协调发展阶段。整个发展历程兼顾经济目标、环境目标和社会目标，只是在不同发展阶段的侧重点不一，三个目标之间相互作用，最终耦合协调。由于山区对经济发展利益诉求的较大关注，而旅游确实可以作为推动玉龙雪山景区经济的重要动力，只有将旅游业扶持起来，才可以促进整体发展，旅游业同时成为社会、经济和环境耦合及协调发展的催化剂。

处理山地人地关系更为困难和复杂的还是人—人关系。[①] 以政府为主要引导的企业开发模式是玉龙雪山景区旅游成功的重要因素之一，通过政策的支持和引导、旅游监管等解决了在旅游开发中建设资金来源困难的情况，也保证了旅游开发尽量不破坏生态环境，同时还密切关注山地社区经济结构、基础设施、社会福利等问题，人地关系中政府、企业和社区的人—人关系达到协调，旅游发展真正成为社区进步的推进器，是中国旅游扶贫的优秀案例。

产业耦合。山地农业与旅游业的融合可促进其可持续发展。[②] 玉龙雪山景区产业类型主要包括农业（包括种植业、林业和饲养业）、矿业、旅游业以及其他服务行业。农业是本地最为基础的产业，也是早期当地人唯一的生活来源。苦于自然条件恶劣，种植业长期生产落后，但森林茂密，动植物资源丰富，林业成为继农业之后的另一基础产业。高山地区植被生长慢，林业没有持续发展的保障，森林砍伐造成较为严重的生态破坏。金矿石开采成为玉湖村追求致富道路上的小插曲，也因对环境的破坏而无法正常推进。旅游业为经济发展指明了一条道路，不仅政府及企业通过旅游经营项目获得了收入，当地居民的收入也增加不少。健全资源环境有偿使用和生态补偿机制是新时期中国人地系统综合调控的重要路径与对策。[③] 管委会清晰认识到了这一关键问题所在，农业反哺措施实施之后，农民不仅获得大量的反哺资金，且有剩余精力继续从事农业，并通过林果、高山动物饲养等特色生态农业获得较种植业更多的收入。除参与到丽江旅游等控股公司的旅游服务之外，还有婚纱摄影、生态徒步等农村合作社形式的集体经济，为本地村民提供了较多的就业岗位和经济收入来源，形成了以种植业和饲养业为基础、旅游反哺资金为保障、集体经济为重要抓手的收入结构。矿业和森林砍伐被绝对禁止，资源和劳动力得到较好地利用，产业发展具有可持续性和相互间的互补性，社会结构更为稳定。因此，旅游业促进玉龙雪山景区选择适宜的产业，并使产业之间因融合和相互促进而耦合，共同推动山地综合体协调发展。

内外动力耦合。玉龙雪山景区旅游开发较好地利用了冰川、山地民俗、植被资源等，且合理利用裸地，有效控制了森林砍伐和恢复，促进环境不断优化，人民生活水平进一步提高，产业结构趋于合理，社会文化不断丰富，是山地地域系统内部要素耦

---

① 钟祥浩，刘淑珍，等. 山地环境理论与实践 [M]. 北京：科学出版社，2015:52.

② TAMPAKIS S, ANDREA V, KARANIKOLA P, et al. The Growth of Mountain Tourism in a TraditionalForest Area of Greece[J]. Forests,2019,10(11). DOI:10.3390/f10111022.

③ 毛汉英. 人地系统优化调控的理论方法研究 [J]. 地理学报，2018,73(4):608-619.

合共同进步的充分体现。玉龙雪山景区旅游人次和收入的持续增长，说明现有旅游项目能较好地适应目前市场需求，旅游产品与旅游市场较为契合。冰川旅游资源的稀缺性、极高山山地的神秘性、纳西族等少数民族的特色性、高山高尔夫球场的独特性、玉龙雪山景区生态环境的优越性、夏季温度的适宜性和四季天气的多变性等，将会与日益增长的旅游需求相契合，持续释放吸引力。旅游产品与市场耦合是玉龙雪山景区旅游持续发展的保障，是内外动力共同驱动的结果和表现。

耦合是要素之间不断寻求协调共进的过程。 玉龙雪山景区旅游发展进程中，出现众多人地不协调状态，也出现了旅游业本身存在问题和隐患的现象，是旅游驱动力要素之间磨合的过程。只有要素耦合，才能使旅游发挥最大功效，才能促进旅游协调发展，才能使人地关系趋向可持续。旅游要素和地理要素耦合是山地旅游发展的必然选择，也是山地旅游朝向可持续发展的必要条件。旅游业发展与其他产业、利益相关者之间的博弈、不同发展时期主导的发展目标等耦合，是促进旅游不断进步的必要条件，是推动玉龙雪山景区人地关系朝向可持续发展的引擎。

7.6 玉龙雪山景区旅游人地关系优化对策

作为中国西南地区典型的极高山景区，玉龙雪山凭借其独特的山地旅游资源和产品带动了玉龙县乃至丽江市旅游发展，也使区域人地关系发生了较大改变，取得了一定经验，未来应关注以下方面：

①进一步围绕山地特色不断更新旅游产品。

尽管目前景区收入主要来源于索道和文艺演出，但玉龙雪山位于中低纬度的地理位置优势和明显的高梯度效应，塑造了多样的山地环境，旅游资源异常丰富，潜力并未完全发挥。全球变暖下的冰川消融趋势无法改变，旅游产品多样化可以减少对冰川资源的过度依赖。继续以冰川为核心旅游资源，不断丰富和拓展旅游产品类型，特别是根据现有市场需求，加大对健康、研学、休闲度假等专项旅游产品的投入力度，使景区能够适应不同时期的旅游特征，充分发挥中低纬度极高山的资源优势，巩固旅游业对区域人地关系演化的正向作用。

②发挥各利益主体的功能。

维持玉龙雪山省级旅游开发区管理委员会在资金支持、旅游开发和管理、环境保护、政策制定、利益分配等方面的主导地位，以保证玉龙雪山旅游发展各利益相关者的正当需求得到满足。探索社区居民社会环境改善的深层内容，在进一步完善文化娱乐等社会活动的同时，深化社区教育、卫生、健康、养老等领域的社会保障内容，以全面提高居民的身体素质和人文涵养，形成良好的旅游社会氛围。鼓励和支持除旅游业之外的特色农业和摄影等产业的发展，促进"旅游+"和"+旅游"的融合发展模式，减少山地发展对旅游业的依赖性，形成多样和稳定的社会经济结构。

③探索环境优化道路。

协调的人地关系减少了旅游业发展的障碍，是旅游业可持续发展的保障和目标。进一步稳固"三生"可持续发展的人地关系理念，通过政策引导和法律约束，限制破坏环境的行为，在以往人造湖增加的基础上，改变现有裸地等的土地利用类型，恢复耕地，增加林地面积。加大景区交通、餐饮和娱乐等服务设施和旅游产品的生态化力度，并加强与中国科学院玉龙雪山冰川与环境观测研究站的合作，实时监控环境，探索环境保护的新举措。

第8章 研究结论及展望

山地系统结构、功能以及演化特点、过程和规律，是构成山地综合开发或最优化开发的理论基础。[1] 人地关系是山地地域系统存在的基本形态，人地关系构成、演化特征是探究旅游发展历程及规律的媒介，是检验山地发展是否合理和最优的重要指标。

近现代以来，旅游以产业方式出现在大众生活中，因山地广泛分布，山地景区凭借特殊的资源优势遍布世界，成为世界旅游胜地的重要构成。山地人地关系因旅游业的开展出现了诸多前所未有的变化，人地关系要素增加、主要功能转化、演化和运行机制更加复杂。本研究将理论与实践相结合，分析了以旅游为驱动力的山地景区人地关系演化过程、动力及其机制，以期为促进旅游健康发展、人地关系协调和山区可持续发展提供有益的理论依据。

8.1 主要研究结论

本研究从山地景区人地关系的构成要素和形成机理入手，分析了其演化阶段、发展动力及机制，主要结论如下：

第一，山地旅游是以登山或山地环境体验为基础，在山地地域系统内进行的基于山地特殊自然条件和人文环境的一种多样化的旅游活动类型。山地旅游地域系统是旅游业直接或间接作用于山地而形成的，以旅游为驱动力、旅游作用机理为主要内容的旅游目的地人地关系地域系统，山地景区是其典型代表。在这一地域系统中，大气与气候、水、生物与土壤、地质、地貌等"地"的要素是山地旅游环境形成的物质基础，"人"包括最初以经济利益为最大诉求的山地社区、政府和企业等在内的旅游利益相关者，人地两者在博弈中相互依存。山地因其特殊地貌所形成的旅游资源具有多样性、综合性、独特性、广域性等特点，可以从不同尺度、多种方式满足日益个性化、健康化、体验化和品质化的市场需求，且具有持续吸引力和旅游开发潜力，形成诸多以旅游为驱动力的山地地域系统。以山地高梯度效应为代表的地理环境和地貌特征是山地

---

[1]　钟祥浩，刘淑珍，等 . 山地环境理论与实践 [M]. 北京：科学出版社,2015:36.

旅游地域系统本底系统、资源和产品系统、市场系统、保障系统等子系统特殊性和复杂性形成的关键要素，而旅游供需关系则是连接山地旅游地域系统人—地、人—人关系和演化的纽带，是山地景区人地关系形成的直接原因。

第二，土地利用类型变化可以较为直观地表征山地景区人地关系空间分异特征，坡向、海拔和坡度是形成不同层次分异的主要影响因素，结合人均收入、GDP、产业结构等山地经济发展状况，社区人口、受教育水平、卫生与福利等社会发展状况构建评价山地旅游人地关系演化评价的概念模型，可以综合判断山地地域系统的主要功能、人地关系所处状态和演化阶段，能较好地体现人地关系要素及其相互作用与反馈的内容，在时间和空间层面提供了较好的人地关系演化评价和分析的基本框架。人地关系主要矛盾及解决方式是山地景区人地关系演化阶段划分的主要依据。

第三，山地景区人地关系演化具有阶段性。旅游业在山地景区的发展是一个从无到有，逐渐扩大和稳固的过程，其间不断与第一、第二产业进行对比和选择，通过观光休闲等新功能开发、资源利用方式多样化、促进环境保护、改善山地社会文化条件、推进山地经济开放开发等优势，逐渐提高了其在山地发展中的地位，促进山地从以农业为主要产业的落后地区向旅游景区转化，形成以旅游为驱动力的山地地域系统。在此期间，旅游对山地地域系统的作用力度不断加大，作用范围逐渐扩展，作用方式更加多样，与此同时，山地自然环境、社会文化和经济结构等发生变化，并对此作出响应和反馈，使山地地域系统的经济、社会、文化和生态等功能不断释放，有效巩固了旅游发展动力。旅游基础设施进一步完善，旅游产品不断提升，旅游驱动力的主导者从政府向多元主体转换，各利益相关者针对旅游的发展诉求从最初经济利益向人地关系协调变化，山地社会更加开放，产业结构更加合理，山地从自然地域环境转变为旅游地域环境，人地关系从低位不协调不断趋向高位协调。

山地景区人地关系演化具有空间分异性。空间分异受山地基面、气候类型、海拔、坡度、坡向、地质环境、地貌特征等自然因素影响大，使山地旅游资源的分布和适宜开发性具有不均匀性和相应的高梯度性，旅游要素相应地在山地地域内按照点、线、面等方式布局并不断拓展，增进旅游业发展和旅游功能的完善。空间拓展是作为"点"的旅游吸引物带动"点""线"共同发展的过程，"面"的发展具有滞后性和阶段性。

第四，山地景区人地关系演化的驱动力分为直接动力和间接动力。旅游业发展（旅游资源的产品化、旅游者的旅游活动行为和为之服务的旅游建设活动）是直接动力，与山地地貌、海拔、土地利用类型密切相关。间接动力主要包括山地景区地域系统内部的旅游政策、主要利益相关者、山地交通、山地生态环境、旅游营销，以及山地地域系统之外的国家和区域战略、旅游业发展与推广、社会和经济发展等，他们共同作用于直接动力，从而通过旅游业促进山地人地关系的演化。其中，旅游资源是驱动力形成的核心吸引力，旅游市场是核心推动力，经济发展诉求是山地旅游发展特别关注的目标。山地景区人地关系的变化是在以旅游为主要动力之下的多要素综合作用的结果，内部动力要素在各个山地地域系统有所不同，但普遍具有旅游资源优势，较易形成以旅游为主要功能的人地关系地域系统；且和其他地域系统相比具有交通条件差、经济发展水平低、生态环境脆弱等特征；在旅游发展过程中多关注经济发展诉求，环境保护也是工作的重点，旅游政策对此投入力度大；外部动力要素与其他旅游形式基本相同，因山地旅游资源能更好地满足市场需求而具有更为广泛和持久的市场潜力。

第五，在人类活动未及山地地域系统前，山地的物质运动和能量流动按照重力作用和生物化学反应等自然规律运转。人类活动是人地关系形成的必要条件，旅游是人地关系的特殊类型之一，增加了山地人地关系的要素、人一地之间相互作用的路径以及运行机制复杂程度。山地景区人地关系演化是以山地自然运行规律为基础，并通过资源与市场耦合对山地旅游形成的基础作用、旅游业与其他产业耦合推动山地产业选择、利益相关者耦合引导旅游正确发展方向和人地关系走向可持续、旅游要素空间分布与山地地理要素耦合顺应自然发展规律等方面，形成具有山地特色的旅游景区人地关系演化机制。为促进山地景区人地关系健康发展，宏观上应保证各利益相关者有共同的价值取向，以山地社会、经济和生态协调发展为根本目标；微观上对于旅游产品要凸显山地特色，要与旅游市场相契合并不断调整和提升。

第六，玉龙雪山景区拥有北半球纬度最低的山地冰川，旅游资源独特，山地垂直带谱多，高梯度效应明显，旅游人地关系具有明显的演化阶段性和空间分异性，是山地旅游景区人地关系演化分析的较好案例地。按旅游业及相关发展条件，玉龙雪山景区人地关系演化划分为 1992 年之前、1993—2005 年、2006 年至今三个阶段，其中第一阶段旅游业作为人地关系的新要素出现，人地关系的主要矛盾为玉龙雪山脆弱和艰苦环境与落后社会经济之间的对应性；第二阶段旅游业快速发展，人地关系的主要矛盾为旅游快速发展与其引发的社会、经济、环境之间的冲突；第三阶段旅游业持续稳定发展，人地关系主要矛盾的关键点再次转为玉龙雪山自然环境，人地关系逐渐趋向协调，旅游业与其他产业共同发展。整个演化过程体现出人地关系的旅游驱动作用明显，从低位不协调趋向高位协调。第二阶段土地利用变化主要集中于林地向裸地、裸地向特殊用地和水域向裸地的转换，与旅游建设和快速发展相对比，形成生态环境恶化的明显趋势。第三阶段因全球变暖，水域面积持续减少，主要由冰川消融造成，玉湖村附近的人工水面的增加也无法改变整体趋势，但林地面积明显增加，生态环境人为改善举措明显。玉湖村和甲子村作为与玉龙雪山景区发展关系最为密切的两个村落，近三十年的土地利用变化并不明显，但通过经济和社会文化指标可以发现具有明显的人地关系演化差异，表现在旅游经营参与方式、收入、社会经济结构等方面。经过旅游开发的长期探索过程，玉湖村和甲子村目前都已脱贫，耕地有所恢复，形成了以旅游驱动为主的人地关系发展模式。玉湖村形成了以乡村旅游为主，种植业和养殖业为辅，以旅游合作社为主要形式，村民自发参与的旅游客栈、旅游餐饮和旅游购物为辅的旅游产业格局；甲子村婚纱摄影、林果、药材种植和牦牛养殖等特色农牧产业共同发展，旅游服务则以村民参与玉龙雪山景区文艺演出、餐饮和住宿接待、交通运输及其他旅游服务工作为主要形式的社会经济状态。农村基础设施、教育、卫生和社会福利不断完善，人民安居乐业，人地关系趋向协调发展。东西坡之间、悬崖以及平地和缓坡之间、高中低海拔之间因降雨量、热量分布、风向等在地貌形成、植物生存、人类生活适宜性等产生景观和发展条件方面较大的差异，旅游要素和人地关系在空间上具有明显的分异特征。玉龙雪山景区人地关系空间拓展过程波动、可持续趋向明显，自然环境起基础作用，以政府为引领的旅游建设、管理、经营活动起决定性作用。地理和旅游要素耦合是玉龙雪山景区旅游人地关系存在的空间基础，自然地理要素及旅游作用方式是人地关系空间分异的直接原因，以政府为主导的利益相关者决定了人地关系的内容和发展方向，动力要素耦合推动人地关系协调发展。

8.2 研究的创新点

第一，将旅游作为重要驱动力解析山地景区这种以特殊自然地貌为背景的特定人地关系地域系统。自然环境演化有其自身的规律，人地关系演化的动力要素则较多，旅游作为社会经济发展的重要推动力量，会对区域特别是旅游目的地的生态、经济、社会文化产生深刻影响，并改变人地关系演化的过程、方向、运行机制。将旅游作为重要驱动力解析山地人地关系地域系统的构成、演化、运行机制，丰富了对山地地域系统演变的动力认知。通过玉龙雪山景区分析了具有独特冰川资源的中低纬度高海拔山地景区人地关系演化特征，为其他山地景区提供了可供参考的人地关系演化分析路径。

第二，构建了评价山地景区人地关系演化的概念模型。以区域社会经济以及环境要素指标对人地关系演化进程进行分析，可以较为全面地把握中宏观尺度区域发展状况，同一区域范围内微观尺度的环境变化则较难区分。通过构建评价山地景区人地关系演化的概念模型，以土地利用类型和社会经济指标综合代表人地关系系统要素的状态，以人地关系主要矛盾为不同阶段划分的依据，简化了中微观视角下一般人地关系分析的路径。

8.3 研究展望

马克思在《资本论》中提道："劳动首先是人和自然之间的过程，是人以自身活动来引起、调整和控制人和自然之间的过程。"人类的生产实践实质上是人与自然相互作用的过程，经济发展的过程实质上是人与自然相互作用程度不断加剧的过程。[①] 作为人类生产实践最基本的关系，人地关系伴随着人类社会发展始终，是一个不断演化的过程。

旅游作为人类社会、经济、文化发展到一定阶段的产物，必将成为未来人们关注的生活方式之一，旅游需求将会持续稳定发展。山地因其独特地理环境奠定了发展旅游业的先天优势，成为世界旅游目的地的重要构成。随着旅游市场和山地地域系统不断发展，其人地关系是否会出现新的要素、结构和动力机制变化，还需持续跟进。

除玉龙雪山景区之外，不同纬度和基带、不同海拔及相对高差、不同社会经济发展条件和政治体制下的山地旅游目的地人地关系演化是否有区别，相关案例可进一步推进，以验证现有理论是否存在局限性，并加以完善。

尽管玉龙雪山旅游开发较早，但甲子村和玉湖村的相关社会经济统计数据却较为缺乏，两村数据之间存在较大的时间差，也并非连续，人地关系演化定量分析只能通过土地利用类型及其面积变化、旅游业相关数据等途径解决。山地景区人地关系演化概念模型在逻辑上规范了一般分析路径，未来可在有条件的山地景区展开定量分析。

---

① 马建华，管华．系统科学及其在地理学中的应用 [M]．科学出版社，2003:44-47.

参考文献

外文：

[1] AGUSTINA B, PICKERING C M. Non-native Plant Invasion in Relation to Tourism Use of Aconcagua Park, Argentina, the Highest Protected Area in the Southern Hemisphere[J]. Mountain Research and Development.2014,34(1):13-26.

[2] ALMEIDA J, COSTA C, SILVA F N D. A framework for conflict analysis in spatial planning for tourism[J]. Tourism Management Perspectives, 2017(24):94-106.

[3] ANAND A, CHANDAN P, Singh R B. Homestays at Korzok: Supplementing Rural Livelihoods and Supporting Green Tourism in the Indian Himalayas[J]. Mountain Research and Development, 2012, 32(2):126-136.

[4] BANKI M B, ISMAIL H N, Muhammad IB. Coping with seasonality: A case study of family owned micro tourism businesses in Obudu Mountain Resort in Nigeria[J]. Tourism Management Perspectives,2016(18):141-152.

[5] BARROS A, MONZ C, PICKERING C. Is tourism damaging ecosystems in the Andes? Current knowledge and an agenda for future research[J]. AMBIO,2015(44):82-98.

[6] BARROS A, PICKERING C M. Non-native Plant Invasion in Relation to Tourism Use of Aconcagua Park, Argentina, the Highest Protected Area in the Southern Hemisphere. Mountain Research and Development[J],2014,34(1):13-26.

[7] BOIVIN M, TANGUAY G A. Analysis of the determinants of urban tourism attractiveness: The case of Quebec City and Bordeaux[J]. Journal of Destination Marketing & Management,2019(11): 67-79.

[8] BRIDA J G, DEIDDA M, PULINA M. Tourism and transport systems in mountain environments: analysis of the economic efficiency of cableways in South Tyrol[J]. Journal of Transport Geography,2014 (36):1-11.

[9] BULTER R W. The concept of a tourist area cycle of evolution: implications for management of resources[J]. Canadian geographer,1980,24(1):4-12.

[10] CHAKRABORTY A. Emerging Patterns of Mountain Tourism in a Dynamic

Landscape: Insights from Kamikochi Valley in Japan[J]. Land, 2020,9(4):103.

[11] CHARLES A, DARNE O, HOARAU J F. How resilient is La Reunion in terms of international tourism attractiveness: an assessment from unit root tests with structural breaks from 1981-2015[J]. Applied Economics, 2019,51(24):2639-2653.

[12] CHOENKWAN S, PROMKHAMBUT A, HAYAO F, et al. Does Agrotourism Benefit Mountain Farmers? A Case Study in Phu Ruea District, Northeast Thailand[J]. Mountain Research and Development, 2016, 36(2):162-172.

[13] CONNELL J, PAGE S J. Exploring the Spatial Patterns of Car-based Tourist Travel in Loch Lomond and Trossachs National Park, Scotland[J]. Tourism Management,2008,29(3):561-580.

[14] DAMM A, KÖBERL J, PRETTENTHALER F. Does Artificial Snow Production Pay Under Future Climate Conditions? A Case Study For A Vulnerable Ski Area In Austria[J]. Tourism Management, 2014(43):8-21.

[15] DAWSON J, SCOTT D. Managing for climate change in the alpine ski sector[J]. Tourism Management, 2013(35):244-254.

[16] DEBBAGE K G. Oligopoly and the resort cycle in the Bahamas[J]. Annals of Tourism Research, 1990, 17(4):513-527.

[17] DORA V. Setting and Blurring Boundaries: Pilgrims, Tourists, and Landscape in Mount Athos and Meteora[J]. Annals of Tourism Research,2012,39(2):951-974.

[18] EITZINGER C, WIEDEMANN P. Risk perceptions in the alpine tourist destination Tyrol-An exploratory analysis of residents' views[J]. Tourism Management,2007,28(3):911-916.

[19] FAULLANT R, MATZLER K, MOORADIAN T A. Personality, basic emotions, and satisfaction: Primary emotions in the mountaineering experience[J]. Tourism Management, 2011, 32(6):1423-1430.

[20] FREEMAN R E, KUJALA J, SACHS S, et al. Stakeholder Engagement: Practicing the Ideas of Stakeholder Theory: Stakeholder Engagement: Clinical Research Cases [C]. Cham: Springer International Publishing, 2017:1-12.

[21] GELDENHUYS L, MERWE P, SAAYMAN M. Setting the Table for Mountain Tourism: The Case of a South African National Park: Mountain Tourism: Experiences, Communities, Environments and Sustainable Futures[C], London: CPI Group Ltd,2016:310-318.

[22] GESSESSE B, BEWKET W, BRAEUNING A. Model-Based Characterization

and Monitoring of Runoff and Soil Erosion in Response to Land Use / land Cover Changes in the Modjo Watershed, Ethiopia[J]. Land Degradation and Development,2015,26(7):711-724.

[23] GIOS G, GOIO I, NOTARO S, et al. The Value of Natural Resources for Tourism: A Case Study of the Italian Alps[J]. International Journal of Tourism Research, 2006, 8(2):77-85.

[24] GUTIÉRREZ J, GONZÁLEZ R, GOMEZ G.The European High-speed Train Network: Predicted Effectson Accessibility Patterns[J]. Journal of Transport Geography,1996,4(4):227-238.

[25] HARDIMAN N, BURGIN S. Canyoning adventure recreation in the Blue Mountains World Heritage Area (Australia): The canyoners and canyoning trends over the last decade[J]. Tourism Management. 2011(32):1324-1331.

[26] HAVLÍKOVÁ M, STUPKOVÁ L C, PLÍŠKOVÁ L. Evaluation of sustainable tourism potential of the principle Giant Mountains resorts in the Czech Republic[J]. Environmental & Socio-economic Studies, 2019, 7(4): 26-35.

[27] HOY A, HÄNSEL S, MATSCHULLAT J. How can winter tourism adapt to climate change in Saxony's mountains?[J] Regional Environmental Change, 2011(11):459-469.

[28] HU Y, RITCHIE J R B. Measuring destination attractiveness: A contextual approach [J]. Journal of Travel Research, 1993,32(2):25-34.

[29] HUANG H Y B, WALL G, MITCHELL C J A. Creative destruction Zhujiajiao China[J]. Annals of Tourism Research, 2007, 34(4):1033-1055.

[30] HULL J S. Wellness Tourism Experiences in Mountain Regions: The Case of Sparkling Hill Resort: Mountain Tourism: Experiences, Communities, Environments and Sustainable Futures [C]. London: CPI Group Ltd, 2016:25-35.

[31] IVES J D, MESSERLI B. Progress in Theoretical and Applied Mountain Research, 1973-1989, and Major Future Needs[J]. Mountain Research and Development, 1990, 10(2):101-127.

[32] JOHNSTON C S. Shoring the foundations of the destination life cycle model, part 1: ontological and epistemological considerations[J]. Tourism Geographies, 2001, 3(1):2-28.

[33] KARIEL H G. Tourism and Society in four Austrian Alpine Communities[J]. GeoJournal,1993, 31(4): 449-456.

[34] KIM S, LEHTO X, KANDAMPULL J. The role of familiarity in consumer destination image formation[J]. Tourism Review, 2019,74(4):885-901.

[35]KLING K G, MARGARYAN L, FUCHS M. Equality in the outdoors: gender perspective on recreation and tourism media in the Swedish mountains[J]. Current Issues in Tourism,2020, 23(2):233-247.

[36]KOZAK M, MARTIN D. Tourism life cycle and sustainability analysis: Profit-focused strategies for mature destinations[J]. Tourism Management, 2012, 33(1):188-194.

[37]KUMAR V, KAUSHIK A K. Achieving destination advocacy and destination loyalty through destination brand identification[J]. Journal of Travel & Tourism Marketing, 2017, 34(9): 1247-1260.

[38]LACITIGNOLA D, PETROSILLO I, CATALDI M, et al. Modelling socio-ecological tourism-based systems for sustainability[J]. Ecological Modelling, 2007, 206(1/2):191-204.

[39]LAI P, NEPAL S K. Local perspectives of ecotourism development in Tawushan Nature Reserve, Taiwan[J]. Tourism Manageme nt,2006,27(6):1117-1129.

[40]LEE C F, HUANG H I, CHEN W C. The determinants of honeymoon destination choice-the case of Taiwan[J]. Journal of Travel & Tourism Marketing, 2010,27(7):676-693.

[41]LEIPER N. Tourist attraction systems[J]. Annals of Tourism Research,1990,17(3):367-384.

[42]LIU J, DIETZ T, CARPENTER S R, et al. Complexity of Coupled Human and Natural Systems[J]. Science, 2007,317(5844):1513-1516.

[43]LIU Y, DENG W, PENG L. Building a framework of evaluating human–environment relationships: Considering the differences between subjective evaluations and objective assessments[J]. Sustainability,2020,12(1):167.

[44]LUTHE T, WYSS R, SCHUCKERT M. Network governance and regional resilience to climate change: empirical evidence from mountain tourism communities in the Swiss Gotthard region[J]. Regional Environmental Change, 2012, 12(4):839-854.

[45]LYON A, HUNTER-JONES P, WARNABY G. Are we any closer to sustainable development? Listening to active stakeholder discourses of tourism development in the Waterberg Biosphere Reserve, South Africa[J]. Tourism Management, 2017(61):234-247.

[46]MAANI K E, MAHARAJ V. Links between systems thinking and complex decision making[J]. System Dynamics Review, 2004, 20(1):21-48.

[47]MACLELLAN L R, DIEKE P U C, THAPA B K. Mountain tourism and public

policy in Nepal: Tourism and Development in Mountain Regions[C]. London: AMA Dataset Ltd,2000:173-198.

[48]MARLOWE B, BURKE A. Non-government Organizations' Mountain Management: A Sustainable Support Model for Southern Oregon's Mountain Destinations: Mountain Tourism: Experiences, Communities, Environments and Sustainable Futures[C]. London: CPI Group Ltd,2016:341-352.

[49]MOORE W, WHITEHALL P. The tourism area lifecycle and regime switching models[J]. Annals of Tourism Research, 2005, 32(1):112-126.

[50]MUSSALAM G Q, TAJEDDINI K. Tourism in Switzerland: How perceptions of place attributes for short and long holiday can influence destination choice[J]. Journal of Hospitality and Tourism Management 2016 (26) :18-26.

[51]NEEDHAM M D, ROLLINS R B. Interest group standards for recreation and tourism impacts at ski areas in the summer[J]. Tourism Management, 2005, 26(1):1-13.

[52]NEPAL S K. Mountain ecotourism and sustainable development: Ecology, economics, and ethics[J]. Mountain Research and Development, 2002, 22(2): 104-109.

[53]NEPAL S K. Tourism and Change in Nepal's Mt. Everest Region: Mountain Tourism: Experiences, Communities, Environments and Sustainable Futures[C]. London: CPI Group Ltd,2016:270-279.

[54]NEPAL S K. Tourism in protected areas: The Nepalese Himalaya[J]. Annals of Tourism Research, 2000,27(3):661-681.

[55]NEWPANEY R, Lee S K. Mountain Tourism Development and Impact of Tourism: A case study of Himalayan State Sikkim[J]. 호텔경영학연구, 2016, 25(7): 329-349.

[56]OOI N, LAING J, MAIR J. Sociocultural change facing ranchers in the Rocky Mountain West as a result of mountain resort tourism and amenity migration[J]. Journal of Rural Studies, 2015, 41:59-71.

[57]PENG H, ZHANG J, LU L, et al. Eco-efficiency and its determinants at a tourism destination: A case study of Huangshan National Park, China[J]. Tourism Management, 2017(60):201-211.

[58]POMFRET G. Mountaineering adventure tourists: A conceptual framework for research[J]. Tourism Management, 2006, 27(1):113-123.

[59]POMFRET G. Personal emotional journeys associated with adventure activities on packaged mountaineering holidays[J]. Tourism Management

Perspectives,2012(4):145-154.

[60]PRICE M F. Patterns of the Development of Tourism in Mountain Environments[J]. GeoJournal, 1992(27): 87-96.

[61]QIAN C, SASAKI N, SHIVAKOTI G, et al. Effective governance in tourism development- An analysis of local perception in the Huangshan mountain area[J]. Tourism Management Perspectives, 2016 (20):112-123.

[62]MERINERO-RODRÍGUEZ R, PULIDO-FERNÁNDEZ J I. Analysing relationships in tourism: A review[J]. Tourism Management, 2016(54):122-135.

[63]REHNUS M, WEHRLE M, PALME R. Mountain hares Lepus timidus and tourism: stress events and reactions[J]. Journal of Applied Ecology, 2014, 51(1):6-12.

[64]REIMER J K, WALTER P. How do you know it when you see it? Community-based ecotourism in the Cardamom Mountains of southwestern Cambodia[J]. Tourism Management, 2013 (34):122-132.

[65]RICHARD H. JOHNSEN S. HULL J S. Overview of Mountain Tourism: Substantive Nature, Historical Context, Areas of Focus: Mountain Tourism: Experiences, Communities, Environments and Sustainable Futures[C]. London: CPI Group Ltd,2016:1-12.

[66]RIXEN C, TEICH M, LARDELLI C, et al. Winter Tourism and Climate Change in the Alps: An Assessment of Resource Consumption, Snow Reliability, and Future Snowmaking Potential[J]. Mountain Research and Development,2011,31(3):229-236.

[67]SCHMIDT J T, WERNER CH, RICHINS H. Mountain Tourism in Germany:Challenges and Opportunities in Addressing Seasonality at Garmisch-Partenkirchen: Mountain Tourism: Experiences, Communities, Environments and Sustainable Futures[C]. London: CPI Group Ltd,2016:255-269.

[68]SENETRA A, DYNOWSKI P, CIES´LAK I, et al. An Evaluation of the Impact of Hiking Tourism on the Ecological Status of Alpine Lakes-A Case Study of the Valley of Dolina Pieciu Stawów Polskich in the Tatra Mountains[J]. Sustainability,2020,12(7).

[69]SERQUET G, REBETEZ M. Relationship between tourism demand in the Swiss Alps and hot summer air temperatures associated with climate change[J]. Climatic Change, 2011, 108(1-2):291-300.

[70]SINGH R B, MAL S, KALA C P. Community Responses to Mountain Tourism: A Case in Bhyundar Valley, Indian Himalaya[J]. Journal of Mountain Science

, 2009, 6(4):394-404.

[71] SINGH S. Secular pilgrimages and sacred tourism in the Indian Himalayas[J]. GeoJournal, 2005, 64(3):215-223.

[72] SINGH S. The tourism area 'life cycle': A clarification[J]. Annals of Tourism Research, 2011, 38(3):1185-1187.

[73] STEINICKE E, NEUBURGER M. The Impact of Community-based Afro-alpine Tourism on Regional Development[J]. Mountain Research and Development, 2012, 32(4):420-430.

[74] PRATT S. Economic linkages and impacts across the TALC[J]. Annals of Tourism Research, 2011, 38(2):630-650.

[75] STROMA E, KERSTEIN R B. Mountains and muses: Tourism development in Asheville, North Carolina[J]. Annals of Tourism Research,2015(52):134-147.

[76] TAHER S H M, JAMAL S A, SUMARJAN N, et al. Examining the structural relations among hikers' assessment of pull-factors, satisfaction and revisit intentions: The case of mountain tourism in Malaysia[J]. Journal of Outdoor Recreation & Tourism, 2015(12):82-88.

[77] TAMPAKIS S, ANDREA V, KARANIKOLA P, et al. The Growth of Mountain Tourism in a Traditional Forest Area of Greece[J]. Forests,2019,10(11):1022.

[78] VALAORAS G. Conservation and Development in Greek Mountain Areas: Tourism and Development in Mountain Regions[C]. London: AMA Dataset Ltd,2000:69-83.

[79] WANG S, HE Y, SONG X. Impacts of Climate Warming on Alpine Glacier Tourism and Adaptive Measures: A Case Study of Baishui Glacier No. 1 in Yulong Snow Mountain, Southwestern China[J]. Journal of Earth Science,2010,21(2):166-178.

[80] WANG J, LIU H, MING Q. The Composition of Mountain Tourism Attractiveness in Coastal Provinces: Case Study of Guangxi[J]. Journal of Coastal Research, 2020,103(S1):1153-1157.

[81] WANG J, MING Q, LOU S, et al. The Conceptual Model of Evaluating Human-environment Relationship in Mountain Tourism Destination[J]. Basic & Clinical Pharmacology & Toxicology,2020, 127(SI):163.

[82] WANG S, CHE Y, PANG H, et al. Accelerated changes of glaciers in the Yulong Snow Mountain, Southeast Qinghai-Tibetan Plateau[J]. Regional Environmental Change,2020,20(38):1-13.

[83] WANG Y, HUANG L, LI J, et al. The mechanism of tourism slogans on travel intention based on Unique Selling Proposition (USP) theory[J]. Journal of

Travel & Tourism Marketing,2019, 36(4):415-427.

[4] 蔡瀚赓 . 云南省边境地区交通与旅游耦合分析及其驱动机制研究 [D]. 昆明 : 云南师范大学 , 2019.

[5] 蔡林 . 系统动力学在可持续发展研究中的应用 [M]. 北京 : 中国环境科学出版社 ,2008:22-27.

[6] 蔡运龙 . 持续发展——人地系统优化的新思路 [J]. 应用生态学报 ,1995,6(3):329-333.

[7] 蔡运龙 . 人地关系研究范型 : 哲学与伦理思辨 [J]. 人文地理 ,1996(1):1-6.

[8] 曹芳东 , 黄震方 , 余凤龙 , 等 . 国家级风景名胜区旅游效率空间格局动态演化及其驱动机制 [J]. 地理研究 ,2014,33(6):1151-1166.

[9] 曹洪 , 曹凯 , 刘立军 . 湖南省域经济社会地域分异规律探讨 [J]. 国土资源科技管理 , 2010, 27(4): 47-53.

[10] 曹诗图 , 李锐锋 . 旅游功能新论 [J]. 武汉科技大学学报 (社会科学版), 2011, 13(1): 47-52.

[11] 岑乔 , 黄玉理 . 基于旅游者认知的山地旅游安全现状调查研究 [J]. 生态经济 , 2011(10):147-151.

[12] 曾光初 . 系统动力 (态) 学与草原生态 [J]. 草业科学 , 1988(3):54-59.

[13] 陈德广 . 旅游驱动力研究——基于开封市城市居民出游行为的微观分析 [D]. 开封 : 河南大学 ,2007.

[14] 陈海鹰 , 杨桂华 . 社区旅游生态补偿贡献度及意愿研究——玉龙雪山案例 [J]. 旅游学刊 , 2015(8):56-68.

[15] 陈慧琳 . 南方岩溶区人地系统的基本地域分异探讨 [J]. 地理研究 ,2000,19(1):73-79.

[16] 陈金华 . 基于环境感知的旅游型海岛和谐人地关系研究——以台湾海峡西岸鼓浪屿、湄洲岛为例 [J]. 广东海洋大学学报 , 2010, 30(2):22-26.

[17] 陈贤用 . 试论地域分异规律研究的历史现状及趋势 [J]. 河北师范大学学报 , 1987(1): 29-38.

[18] 陈兴 . 中国西部山地旅游可持续发展战略思考 [J]. 西南民族大学学报 (人文社会科学版), 2013,34(02):153-155.

[19] 陈雪婷 . 旅游地域系统的复杂性研究 [D]. 长春 : 东北师范大学 , 2015:34-37.

[20] 陈宇琳 . 阿尔卑斯山地区的政策演变及瑞士经验评述与启示 [J]. 国际城市规划 , 2007, 22(06):63-68.

[21] 程根伟 , 钟祥浩 , 郭梅菊 . 山地科学的重点问题与学科框架 [J]. 山地学报 , 2012, 30(06):747-753.

[22] 程鸿 . 我国山地资源的开发 [J]. 山地研究 ,1983,1(2):1-7.

[23] 程瑞芳 , 程钢海 . 乡村振兴 : 乡村旅游多元价值功能响应调整及开发路径 [J]. 河北经贸大学学报 , 2019,40(6):75-81.

[24] 程钰 , 王亚平 , 张玉泽 , 等 . 黄河三角洲地区人地关系演变趋势及其影响因素 [J]. 经济地理 , 2017, 37(2) :83-89,97.

[25]程钰.人地关系地域系统演变与优化研究 ——以山东省为例 [D].济南:山东师范大学,2014.

[26]程占红,牛莉芹.芦芽山旅游开发对不同植被层物种多样性的影响 [J].山地学报,2008(s1):3-10.

[27]池雄标.论政府旅游营销行为的理论依据 [J].旅游学刊,2003,18(3):58-61.

[28]褚庆林.试论地理环境与人地系统 [J].南京师大学报(自然科学版),1994,17(4):91-96.

[29]邓亚静.山地高梯度效应及其应用初步研究——以纵向岭谷区白马雪山为例 [D].昆明:云南师范大学,2007.

[30]邓伟,程根伟,文安邦.中国山地科学发展构想 [J].中国科学院院刊,2008,23(2):156-161.

[31]邓伟,熊永兰,赵纪东,等.国际山地研究计划的启示 [J].山地学报,2013,31(3):377-384.

[32]山地高梯度效应及其应用初步研究 [D].昆明:云南师范大学,2007.

[33]丁锡祉,郑远昌.初论山地学 [J].山地研究,1986,4(3):179-186.

[34]董锁成,薛梅.民族地区经济社会地域分异规律探讨 [J].中央民族大学学报(哲学社会科学版),2008,35(2):63-67.

[35]杜建括,辛惠娟,何元庆,等.玉龙雪山现代季风温冰川对气候变化的响应 [J].地理科学,2013,33(7):890-896.

[36]段晓君,尹伊敏,顾孔静.系统复杂性及度量 [J].国防科技大学学报,2019,41(1):191-198.

[37]樊杰,王亚飞,梁博.中国区域发展格局演变过程与调控 [J].地理学报,2019,74(12):2437-2454.

[38]樊杰."人地关系地域系统"是综合研究地理格局形成与演变规律的理论基石 [J].地理学报,2018,73(4):597-607.

[39]樊杰.中国人文与经济地理学者的学术探究和社会贡献 [M].北京:商务印书馆,2016:10-24.

[40]樊杰."人地关系地域系统"学术思想与经济地理学 [J].经济地理,2008,28(2):177-183.

[41]樊杰.人地系统可持续过程、格局的前沿探索 [J].地理学报,2014,69(8):1060-1068.

[42]方创琳,WEI YD.河西地区可持续发展能力评价及地域分异规律 [J].地理学报,2001,56(5):561-569.

[43]方创琳.区域发展规划的人地系统动力学基础 [J].地学前缘,2000(S2):5-10.

[44]方创琳.中国人地关系研究的新进展与展望 [J].地理学报,2004,59(s):21-32.

[45]房艳刚.城市地理空间系统的复杂性研究 [D].长春:东北师范大学,2006.

[46]冯德显.山地旅游资源特征及景区开发研究 [J].人文地理,2006(6):67-70.

[47]冯彦光,钟远平,杨俊玲.山地生态经济集群开发特征与路径分析 [J].地域研究与开发,2012,31(2):26-31,53.

[48]冯彦光,翁天均.山地经济:山区开发的理论与实践 [M].北京:科学出版社,2013:18.

[49]冯卫红.基于人地关系的生态旅游地域系统演变定量分析.人文地理,2006,21(4):

74-78.

[50] 冯应斌,龙花楼.中国山区乡村聚落空间重构研究进展与展望[J].地理科学,2020,39(5):866-879.

[51] 甘国辉,杨国安.地理学与地理系统复杂性研究[J].系统辩证学学报,2004,12(3):78-83.

[52] 龚胜生.论中国可持续发展的人地关系协调[J].地理学与国土研究,2000,16(1):7-13.

[53] 龚伟,赵中华.乡村旅游社区景观空间演化研究[J].世界地理研究,2014,23(3):140-148.

[54] 关健飞,王继华,张雪萍,等.旅游干扰对五大连池药泉山土壤真菌群落结构影响[J].地理科学,2016,36(5):772-779.

[55] 管文,熊绍华.从学科学的角度谈旅游地理学的几个理论问题[J].旅游学刊,1993,8(5):44-47.

[56] 郭安禧,郭英之,孙雪飞,等.国外旅游目的地吸引力研究述评与展望[J].世界地理研究,2016,25(5):153-166.

[57] 郭彩玲.我国山地旅游资源特征及可持续开发利用对策探讨[J].地域研究与开发,2006,25(3):56-59.

[58] 郭华.国外旅游利益相关者研究综述与启示[J].人文地理,2008(2):100-105.

[59] 郭渠,李永华,孙佳,等.秦巴山区的生态旅游气候资源——以重庆城口县为例[J].山地学报,2006,34(1):54-62.

[60] 国家旅游局规划财务司.中国旅游度假区发展报告2009[M].北京:旅游教育出版社,2010:15.

[61] 国际山地旅游联盟.世界山地旅游发展趋势报告(2020版)[R/OL].(2020-05-29)[2021-01-07]. http://www.imtaweb.net/xwzx/lmdt/20210107/20210107_623456.shtml.

[62] 韩国圣,吴佩林,黄跃雯,等.山地旅游发展对社区居民的去权与形成机制——以安徽天堂寨旅游区为例[J].地理研究,2013,32(10):1948-1963.

[63] 韩国圣.山地旅游发展的社区能力研究——以安徽六安天堂寨景区周边村落为例[D].南京:南京大学,2011.

[64] 韩茂莉.人地关系研究中的多元视角[J].云南大学学报(社会科学版),2019,18(6):53-56.

[65] 韩永学.人地关系协调系统的建立——对生态伦理学的一个重要补充[J].自然辩证法研究,2004,20(5):5-9.

[66] 何成军,李晓琴,曾诚.乡村振兴战略下美丽乡村建设与乡村旅游耦合发展机制研究[J].四川师范大学学报(社会科学版),2019,46(2):101-109.

[67] 何小芊.旅游地人地关系协调与可持续发展[J].社会科学家,2011(6):74-77.

[68] 何元庆,章典.气候变暖是玉龙雪山冰川退缩的主要原因[J].冰川冻土,2004,26(2):

230-231.

[69] 侯文静 . 山地旅游休闲度假目的地评价指标体系研究 [D]. 北京：北京交通大学 ,2012.

[70] 胡宝清 , 曹少英 , 江洁丽 , 等 . 广西喀斯特地区可持续发展能力评价及地域分异规律 [J].
广西科学院学报 , 2006, 22(1):39-43.

[71] 胡炜霞 , 朱林珍 , 闫宇 , 等 . 旅游影响下山西皇城相府景区周边环境空间演变机制 [J].
干旱区资源与环境 , 2018, 32(6): 202-208.

[72] 胡文海 , 孙建平 , 余菲菲 . 安徽省区域旅游经济发展的时空格局演变 [J]. 地理研究 ,
2015, 34(9): 1795-1806.

[73] 胡玉奎 . 系统动力学 [M]. 北京：中国科技咨询服务中心 , 预测开发公司 ,1984:11-16.

[74] 胡兆量 . 山区人地关系特征与开发的阶段性 [J]. 经济地理 , 1991(2):10-12.

[75] 黄秉维 . 论地球系统科学与可持续发展战略科学基础（Ⅰ)[J]. 地理学报 ,1996(4):350-
354.

[76] 黄成林 . 黄山旅游旺季游客超载调控措施研究 [J]. 经济地理 ,1992,12(3):85-89.

[77] 黄金火 , 吴必虎 . 区域旅游系统空间结构的模式与优化——以西安地区为例 [J]. 地理科
学进展 ,2005,24(1):116-126.

[78] 黄松 . 桂西地区人地关系类型划分及其特征研究——民族地区地质公园建设与旅游开发
系列论文之二 [J]. 广西师范大学学报（自然科学版),2008,26(3):75-79.

[79] 黄夏斐 . 广西旅游产业与区域经济的耦合关系研究 [D], 广州：华南理工大学 ,2019.

[80] 黄震方 , 黄睿 . 基于人地关系的旅游地理学理论透视与学术创新 [J]. 地理研究 , 2015,
34(1):15-26.

[81] 江晓波 . 中国山地范围界定的初步意见 [J]. 山地学报 ,2008,26(2):129 -136.

[82] 蒋潞遥 . 重庆市万州区人地关系地域系统协同发展研究 [D]. 重庆：西南大学 , 2019:
27-36.

[83] 蒋英 . 山岳型旅游地绿色旅游开发研究——以西双版纳孔明山旅游区为例 [D]. 昆明：云
南师范大学 , 2008.

[84] 敬博 , 李同昇 , 祁航 , 等 . 基于供需匹配模型的秦巴山区人地关系均衡状态及空间管控
研究 [J]. 长江流域资源与环境 ,2020,29(3):654-667.

[85] 冷泉 . 玉龙雪山省级自然保护区保护价值及效益评价浅析 [J]. 农业开发与装备 ,
2019(03): 64-66.

[86] 黎曙 . 云南省旅游经济与生态环境耦合协调发展研究 [D]. 昆明：云南师范大学 ,2018.

[87] 李东 . 山地休闲度假旅游适宜度评价体系构建与实证研究——以伊犁地区为例 [J]. 干旱
区地理 , 2015,38(2):403-410.

[88] 李飞 . 论旅游外交：层次、属性和功能 [J]. 旅游学刊 , 2019,34(3):113-124.

[89] 李锋 . 国外旅游政策研究：进展、争论与展望 [J]. 旅游科学 , 2015,29(01):62-79.

[90] 李后强 . 人地系统中的差异协同——兼论可持续发展战略的科学基础 [J]. 云南大学学报：
自然科学版 ,1997(S1):119-121.

[91] 李佳，陈佳，杨新军．旅游社会—生态系统的运行机制——以西安市上王村为例 [J]. 地理研究，2015, 34(5):977-990.

[92] 李军，陈志钢．旅游生命周期模型新解释——基于生产投资与需求分析 [J]. 旅游学刊，2014(3):58-72.

[93] 李开明，陈世峰，康玲芬，等．中国大陆型冰川和海洋型冰川变化比较分析——以天山乌鲁木齐河源 1 号冰川和玉龙雪山白水河 1 号冰川为例 [J]. 干旱区研究，2018, 35(01): 12-19.

[94] 李满春，姚梦汝，汪侠，等．基于引文分析法的"点—轴系统"理论研究述评 [J]. 地理科学进展，2019, 38(2):164-174.

[95] 李娜娜．高校科技成果转化系统动力研究 [D]. 太原：山西财经大学，2015.

[96] 李萍，王倩，Chris Ryan．旅游对传统村落的影响研究——以安徽齐云山为例 [J]. 旅游学刊，2012, 27(4):57-63.

[97] 李秋成，周玲强，范莉娜．社区人际关系、人地关系对居民旅游支持度的影响——基于两个民族旅游村寨样本的实证研究 [J]. 商业经济与管理，2015,281(3):75-83.

[98] 李瑞．伏牛山旅游发展空间差异研究 [J]. 经济地理，2006, 26(3):538-540,544.

[99] 李树民．试论地理环境的地域分异规律 [J]. 地域研究与开发，1988(4):56-58.

[100] 李文亮，翁瑾，杨开忠．旅游系统模型比较研究 [J]. 旅游学刊,2005,20(2):20-24.

[101] 李小云，杨宇，刘毅．中国人地关系的历史演变过程及影响机制 [J]. 地理研究，2018, 37(8): 1495-1514

[102] 李旭．社会系统动力学：政策研究的原理、方法和应用 [M]. 上海：复旦大学出版社，2009:19.

[103] 李宜聪，张捷，刘泽华，等．目的地居民对旅游影响感知的结构关系——以世界自然遗产三清山为例 [J]. 地理科学进展，2014, 33(4):584-592.

[104] 李永文．中国旅游资源地域分异规律及其开发研究 [J]. 旅游学刊，1995(2):45-48.

[105] 李跃军，孙虎．水土流失对山地旅游地水体观光功能影响研究 [J]. 山地学报，2009, 27(6): 698-702.

[106] 李贞，保继刚．旅游开发对丹霞山植被的影响研究 [J]. 地理学报，1998(6):554-561.

[107] 梁冰瑜，彭华，翁时秀．旅游发展对乡村社区人际关系的影响研究——以丹霞山为例 [J]. 人文地理，2015(1):129-134.

[108] 梁家琴，杨效忠，冯立新，等．供需双方对景区文化偏好的差异性研究——以天柱山风景区为例 [J]. 旅游学刊，2012, 27(7):41-48.

[109] 刘安乐，王成，杨承玥，等．边疆山区旅游城市的交通与旅游发展耦合关系——以丽江市为实证案例 [J]. 经济地理,2018,38(1):196-203.

[110] 刘传，董静，邱守明．普达措国家公园旅游生命周期评判 [J]. 西南林业大学学报（自然科学), 2017,37(3):178-182.

[111] 刘登强．延河流域土地利用 / 覆盖变化研究 [D]. 咸阳：西北农林科技大学,2016.

[112] 刘峰.旅游系统规划——一种旅游规划新思路 [J].地理学与国土研究，1999, 15(1): 56-60.

[113] 刘静艳.从系统学角度透视生态旅游利益相关者结构关系 [J].旅游学刊，2006, 21(5):17-21.

[114] 刘凯，任建兰，张理娟，等.人地关系视角下城镇化的资源环境承载力响应——以山东省为例 [J].经济地理,2016,36(9):77-84.

[115] 刘瑞，朱道林.基于转移矩阵的土地利用变化信息挖掘方法探讨 [J].资源科学，2010,32(8):1544-1550.

[116] 刘纬华.关于社区参与旅游发展的若干理论思考 [J].旅游学刊,2000,15(1):47-52

[117] 刘彦随，邓旭升，胡业翠.广西喀斯特山区土地石漠化与扶贫开发探析 [J].山地学报，2006, 24 (2):228-233.

[118] 刘彦随，周扬，李玉恒.中国乡村地域系统与乡村振兴战略 [J].地理学报,2019,74(12):2511-2528.

[119] 刘彦随.土地类型结构格局与山地生态设计 [J].山地学报，1999, 17(2):104-109.

[120] 刘彦随.现代人地关系与人地系统科学 [J].地理科学，2020,40(8):1221-1234.

[121] 刘耀彬，李仁东，宋学锋.中国区域城市化与生态环境耦合的关联分析 [J].地理学报,2005, 60(2):237-247.

[122] 刘毅.论中国人地关系演进的新时代特征——"中国人地关系研究"专辑序言 [J].地理研究，2018, 37(8):1477-1484.

[123] 刘英基，韩元军.要素结构变动、制度环境与旅游经济高质量发展 [J].旅游学刊，2020, 35(3):28-38.

[124] 刘长运，茆长荣.景区依附型旅游小企业发展特征——以丹霞山为例 [J].经济地理，2007, 27(4):579-583.

[125] 龙亚萍，李立华.四川省山地旅游气候资源评价 [J].山地学报，2018,36(1):116-124.

[126] 娄思元.基于旅游者空间行为的边境区域旅游空间效应研究——以云南省德宏州为例 [D].昆明：云南师范大学,2018.

[127] 鲁芬.旅游景区生态化水平测度研究 [D].昆明：云南师范大学,2017.

[128] 陆大道，樊杰.区域可持续发展研究的兴起与作用 [J].中国科学院院刊，2012, 27(3): 290-300, 319.

[129] 陆大道，郭来喜.地理学的研究核心——人地关系地域系统——论吴传钧院士的地理学思想与学术贡献 [J].地理学报,1998(2):97-105.

[130] 陆大道.关于地理学的"人—地系统"理论研究 [J].地理研究，2002, 21(2):135-145.

[131] 陆大道.关于"点—轴"空间结构系统的形成机理分析 [J].地理科学，2002, 22(1):1-6.

[132] 陆大道，刘彦随，方创琳，等.人文与经济地理学的发展和展望 [J].地理学报 2020, 75(12): 2570-2592.

[133] 陆林，鲍捷，凌善金，等．桂林—漓江—阳朔旅游地系统空间演化模式及机制研究 [J]. 地理科学，2012, 32(9):1066-1074.

[134] 陆林．山岳旅游地旅游者动机行为研究——黄山旅游者实证分析 [J]. 人文地理，1997, 12(1):6-10.

[135] 陆林．山岳型旅游地生命周期研究——安徽黄山、九华山实证分析 [J]. 地理科学，1997(1):63-69.

[136] 陆林．山岳风景区国际旅游经济效益探析——以黄山国际旅游业为例 [J]. 旅游学刊，1991, 6(1):39-45

[137] 罗金华．人地关系协调视角的森林旅游产品绿色开发 [J]. 林业经济问题，2009, 29(5):464-470.

[138] 罗明义．关于建立健全我国旅游政策的思考 [J]. 旅游学刊,2008,23(10):6-7.

[139] 罗平，李满春，雷元新，等．基于经典地理过程分析概念的 CA 模型扩展 [J]. 武汉大学学报（工学版），2004,37(5):85-89.

[140] 骆华松，杨世瑜．丽江市旅游地质资源系统与人地关系系统的相互作用 [J]. 云南地理环境研究,2005,17(5):40-46.

[141] 骆华松，杨世瑜．旅游地质资源与人地关系复合系统区划的探讨——以丽江市为例 [J]. 云南师范大学学报（哲学社会科学版),2008,40(3):31-35.

[142] 鲁韦坤，李湘，余凌翔，等．云南省陆地生态系统和土地利用类型的 NDVI 时空变化特征 [J]. 气象与环境科学,2020,43(3):71-77.

[143] 吕曾哲舟，黄晓霞，王琇瑜，等．玉龙雪山牦牛坪高山草甸的干扰格局分析 [J]. 自然资源学报,2019, 34(6):1223-1231.

[144] 吕君．面向北京地区的内蒙古旅游营销对策分析 [J]. 干旱区资源与环境，2011, 25(6): 201-205.

[145] 吕拉昌．中国人地关系协调与可持续发展方法选择 [J]. 地理学与国土研究，1999(2): 14-17.

[146] 吕拉昌．人地关系操作范式探讨 [J]. 人文地理,1998(2):18-21.

[147] 吕连琴．河南山地旅游开发问题与对策 [J]. 地域研究与开发,2006,25(3):60-64.

[148] 马蔼乃．地理复杂系统与地理非线性复杂模型 [J]. 统辩证学学报,2001,9(4):19-23.

[149] 马建华，管华．系统科学及其在地理学中的应用 [M]. 北京：科学出版社,2003:95-100.

[150] 马骏．基于生态环境阈限与旅游承载力背景下生物多样性保护策略研究——以世界自然遗产武陵源核心景区为例 [J]. 经济地理,2016,36(4):195-202.

[151] 马凌，朱竑．面向人的存在的旅游功能再认识研究:基于人文主义的视角 [J]. 旅游学刊，2018, 33(06):14-23.

[152] 马耀峰，刘军胜．基于供需视角的国内外旅游耦合研究审视 [J]. 陕西师范大学学报（自然科学版),2014,42(6):76-84.

[153] 马耀峰，张春晖，刘军胜，等．旅游耦合——可持续发展研究新路径 [J]. 旅游导刊，

2018, 2(3): 1-19.

[154] 毛汉英 . 山东省可持续发展指标体系初步研究 [J]. 地理研究 , 1996, 15(4): 16-23.

[155] 毛汉英 . 区域可持续发展机理与调控 : 地理学发展与创新 [C]. 北京 : 科学出版社 , 1999: 87-90.

[156] 毛汉英 . 人地系统优化调控的理论方法研究 [J]. 地理学报 ,2018,73(4):608-619.

[157] 迈克尔 · C · 杰克逊 . 系统思考 : 适于管理者的创造性整体论 [M]. 高飞 , 李萌 , 译 . 北京 : 中国人民大学出版社 , 2005:66.

[158] 明庆忠 , 史正涛 , 邓亚静 , 等 . 试论山地高梯度效应——以横断山地的自然—人文景观效应为例 [J]. 冰川冻土 , 2006, 28(6):925-930.

[159] 明庆忠 , 陈英 . 旅游产业地理 : 旅游地理学研究的核心与主题 [J]. 云南师范大学学报 (哲学社会科学版),2009,41(2):51-56.

[160] 明庆忠 , 郭树荣 , 角媛梅 . 山地高梯度森林生物质能效应研究 (Ⅰ): 研究方法 [J]. 山地学报 , 2011,29(4):409-416.

[161] 明庆忠 . 旅游开发影响效应研究 [M]. 北京 : 科学出版社 ,2007:133-147.

[162] 明庆忠 . 山地人地关系协调优化的系统性基础研究——山地高梯度效应研究 [J]. 云南师范大学学报 (哲学社会科学版),2008,40(2):4-10.

[163] 明庆忠 . 边疆山区旅游与交通空间结构演变及效应研究 [M]. 北京 : 社会科学文献出版社 ,2017.

[164] 明庆忠 . 人地关系和谐 : 中国可持续发展的根本保证——一种地理学的视角 [J]. 清华大学学报 (哲学社会科学版),2007,6(22):114-121,142.

[165] 明庆忠 . 试论旅游学研究的理论基础 [J]. 昆明大学学报 ,2006,17(2):7-9.

[166] 明庆忠 . 走出中国资源环境困局的新思维 : 山—海战略 [J]. 云南师范大学学报 (哲学社会科学版),2011,43(3): 44-51.

[167] 穆学青 , 郭向阳 , 明庆忠 . 多维贫困视角下县域旅游扶贫效率时空演化及影响机理——以云南 25 个边境县 (市) 为例 [J]. 经济地理 2020,40(11):199-210.

[168] 倪欣欣 , 马仁锋 , 胡传东 . 人地关系视角旅游道德研究架构 [J]. 云南地理环境研究 , 2014, 26(1):67-73.

[169] 宁宝英 , 何元庆 , 和献中 , 等 . 玉龙雪山冰川退缩对丽江社会经济的可能影响 [J]. 冰川冻土 , 2006,28 (6):885-892.

[170] 牛莉芹 , 程锦红 , 程占红 , 等 . 山地型景区旅游从业者对旅游环境认知水平的研究 [J]. 山西大学学报 (自然科学版), 2016, 39(3):519-527.

[171] 潘玉君 . "中国 21 世纪议程" 与地理科学前沿 [J]. 科学学研究 , 1997(02):96-99.

[172] 潘玉君 . 人地关系地域系统协调共生应用理论初步研究 [J]. 人文地理 ,1997(3):79-83.

[173] 彭华 . 旅游发展驱动机制及动力模型探析 [J]. 旅游学刊 ,1999(6):39-44.

[174] 平措卓玛 , 徐秀美 . 珠峰登山旅游碳足迹及碳效用分析 [J]. 西藏大学学报 (社会科学版), 2016,31(1):145-149.

[175] 祁洪玲，刘继生，梅林. 国内外旅游地生命周期理论研究进展 [J]. 地理科学，2018, 38(2): 264-271.

[176] 钱家乘，张佰林，刘虹吾，等. 东部旅游特色山区乡村发展分化及其驱动力：以浙江省平阳县为例 [J]. 地理科学进展,2020,39(9):1460-1472.

[177] 钱学森. 科学学、科学技术体系学、马克思主义哲学 [J]. 哲学研究，1979(1):20-27.

[178] 乔伟峰，盛业华，方斌，等. 基于转移矩阵的高度城市化区域土地利用演变信息挖掘——以江苏省苏州市为例 [J]. 地理研究,2013,32(8): 1497-1507.

[179] 秦关民. 论地域分异规律在旅游地理区划中的主导作用 [J]. 陕西师范大学学报（自然科学版），1996(1):108-111.

[180] 秦俊丽，孙玉梅. 基于人地关系论的山西旅游资源开发研究 [J]. 中北大学学报（社会科学版），2011, 27(1):27-31.

[181] 任唤麟，马小桐. 培根旅游观及其对研学旅游的启示 [J]. 旅游学刊，2018,33(9):145-150.

[182] 荣月静，杜世勋，郭新亚，等. 太岳山地生态系统服务功能权衡协同关系研究 [J]. 环境科学与技术，2018, 41(11):181-190.

[183] 尚海龙，潘玉君. 西安市人地关系协调状态评价及动态预测 [J]. 人文地理，2013(4): 90、104-110.

[184] 商冉，曲衍波，姜怀龙. 人地关系视角下农村居民点转型的时空特征与形成机理 [J]. 资源科学，2020, 42(4): 672-684.

[185] 邵晓兰，高峻. 旅游地生命周期研究现状和展望 [J]. 旅游学刊，2006(06):76-82.

[186] 申葆嘉. 旅游学原理：旅游运行规律研究之系统陈述 [M]. 北京：中国旅游出版社，2010:59-67.

[187] 申玉铭. 论人地关系的演变与人地系统优化研究 [J]. 人文地理，1998,13(4):30-34.

[188] 沈满洪. 资源与环境经济学 [M]. 北京：中国环境科学出版社,2007:3-15.

[189] 盛科荣,樊杰.地域功能的生成机理:基于人地关系地域系统理论的解析[J].经济地理,2018,38(5):11-19.

[190] 史培军，宋长青，程昌秀. 地理协同论——从理解"人—地关系"到设计"人—地协同"[J]. 地理学报,2019, 74(1):3-15.

[191] 史培军. 人地系统动力学研究的现状与展望 [J]. 地学前缘,1994,4(1-2):201-211.

[192] 税伟，张启春，王山河，等. 当代美国地理学与可持续发展的理论、实践——基于人地关系论的分析 [J]. 地理与地理信息科学,2004,20(4):56-60.

[193] 宋瑞，王明康. 欧美主要国家旅游政策内容分析 [J]. 杭州师范大学学报（社会科学版），2019, 41(1):107-117,130.

[194] 宋长青，程昌秀，史培军. 新时代地理复杂性的内涵 [J]. 地理学报,2018,73(7):1204-1213.

[195] 宋长青，程昌秀，杨晓帆，等. 理解地理"耦合"实现地理"集成"[J]. 地理学报，

2020, 75(1):3-13.

[196] 苏懋康 . 系统动力学原理及应用 [M]. 上海 : 上海交通大学出版社 ,1988:3.

[197] 孙才志，张坤领，邹玮，等 . 中国沿海地区人海关系地域系统评价及协同演化研究 [J]. 地理研究，2015, 34(10):1824-1838.

[198] 孙九霞，庞兆玲，王学基 . 现代性拓殖与地方响应：少数民族盐业旅游社区的发展实践 [J]. 经济地理 ,2020,40(4):214-222.

[199] 谭业 . 旅游隐性营销：新时代的旅游营销理念变革 [J]. 经济地理，2013, 33(9):184-187.

[200] 唐淑云 . 论山地经济的发展前景及途径 [J]. 山地学报，2002, 20(1):80-84.

[201] 田瑾，明庆忠 . 国外山地旅游研究热点、进展与启示 [J]. 世界地理研究，2020, 29(5):1071-1081.

[202] 万绪才，汤家法 . 安徽省山地旅游资源定量评价与开发 [J]. 山地研究 ,1998(4):291-296.

[203] 万媛媛，孔凡前，徐昕，等 . 庐山自然保护区人地关系协调发展研究 [J]. 国土与自然资源研究，2011(5):88-89.

[204] 汪德根，王金莲，陈田，等 . 乡村居民旅游支持度影响模型及机理——基于不同生命周期阶段的苏州乡村旅游地比较 [J]. 地理学报 ,2011(10):119-132.

[205] 王璀蓉 . 山地探险旅游分类开发研究——以新疆为例 [D]. 北京 : 中国科学院大学，2016.

[206] 王国钦，曹胜雄，葛丽芳，等 . 两岸十家 SNS 网站内容与产品置入分析——以旅游营销为视点 [J]. 旅游学刊，2010, 25(7):40-46.

[207] 王海龙 . 地域分异规律在旅游地理区划中的作用研究 [J]. 辽宁科技学院学报 ,2016, 18(4):79-80,83.

[208] 王进，周坤 . 基于利益相关者理论的旅游地生命周期研究——以九寨沟为例 [J]. 首都经济贸易大学学报 ,2014(5):109-113.

[209] 王娟，明庆忠 . 山地旅游研究的主要领域及建议 [J]. 桂林理工大学学报 ,2017, 37 (4): 723-730.

[210] 王娟，明庆忠 . 山地旅游发展潜力评价研究 [J]. 资源开发与市场 ,2019, 35 (12):1537-1542.

[211] 王雷，田明中，孙洪艳 . 中国山地型世界地质公园地质旅游的主要区域效益 [J]. 山地学报 ,2015(6):733-741.

[212] 王黎明 . 面向 PRED 问题的人地关系系统构型理论与方法研究 [J]. 地理研究，1997, 16(2): 38-44.

[213] 王明业，朱国金 . 中国的山地 [M]. 成都 : 四川科学技术出版社 ,1988:1-2.

[214] 王娜，盛剑，张磊 . 山地经济系统的变迁 [J]. 山西科技，2006(2):70-72.

[215] 王其潘 . 系统动力学 [M]. 上海 : 上海财经大学出版社 ,2009: 11-28.

[216] 王瑞花 . 云南山地旅游资源特征及开发保护策略——以滇中桥子雪山为例 [D]. 昆明 : 昆明理工大学 ,2005:6.

[217] 王世杰 , 李阳兵 . 喀斯特石漠化研究存在的问题与发展趋势 [J]. 地球科学进展 , 2007, 22(6): 573-582.

[218] 王世金 , 何元庆 , 和献中 , 等 . 我国海洋型冰川旅游资源的保护性开发研究——以丽江市玉龙雪山景区为例 [J]. 云南师范大学学报 (哲学社会科学版),2008(6):38-43.

[219] 王世金 , 焦世泰 , 牛贺文 . 中国冰川旅游资源开发模式与对策研究 [J]. 自然资源学报 , 2012, 27(8): 1276-1285.

[220] 王世金 , 赵井东 , 何元庆 . 气候变化背景下山地冰川旅游适应对策研究——以玉龙雪山冰川地质公园为例 [J]. 冰川冻土 ,2012, 34(1):207-213.

[221] 王维艳 . 云南民族的传统人地观与生态旅游 [J].云南师范大学学报 (哲学社会科学版), 2003, 35(4):129-132.

[222] 王兴中 , 王怡 , 常芳 . 重新解读旅游动力机制与管理供给 [J]. 人文地理 ,2017,32(6):1-14,145.

[223] 王媛 , 冯学钢 , 孙晓东 . 旅游地形象的时间演变与演变机制 [J]. 旅游学刊 , 2014, 29(10): 20-30.

[224] 王铮 .1979 年以来中国的人地关系研究 [J]. 人文地理 ,1996(s1):104-111.

[225] 翁瑾 , 杨开忠 . 旅游系统的空间结构 : 一个具有不对称特点的垄断竞争的空间模型 [J]. 系统工程理论与实践 , 2007, 27(2):76-82.

[226] 吴必虎 . 旅游系统 : 对旅游活动与旅游科学的一种解释 [J].1998(1):21-25.

[227] 吴传钧 . 论地理学的研究核心——人地关系地域系统 [J]. 经济地理 ,1991(3):1-6.

[228] 吴传钧 . 人地关系地域系统的理论研究与调控 [J]. 云南师范大学学报 (哲学社会科学版), 2008, 40(2):1-3.

[229] 吴殿廷 . 山岳景观旅游开发规划实务 [M]. 北京 : 中国旅游出版社 .2006:127.

[230] 吴晋峰 , 段骅 . 旅游系统与旅游规划 [J]. 人文地理 ,2001, 6(5):62-65.

[231] 吴磊 , 焦华富 , 叶雷 . 皖南国际文化旅游示范区旅游经济与交通耦合协调发展的时空特征 [J]. 地理科学 , 2019,39(11):1822-1829.

[232] 吴丽蓉 . 龙脊梯田旅游发展历程及权力、利益关系研究 [D]. 广州 : 中山大学 ,2009.

[233] 吴绍洪 , 高江波 , 戴尔阜 , 等 . 中国陆地表层自然地域系统动态研究 : 思路与方案 [J]. 地球科学进展 , 2017, 32(6):569-576.

[234] 吴文婕 , 石培基 , 胡巍 . 城市化背景下河西走廊 LUCC 的人文驱动力分析 [J]. 水土保持研究 ,2011, 18(3):88-91,96.

[235] 吴映梅 , 陈贻娟 , 牛静静 . 金沙江中上游山地限制开发区人地关系演进状态研究 [J]. 云南师范大学学报 (哲学社会科学版), 2008, 40(6):34-37.

[236] 伍光和 , 王乃昂 , 胡双熙 , 等 . 自然地理学 [M]. 北京 : 高等教育出版社 ,2007:464-477.

[237] 伍光和 , 王文瑞 . 地域分异规律与北方农牧交错带的退耕还林还草 [J]. 中国沙漠 ,

2002, 22(5):439-442.

[238] 香宝 . 人地系统演化及人地关系理论进展初探——一个案例研究 [J]. 人文地理，1999，
14(S1):68-71.

[239] 肖光明，黄忠良 . 旅游活动对鼎湖山生物圈保护区植被的影响 [J]. 地理研究，
2010(6):1005-1016.

[240] 熊康宁，殷红梅 . 喀斯特旅游资源开发的民族心理意识与人地关系效应——以贵州龙
宫地区为例：全国区域旅游开发学术研讨会暨青岛崂山旅游文化研讨会 [R]. 青岛，
1999.

[241] 徐福英，刘涛 . 旅游型海岛人地关系系统的演进、构建与协调 [J]. 资源开发与市场，
2014, 30(6):664-666.

[242] 徐红罡 . 旅游系统分析 [M]. 天津：南开大学出版社，2009:16-19.

[243] 徐红罡，郑海燕，保继刚 . 城市旅游地生命周期的系统动态模型 [J]. 人文地理，
2005(05): 66-69,19.

[244] 徐红罡 . 潜在游客市场与旅游产品生命周期——系统动力学模型方法 [J]. 系统工程，
2001, 19(3):69-75.

[245] 徐樵利，谭传凤 . 山地地理系统综论 [M]. 武汉：华中师范大学出版社，1994:2-3.

[246] 徐象平 . 人地观的演变与地理学思想的发展 [J]. 西北大学学报 (自然科学版), 2005,
35(1):122-124.

[247] 薛冰，李京忠，肖骁，等 . 基于兴趣点 (POI) 大数据的人地关系研究综述：理论、方
法与应用 [J]. 地理与地理信息科学，2019,35(6):51-60.

[248] 薛兴华 . 从地域综合体解读人地关系地域系统 [J]. 云南地理环境研究，2012，
24(1):37-42

[249] 燕兴国 . 玉龙雪山白水河 1 号冰川物质平衡与表面运动速度研究 [D]. 兰州：西北师范
大学，2018.

[250] 杨春宇，黄震方，毛卫东 . 基于系统科学的旅游地演化机制及规律性初探 [J]. 旅游学
刊，2009, 24(3):55-62.

[251] 杨春宇 . 旅游地阶段预测模型构建及实证研究 [J]. 资源科学，2009,31(6):1015-1021.

[252] 杨春宇 . 旅游地发展研究新论——旅游地复杂系统演化理论⊠方法⊠应用 [M]. 北京：
科学出版社，2010:3-66.

[253] 杨少华，薛润光，陈翠，等 . 滇西北玉龙雪山生物多样性现状及其保护对策 [J]. 西南
农业学报，2008, 21(3):863-869.

[254] 杨文宏，和加卫，黄杏娥，等 . 玉龙雪山乡土树种资源调查 [J]. 江西农业学报，2019，
031(005):41-48.

[255] 杨吾扬，江美球 . 地理学与人地关系 [J]. 地理学报，1982,37(2):206-215.

[256] 杨小露，张红，张春晖 . 历史遗址类旅游地的生命周期研究——以美国 14 家历史遗址
公园为例 [J]. 地理科学进展，2019,38(6): 918-929.

[257] 杨效忠，陆林，张光生，等．旅游地生命周期与旅游产品结构演变关系初步研究——以普陀山为例 [J]. 地理科学，2004, 24(4):500-505.

[258] 杨新军，刘家明．论旅游功能系统——市场导向下旅游规划目标分析 [J]. 地理学与国土研究，1998,14(1):59-62.

[259] 杨兴柱，查艳艳，陆林．旅游地聚居空间演化过程、驱动机制和社会效应研究进展 [J]. 旅游学刊,2016,31(8):40-51.

[260] 杨荀荀．基于 AHP 法的山地养生旅游开发条件评价研究 [D]. 重庆：西南大学,2012.

[261] 杨洋，蔡溢，周秋文，等．旅游影响下民族村寨社会空间演化过程与机理研究——以贵州西江苗寨为例 [J]. 世界地理研究,2020,29(1):192-201.

[262] 杨友宝．东北地区旅游地域系统演化的空间效应研究 [D]. 长春：东北师范大学，2016.

[263] 杨宇，李小云，董雯，等．中国人地关系综合评价的理论模型与实证 [J]. 地理学报，2019, 74(6):1063-1078.

[264] 杨周，杨兴柱，朱跃，等．山地旅游小镇功能转型与重构的时空特征研究——以黄山风景区汤口镇为例 [J]. 山地学报,2020,38(1):118-131.

[265] 姚晓军，张明军，孙美平．甘肃省土地利用程度地域分异规律研究 [J]. 干旱区研究，2007, 24(3):312-315.

[266] 叶岱夫．人地关系地域系统与可持续发展的相互作用机理初探 [J]. 地理研究,2001, 20(3):307-314.

[267] 银元，李晓琴．山地旅游业态影响因素及规划实证研究——以贡嘎山风景名胜区为例 [J]. 热带地理，2012, 32(6):676-682.

[268] 余存勇，山地旅游度假区规划控制研究 [D]. 重庆：重庆大学,2009.

[269] 余大富．我国山区人地系统结构及其变化趋势 [J]. 山地研究，1996, 14(2):122-128.

[270] 余大富．山地学的研究对象和内容浅议——续《发展山地学之我见》[J]. 山地学报，1998,16(1):69-72.

[271] 院玲玲，何元庆，和献中，等．游客人体释放热量对玉龙雪山冰川退化是否有影响 [J]. 冰川冻土，2008, 30(2):356-357.

[272] 张百平，谭靖，姚永慧．山地垂直带信息图谱研究 [M]. 北京：中国环境科学出版社，2009:19-20.

[273] 张百平，姚永慧．山体效应研究 [M]. 北京：中国环境出版社,2015:162-163.

[274] 张城铭，张涵．基于 Logistic 模型对 TALC 模型各阶段的定量划分——兼论美国十大国家公园的旅游生命周期模式 [J]. 旅游学刊,2017,32(6):86-95.

[275] 张大伟，胡长群，何怀江，等．吉林省辽河流域土地利用类型演变过程研究 [J]. 森林工程，2020,36(5):45-53,61.

[276] 章杰宽．区域旅游可持续发展系统的动态仿真 [J]. 系统工程理论与实践，2011，31(11):2101-2107.

[277] 张晶.基于生态学的山地旅游度假区生活服务基地规划设计——以柞水盘谷山庄规划设计为例 [D].西安:西安建筑科技大学,2007.

[278] 张立生.旅游地生命周期理论研究进展 [J].地理与地理信息科学,2015,31(4):115-119.

[279] 张丽丽.玉龙雪山牦牛坪高山草甸对踩踏干扰的响应 [D].昆明:云南大学,2016.

[280] 张宁宁,何元庆,和献中,等.玉龙雪山冰川崩塌成因分析 [J].山地学报,2007,25(4):412-418.

[281] 张培,喇明清.民族地区旅游目的地营销绩效评估研究 [J].西南民族大学学报(人文社会科学版),2015,36(3):135-139.

[282] 张荣祖.国际山地综合研究的进展 [J].山地研究,1983,1(1):48-59.

[283] 张新荣,刘林萍,方石,等.土地利用、覆被变化(LUCC)与环境变化关系研究进展 [J].生态环境学报,2014,23(12):2013-2021.

[284] 张亚林.旅游地域系统及其构成初探 [J].地理学与国土研究,1989,5(2):39-43.

[285] 张琰飞,朱海英.西南地区文化产业与旅游产业耦合协调度实证研究 [J].地域研究与开发,2013,32(2):16-21.

[286] 张玉,任建兰,刘凯.近15年山东省人地关系演变过程与驱动因素分析 [J].湖南师范大学自然科学学报,2019,42(02):5-12.

[287] 张玉钧,徐亚丹,贾倩.国家公园生态旅游利益相关者协作关系研究——以仙居国家公园公盂园区为例 [J].旅游科学,2017,31(3):51-64,74.

[288] 张忠训,杨庆媛,王立,等.基于空间句法的山区旅游型小城镇多尺度空间演变——以镇远古镇为例 [J].山地学报,2019,37(4):551-563.

[289] 赵传松,任建兰,陈延斌,等.全域旅游背景下中国省域旅游产业与区域发展时空耦合及驱动力 [J].中国人口·资源与环境,2018,28(3):149-159.

[290] 赵松乔.我国山地环境的自然特点及其开发利用 [J].山地研究,1983,1(3):1-9.

[291] 赵振斌,党娇.基于网络文本内容分析的太白山背包旅游行为研究 [J].人文地理,2011(1):134-139.

[292] 郑度.21世纪人地关系研究前瞻 [J].地理研究,2002,21(1):9-13.

[293] 郑鹏.中国入境旅游流驱动力研究——目的地和旅游者双重视角的审视 [D].西安:陕西师范大学,2011.

[294] 中国科学院可持续发展研究组.2001中国可持续发展战略报告 [R].北京:科学出版社,2001.

[295] 钟行明,喻学才.国外旅游目的地研究综述——基于 Tourism Management 近10年文章 [J].旅游科学,2005,19(3):1-9.

[296] 钟祥浩,刘淑珍.科学构建中国山地生态安全屏障体系确保国家生态环境安全:中国环境科学学会学术年会论文集 (2010)[C].北京:中国环境科学出版社,2010:634-638.

[297] 钟祥浩,熊尚发.山地环境系统研究新框架 [J].山地学报,2010,28(4):385-391.

[298] 钟祥浩,刘淑珍,等.山地环境理论与实践 [M].北京:科学出版社,2015:9-183.

[299] 钟祥浩, 刘淑珍. 中国山地分类研究 [J]. 山地学报, 2014,32(2):129-140.

[300] 钟祥浩, 余大富, 郑霖. 山地学概论和中国山地研究 [M]. 成都: 四川科学技术出版社, 2000:1-116.

[301] 钟祥浩. 20 年来我国山地研究回顾与新世纪展望——纪念《山地学报》(原《山地研究》)创刊 20 周年 [J]. 山地学报, 2002, 6(6):646-659.

[302] 钟祥浩. 加强人山关系地域系统为核心的山地科学研究 [J]. 山地学报,2011,29(1):1-5..

[303] 钟祥浩. 中国山地生态安全屏障保护与建设 [J]. 山地学报, 2008, 26(1):2-11.

[304] 钟祥浩. 山地学概论与中国山地研究 [M]. 成都: 四川科学技术出版社,2000:28-64.

[305] 周成, 金川, 赵彪, 等. 区域经济—生态—旅游耦合协调发展省际空间差异研究 [J]. 干旱区资源与环境, 2016,30(7):203-208.

[306] 周劲松. 山地生态系统的脆弱性与荒漠化 [J]. 自然资源学报, 1997, 12(1):10-16.

[307] 周政旭, 刘加维, 钱云. 喀斯特山地河谷人居生态系统研究: 以贵州安顺扁担山布依聚落为例 [J]. 贵州民族研究, 2017(8):106-111.

[308] 朱国兴, 王金莲, 洪海平, 等. 山岳型景区低碳旅游评价指标体系的构建——以黄山风景区为例 [J]. 地理研究, 2013, 32(12):2357-2365.

[309] 朱海艳, 孙根年. 区域旅游规模空间演化与景区品质关系——云南省入境旅游与国内旅游比较 [J]. 干旱区资源与环境, 2019,33(10):194-200.

[310] 朱邦耀, 石丹, 毕馨予. 基于土地利用转移矩阵的吉林省中部城市群 LUCC 分析 [J]. 吉林师范大学学报 (自然科学版),2019,40(1):128-132.

[311] 祝爱民. 山地度假旅游目的地竞争力评价指标及模型研究——以湖南大围山为例 [J]. 淮南师范学院学报, 2017, 19(5):18-23.